国家社会科学基金项目成果（项目编号：08CKS005）

"中国模式"研究

尹倩　著

南开大学出版社

天　津

图书在版编目(CIP)数据

"中国模式"研究 / 尹倩著. —天津：南开大学
出版社，2017.9
ISBN 978-7-310-05395-7

Ⅰ.①中… Ⅱ.①尹… Ⅲ.①社会主义建设模式－研
究－中国 Ⅳ.①D616

中国版本图书馆 CIP 数据核字(2017)第 142772 号

南开大学出版社出版发行
出版人:刘立松

地址:天津市南开区卫津路 94 号　　邮政编码:300071
营销部电话:(022)23508339　23500755
营销部传真:(022)23508542　　邮购部电话:(022)23502200

*

三河市同力彩印有限公司印刷
全国各地新华书店经销

*

2017 年 9 月第 1 版　　2017 年 9 月第 1 次印刷
230×170 毫米　16 开本　14.25 印张　2 插页　229 千字

定价:42.00 元

如遇图书印装质量问题,请与本社营销部联系调换,电话:(022)23507125

目　录

绪　论

一、"中国模式"的提出

作为世界上最大的社会主义国家和发展中大国，中国发展道路、发展经验一直是国际社会非常关注的问题。事实上，对于"中国模式"的讨论，从中国改革开放以前就开始了。近年来，国际社会对中国改革开放的经验有了新的认识，一个新的概念正在国际社会逐渐流行起来，这个概念就是"中国模式"或称"北京共识"。

从 2004 年 5 月开始，国际主流媒体出现了一个引人关注的新动向，那就是开始更多地从正面肯定"中国模式"。2004 年 5 月 7 日，美国《时代》周刊高级编辑、美国著名投资银行高盛公司资深顾问，同时也是清华大学兼职教授的乔舒亚·库珀·雷默（Joshua Cooper Ramo，或译为拉莫）在英国伦敦《金融时报》上首次提出了"北京共识"（The Beijing Consensus）的新概念，用于指代中国发展模式。同年 5 月 11 日，英国著名思想库"伦敦外交政策中心"全文发表了他撰写的《北京共识》的研究报告。在该报告中，雷默对中国 20 多年的经济改革成就做了全面的总结和分析，认为中国通过艰苦努力、主动创新和大胆实践，摸索出了一种适合本国国情的发展模式，他把这种发展模式称为"北京共识"。以此为开端，"中国模式"迅速成为国内外学术界和各国政要讨论的热点话题之一。雷默本人也被誉为"北京共识之父"。

而随着 2008 年北京奥运会的成功举办，中国改革开放 30 周年，2009年新中国成立 60 周年，尤其是在国际金融危机的严峻考验下中国的出色表现，这一系列事件使世界各国更加关注中国，对"中国模式"的研究又掀起了新的高潮。在中国共产党建党 90 周年之际，国内外学者围绕"中国模式"的讨论还在持续升温，而且不断有新的研究成果出现，但对于"中国模式"的研究还不够系统、深入，需要我们进一步充实和完善。如"北京共识"这一概念是否能够成为概括中国社会发展道路的一个新名词？真的有"中国模式"存在吗？我们对于"中国模式"的内涵应该如何界定才能既符合国际社会提出"中国模式"的初衷又不会引起世界其他国家的误解？我们应如何完善"中国模式"，使之成为一种经济、政治、文化、社会和生态都协调发展的成熟模式？……这些都是需要我们进一步深入研究和思考的问题。

二、选题的意义

党的十八大报告把中国特色社会主义道路写进了报告主题，并首次明确阐述了中国特色社会主义道路、制度和理论体系的科学内涵、相互关系及其伟大意义，开拓了中国特色社会主义认识的新境界。中国特色社会主义道路是中国特色社会主义的实践形态，而"中国模式"则是中国特色社会主义道路的又一称谓。从科学社会主义学科专业的角度深化对"中国模式"问题的研究，对于我们增强道路自信，坚定不移地沿着中国特色社会主义道路前进有着重大的理论和现实意义。

（一）理论意义

首先，有利于社会主义的理论创新。科学社会主义的理论与实践告诉我们：社会主义的发展要有模式，但是没有唯一的和固定的模式，社会主义模式只能是历史和现实的产物。每一个社会主义国家的发展模式都是社会主义的本质属性与各国民族文化传统和时代特征相结合的产物，都要随着现实条件的变化而变化。尽管世界上曾经存在过或现在依然存在着各种各样的社会主义模式，如列宁的社会主义模式、斯大林模式或苏联模式、匈牙利社会主义模式、南斯拉夫的自治社会主义模式等等，但是任何模式都不能自诩为社会主义发展的唯一模式。世界上从来不存在可以完全取代其他一切模式的唯一正确的社会主义模式。苏联东欧社会主义的失败只是标志着一种高度集权的、僵化了的社会主义模式的彻底失败，绝不意味着社会主义事业的失败。"中国模式"是在国际共产主义运动出现严重挫折的条件下脱颖而出的，是多样化社会主义模式中的一种模式，为世界社会主义的发展注入了新的活力。作为一种社会主义模式，其成功离不开社会主义制度，也不能偏离社会主义方向。我国学者对于中国特色社会主义道路的研究已经取得了丰硕成果，但真正从发展模式的高度来系统总结中国发展道路和发展经验的成果却不多。因此，对于"中国模式"的研究是从世界视野来研究中国的发展道路，是社会主义理论创新的有益尝试。

其次，有利于中国特色社会主义理论研究的深化。社会发展模式具有内源性的特征，其形成受到自然环境、文化传统和历史基础等因素的影响。因此，任何国家在选择和确立本国的社会发展模式时，必须充分考虑本民族的自然条件、历史条件、经济条件、政治条件和文化条件，绝不能照抄照搬别国的发展模式和经验。简言之，社会发展模式具有民族性和本土性，我们提倡借鉴别国经验，但反对盲目照搬。"中国模式"是中国特殊的历史文化传统和本国国情与时代特征相结合的产物，因此必然带有鲜明的中国特色。通过对国外学者提出"中国模式"的理论背景进行分析，并比较"中国模式"与其他几种发展模式的差异，我们可以比较系统地勾勒出"中国模式"的基本框架，彰显"中国模式"的中国特色，从而有助于中国特色社会主义道路和理论体系研究的深化。

（二）实践意义

首先，掌握主动，以正视听。拿破仑曾说过，中国像一头沉睡的雄狮，它一旦醒来，整个世界都将为之震颤。现在，世界上越来越多的人开始认识到，中国的发展，是不以任何人的意志为转移的，是谁也阻挡不了的。但中国以什么方式发展，将在世界上树立什么样的形象，这既是国际社会普遍关注的问题，也是我们必须深入思考的一个问题。面对改革开放以来中国的发展态势，国际上先后出现了"中国威胁论""中国崩溃论""中国经济增长水分论""中国机遇论""中国盛世论"等形形色色的论调。这其中，有比较积极的正面的看法，也有负面的"妖魔化"中国的论调。全面系统地研究"中国模式"，对于我们主动掌握对"中国模式"的阐释权，驳斥西方妄图唱衰中国的各种论调，从全新的角度去认识中国社会发展道路有着积极的意义。

其次，总结经验教训，完善"中国模式"。与美国和欧洲等世界上其他比较成熟的发展模式相比，"中国模式"最重要的特征就是它的成长性和不成熟性。"中国模式"正处于发展过程中，在未来的发展中还面临着很多问题和挑战，尤其是人均国内生产总值（GDP）达到 3000美元以后。按照国际惯例，这个阶段的中国既处于战略机遇期，又是矛盾凸显期。发展不平衡问题、贫富差距拉大问题、资源问题、环境问题、

"三农"问题以及公共安全问题等，这些都是我们必须正视，并要在实践中逐步加以解决的问题。研究"中国模式"的形成过程、基本特征，并与他国进行比较，有助于分析"中国模式"面临的挑战及其表现，从而提出应对策略，为把中国特色社会主义事业推向前进提供理论指导。

三、国内外研究现状分析

对改革开放以来中国社会发展道路的研究始于中国改革开放的伟大实践，但是真正地从我们今天有所特指的"中国模式"的内涵的角度来研究，并开始热烈讨论，还是始于雷默的题为《北京共识》的研究报告。国内外学者分别从不同的研究目的、不同的学科角度和不同的侧重点，围绕"中国模式"的概念、特征、面临的挑战和对于其他国家的适用性等几方面来探讨"中国模式"，可谓仁者见仁，智者见智。

（一）研究概况

雷默的《北京共识》拉开了世界对"中国模式"高度关注的序幕。此后，美国《国际先驱论坛报》、墨西哥《每日报》、英国《卫报》都先后刊登文章，对中国综合国力的增强及对世界的积极影响表示赞许。时任联合国秘书长安南及美国著名经济学家、诺贝尔经济学奖获得者斯蒂格利茨都对"中国模式"给予了充分肯定。

在国内，"中国模式"亦引起了学者和专家们的密切关注，先是在《参考消息》，而后在网络、期刊和各大媒体上，出现了大量讨论"中国模式"和"北京共识"的文章，并有部分著作出版。2004 年 9 月 28 日，《中国教育报》刊登了对中国人民大学秦宣教授关于《北京共识、中国模式与中国现代化之路》的专访；2005 年 8 月 8 日至 10 日，"中国发展道路"国际学术研讨会在天津师范大学举行，社会科学文献出版社于 2006 年 6 月出版了会议的论文集《中国模式与"北京共识"——超越"华盛顿共识"》；《当代世界与社会主义》2005 年第 5 期专题讨论"中国模式"，刊登了国内外学者从不同角度对于"中国模式"和"北京共识"的研究和看法；中国社会科学出版社 2005 年 5 月出版了王海明的《北京共识》；中国社会科学文献出版社 2005 年 8 月出版了黄平、崔之元主编的《中国与全球化——华盛顿共识还是北京共识》；人民出版社于 2007 年 9 月出版了沈云锁、陈先奎主编的《中国模式论》，笔者撰写了其中的四章内容并参加了全书统稿。

2008 年以来，在全球金融危机的大背景下，以纪念中国改革开放 30 周年为契机，对"中国模式"的研究在国内外又掀起了新的高潮。2008 年 9 月，人民出版社出版了徐贵相的《中国发展模式研究》；同年 12 月，四川人民出版社出版了韩保江的《中国奇迹与中国发展模式》；2009 年 7 月，中国社会科学出版社出版了赵剑英、吴波主编的文集《论中国模式》，精选了近年来国内有关"中国模式"研究有代表性意义的文章。2008 年，《人民论坛》杂志社联合人民网、人民论坛网等国内主流媒体进行了"你如何看待中国模式？"的专题问卷调查，共有 4970 人参与，加上人民论坛记者另外随机调查的 192 位社会人士，被调查者合计 5162 人。调查结果显示，74.55%的受调查者认为有"中国模式"。在此基础上，《人民论坛》杂志还在 2008 年第 24 期专门推出"关于中国模式"的一组特别策划文章，邀请了全国各领域的知名学者，深入探讨了"中国模式"的基本内涵与特征、世界意义与国际影响等，引起了广泛的社会反响。2011 年 1 月上海人民出版社出版了张维为的《中国震撼——一个"文明型国家"的崛起》，在学术界引起了很大的反响。直到现在，对"中国模式"的讨论仍然是国内外学术界和各国政要讨论的热点话题之一，且不断有新的研究成果出现。

（二）讨论的主要问题

国内外学者和专家对"中国模式"的研究和讨论主要围绕"中国模式"的概念、基本特点、当前面临的挑战、"中国模式"的适用性、对"中国模式"的评价等几个方面展开。

1. 对"中国模式"概念的论述

由于研究领域、研究角度等差异性的影响，国内外不同学者对"中国模式"概念的解释也不尽相同：有的把"中国模式"定义为"中国经验"或"中国道路"，有的从社会发展的角度，有的从现代化战略的角度，有的从发展价值观的角度来界定"中国模式"。到目前为止，对"中国模式"还没有形成明确一致的定义。学者们对"中国模式"概念的理解，大致可以分为以下几类：

一是从基本特征的角度来界定。其中较具代表性的观点如下：

雷默在《北京共识》一文中将"北京共识"定义为：坚决进行革新和试验（如中国经济特区），积极维护国家边境和利益（如台湾问题），不断精心积累具有不对称力量的工具（如 4000 亿美元外汇储备）。其目标是：在保持独立的同时实现增长。①

瑞士日内瓦大学当代亚洲研究中心研究员张维为从中国改革的侧重点、改革的方式等方面来界定"中国模式"。他认为，所谓"中国模式"，是指"重大的经济改革和较小规模的政治改革"的有机结合，是"以一种循序渐进、摸索和积累的方式，从易到难进行改革，并吸取中外一切优秀的思想和经验"②的改革和发展模式。这种看法抓住了中国渐进式改革这一重要特征。

南京师范大学吴增基教授将"中国模式"界定为：在强有力的中央集体领导下进行的，以经济建设为中心，经济、社会、环境协调发展的，以人民共同富裕为目标的，既积极借鉴中外一切优秀的文明成果又立足于中国的具体国情，坚持独立自主的、渐进式的、和平的改革与发展道路。③

中国科学院霍国庆教授认为，"中国模式"也可以称为"中国道路"或"中国经验"，特指在维持社会稳定的前提下主动创新、大胆实践从而实现经济的持续增长、社会的协调发展、国家的和平崛起的一整套思路、经验和理论。④

二是从社会发展道路或发展经验的角度来定义。主要的观点有：

中国人民大学秦宣教授指出："所谓'北京共识'或'中国模式'是国际上对中国发展经验的最新概括。它探讨的是像中国这样一个发展中国家到底是如何组织的，以及中国经验对世界上其他国家的适用性问题。"他指出，"北京共识"是相对于"华盛顿共识"而言的，而"中国模式"则是相对于其他几种发展模式而言的。⑤

《中国经济时报》副总编张剑荆认为，所谓模式，可以看作成功回应某个挑战而结晶下来的人类经验。"中国模式"指的是，在过去 25 年间中国成功地回应了各种经济难题，保持了经济连续和快速的增长。⑥

江苏省社会科学院宋林飞认为，"中国模式"是中国特色社会主义

---

① 《世界舆论评中国模式》，《参考消息》，2004-06-02（16）。
② 《中国将以自己的方式变革》，《参考消息》，2004-05-31（8）。
③ 吴增基：《论"中国模式"可持续的条件》，《理论探讨》，2005 年第 1 期。
④ 霍国庆：《中国模式的辉煌与未来》，中国模式网，http://www.zhongguomoshi.com/shouyeie/benwangbaodao/index9.html。
⑤ 《中国人民大学秦宣教授谈"北京共识""中国模式"与中国现代化之路》，《中国教育报》，2004-9-28（3）。
⑥ 参见张剑荆：《"北京共识"与中国软实力的提升》，《当代世界与社会主义》，2004 年第 5 期。

建设的道路与经验，有自己的创造与独特之处。中国人民在共产党的领导下，不盲从西方国家与国际经济机构专家的意见，而是根据中国的实际情况进行改革开放，并在发展进程中始终坚持国家利益。①

国家发展和改革委员会宏观经济研究院研究员常修泽认为："所谓'中国发展模式'，是指从中国同时兼有发展中国家+转型国家+社会主义国家三重属性这一基点出发，立足中国的特殊国情，以建设一个富强民主文明和谐的现代化国家为目标，而在实践中逐步形成的一种有特点的发展模式。"②

还有一些学者从自己的学科研究领域的角度来界定"中国模式"的含义。主要观点有：

中南财经政法大学王建辉从发展价值观的角度来界定"中国模式"。她主要基于对雷默"'华盛顿共识'的目标是帮助银行家，'北京共识'的目标是帮助普通民众"的观点的认同，而将"北京共识"和"中国模式"作为同一层面的概念，把人的全面发展作为"北京共识"的本质和核心。她认为，"北京共识"是在社会主义现代化建设实践经验的基础上，对发展价值问题的新认识，凝聚着中国人民的创造精神和思想智慧，是用马克思主义的价值观、方法论对21世纪中国发展问题的新回答，对我国未来的发展具有重要的导向作用。③

中央编译局当代研究所俞可平教授是从现代化战略的角度来界定"中国模式"的概念的。他认为，"中国模式"或"北京共识"实质上就是中国作为一个发展中国家在全球化背景下实现社会现代化的一种战略选择，它是中国在改革开放过程中逐渐发展起来的一整套应对全球化挑战的发展战略和治理模式。④中国社会科学院马克思主义研究院的范强威也从现代化的角度把"中国模式"界定为中国特色的现代化道路。⑤

中国人民大学张宇教授是从经济转型和经济发展的角度来界定"中国模式"的。他指出，"中国模式"是对中国改革开放20多年以来经济

---

① 宋林飞：《"中国模式"的特征与未来》，《江南论坛》，2005年第11期。
② 常修泽：《关于中国发展模式的若干思考》，《三江论坛》2008年第4期。
③ 王建辉：《"北京共识"：发展价值观的新境界》，《中南财经政法大学学报》，2005年第1期。
④ 俞可平：《热话题与冷思考（三十四）——关于"北京共识"与中国发展模式的对话》，《当代世界与社会主义》，2004年第5期。
⑤ 范强威：《论中国模式的社会主义价值核心》，《马克思主义研究》，2006年第2期。

转型和经济发展的制度、政策和经验的概括与总结。它表现在许多具体方面，如农业承包制、经济特区、乡镇企业、财政包干制、价格双轨制、社会主义市场经济、抓大放小、小康社会、和谐社会等等。①

中国人民大学郝立新教授是从哲学的角度来解读"中国模式"的。他认为，"中国模式"不仅包括我国整个现代化进程中成功的实践经验，而且包括我们党在各个历史时期先进的发展理念，具有丰富的哲学意蕴。②他把"中国模式"的概念扩展到自新中国成立以来所有现代化发展的基本经验。

总的说来，在对"中国模式"概念的理解上，以雷默为代表的国外学者对"中国模式"描述得比较乐观，甚至有些夸大的成分；国内学者对"中国模式"这一概念的运用则显得比较谨慎。

2. 对"中国模式"特点的论述

对"中国模式"特点的论述，不同学者从各自研究领域出发，从不同角度进行了归纳和总结。

印度的中国问题专家从经济、外交、政治以及军事四个方面分别进行了概括。他们认为，"中国模式"就是在经济上制定适合本国国情的对外开放政策，趋利避害，与全球化潮流齐头并进；在外交上与邻为善、稳固周边；在政治上稳步推进适合国情的民主改革；在军事上则要在实现国防现代化的同时，将大量原本投入军事领域的宝贵资源转为民用，极大地减轻国家的负担。③

越南国家领导人将"中国模式"的特点称为"中国成功经验"。他们认为，中国能够取得成功是源于五个方面的原因：一是坚持把国家的稳定放在首位，避免苏联忽然解体后出现的那种混乱局面；二是坚持从农业改革开始，逐步转入国有企业改革，建立股票市场，调整工资标准和社会政策；三是坚持走"地区和国际融合"的道路，积极努力在经济和政治等各个领域融入国际社会；四是坚持经济改革先行，政治改革随后；五是坚持做好外交领域的工作，以外交促经济。④

秦宣教授认为，如果中国的发展经验可以概括为"中国模式"，那

---

① 《中国发展道路的世界意义——张宇教授访谈》，《国外理论动态》，2006 年第 7 期。
② 郝立新、卢衍昌：《"中国模式"的哲学意蕴》，《教学与研究》，2006 年第 1 期。
③ 《印度喜欢说中国的长处，俄国愿借鉴中国的做法》，http://www.yourblog.org/Data/20044/63060.html。
④ 《越南经济紧跟"中国模式"，GDP 百分比超过中国》，http://news.yn.cninfo.net/dly/jingji/2004/6/1088037224_3/。

么，它至少应包括这样几个特点：第一，它是切合中国实际的社会主义发展道路，也就是我们常说的"中国特色社会主义道路"；第二，它是与时代潮流相随、与世界文明相伴的道路，是一条与全球化相联系而又独立自主的发展道路；第三，它是一条和平发展的道路；第四，它是一条渐进发展之路。这条道路是在中国共产党的领导下，有领导、有步骤、有秩序的发展道路，它体现为一种循序渐进、摸索和累积的方式，并注重吸取中外一切优秀的思想和经验。①

霍国庆教授认为，"中国模式"具有如下特点：一是强调独立自主地进行探索，寻求切合中国实际的发展道路；二是强调发展的包容性、兼容性，努力把社会主义制度与市场经济结合起来，把经济高速增长与社会全面发展协调起来，把政府宏观调控与市场微观运行结合起来，把效率与公正协调起来；三是强调发展的人民性而不是特权阶层性，其目标是建设全面小康社会，强调以人为本的发展；四是强调民族的文化和文明传统，并努力实现传统文化与现代文明相结合、中国文化与世界文明相结合；五是强调发展的积累性、渐进性，通过累积效应实现社会主义的自我完善和发展，实现"和平崛起"。②

吴增基教授认为"中国模式"具有以下基本特点：第一，改革与发展道路始终在强有力的共产党中央集体领导下进行。第二，以经济建设为中心，经济、社会、环境协调发展。第三，以人民的共同富裕为发展目标。第四，既积极借鉴中外一切优秀的文明成果，又立足于中国的具体国情，坚持走独立自主的发展道路。第五，渐进式、累积式的变革之路。第六，和平崛起。③

宋林飞把中国作为改革开放前沿的东部沿海的一些发展经验总结为"中国模式"的特征：一是实行市场经济转轨，改善政府宏观调控；二是不断扩大对外开放，融入世界经济体系；三是实行渐进式改革，维护社会稳定；四是实行农村工业化，推动城乡协调发展；五是降低发展成本，坚持可持续发展。④

---

①《中国人民大学秦宣教授谈"北京共识""中国模式"与中国现代化之路》，《中国教育报》，2004-9-28（3）。
②霍国庆：《中国模式的辉煌与未来》，中国模式网，http://www.zhongguomoshi.com/shouyeie/benwangbaodao/index9.html。
③吴增基：《论"中国模式"可持续的条件》，《理论探讨》，2005年第1期。
④宋林飞：《"中国模式"的特征与未来》，《江南论坛》，2005年第11期。

张维为认为，"中国模式"的特点有：一是实践理性，一切从实际出发。二是强势政府。三是稳定优先。四是民生为大，以改善老百姓的生活为政府工作的首要目标。五是顺序差异，也就是比较正确的顺序。我们改革的总体顺序是，先农村后城市，先沿海后内地，先经济为主后政治。六是渐进改革。七是混合经济。八是全方位的对外开放。①

综上所述，国内外学者大部分是从经济、政治、国家安全、外交等方面进行总结，主张将"独立自主的发展道路，渐进式的变革之路以及和平发展的道路"作为"中国模式"的特点。其中不同之处体现在，国外学者更多地关注中国经济的持续增长，关注中国能够在稳定的社会环境中推进改革；而国内学者出于对一些"妖魔化"中国的论调的警惕和反击，则更加强调中国走的是和平发展道路，认为"中国模式"是一种和平发展模式。

3. 对"中国模式"面临的挑战的论述

作为一种发展经验、一种成长中的发展模式，"中国模式"在形成和发展过程中必然会面临国际国内多种势力和多种因素的严峻挑战。新加坡国立大学东亚研究所郑永年指出："现在，随着'中国模式'的成功，很多第三世界国家似乎正在放弃美国民主模式而转向重视经济的'中国模式'。如果'中国模式'是可持续的，那么，会在不远的将来对美国模式构成莫大的威胁。显然，这种威胁不是中国力量本身，而是中国的发展经验。但'中国模式'还不完整，在社会政治方面还存在问题，中国领导层应虚心努力，着眼于'中国模式'的可持续性和不断完善。"②国内外学者在充分肯定"中国模式"的同时也指出它还存在着许多问题。这些问题主要包括：

一是经济发展质量问题。美国的《国家利益》杂志 2004 年夏季号的一篇文章《中国的胃口与日俱增》，在比较中美对原料的消耗以及相应的产出基础上，表示了对中国当前经济发展过程中存在的高消耗、低产出问题的关注。俄罗斯《远东问题》2004 年第 3 期刊登了一篇俄远东研究所副所长贝格尔写的文章。文章认为，中国经济高速增长本身存在严重缺陷，主要问题并不在于经济增长的数量，而是其质量，与经济增长的高速度相比，社会回报不高。中国学者在探讨"中国模式"时，

---

① 张维为：《中国震撼——一个"文明型国家"的崛起》，上海人民出版社 2011 年版，第 63 页。
② 郑永年：《"中国模式"概念的崛起》，http://www.meide.org/lunwen/3/5/158.html。

同样表现出了对中国社会发展过程中存在着的诸多问题的担忧。如陶文昭和吴增基教授谈到的可持续发展问题，秦宣教授谈到的金融风险问题、发展失衡问题以及"三农"问题等。

二是生态环境问题。国内外学者都认为中国面临的生态环境问题不容乐观。2004 年 8 月的一期英国《经济学家》的封面报道即是《中国成长中的痛楚》，集中提到了中国的污染问题。美国对外关系委员会在 2004 年 9 月公布的一份研究报告《中国环境问题的挑战》中指出：2001 年，世界银行所公布的全世界污染最严重的 20 个城市中，中国占了 16 个；2002 年，中国有 2/3 的城市空气质量达不到世界卫生组织的标准。根据世界银行的报告，中国每年由于环境污染和恶化造成的损失相当于国民生产总值的 8%～12%。国内学者秦宣教授等也指出了中国在生态环境方面存在的严重问题。

三是政治体制改革问题。很多学者指出，"中国模式"的成功主要局限于经济方面，在充分肯定中国经济改革成就的同时，应该也必须认识到，由于政治体制改革的滞后而造成的诸如权力过分集中和腐败等问题，将是影响"中国模式"未来发展和完善的重要障碍。相比较而言，国内学者更为关注政治体制改革方面存在的问题。秦宣、吴增基等，都谈到了这方面的问题。

四是社会问题。国内外学者对诸如两极分化、社会治安、就业、社会保障等问题表示了极大关注。美国学者乔治·J. 吉尔博伊和埃里克·赫金博瑟姆 2004 年 9 月 30 日在美国外交学会网站上发表了题为《中国正在"拉美化"？》的文章。文章指出，旨在根本解决农村问题的中国城市化进程，可能带来一些更为严重的问题。随着上千万的农民在城市长期居住，城市里日益增长的危机可能会恶化，农民工为获取身份认同和同等权利可能进行激烈的斗争。城乡分裂危机在未来有可能加剧，如果不采取有效改革措施，中国有可能染上"拉美病"，城市社会两极分化，城市冲突加剧，经济承诺落空，并将产生类似于拉美国家的许多社会灾难。①国内学者如秦宣、陶文昭等，也都就中国当前所面临的社会问题进行了相应阐述。

五是国际安全问题。国内学者更为关注"中国模式"所面临的国际

---

① 《警惕中国染上"拉美病"》，《参考消息》，2004-10-21（16）。

挑战，并主要集中在两个方面：一是美国的遏制，二是印度模式的挑战。陶文昭指出，"中国模式"面临着竞争，尤其是印度的竞争。印度从规模和发展水平上与中国最为相近，未来两种模式将有激烈的竞争。"中国模式"面临着遏制。这首先是美国的遏制。美国为了自身的全球利益，必定会抑制中国的发展。中国能否走出一条新的道路，将是历史的考验。①吴增基指出，在国际上，"中国模式"遭遇了美国等企图推行霸权主义和强权政治国家的重重阻挠，美国等国家把"中国模式"视为其推行霸权主义和强权政治的巨大障碍和威胁，它要千方百计地设置障碍，抓住每一个机会来阻挠中国的发展，如利用台湾问题、人权问题和宣扬"中国威胁论"等方式，妄图使"中国模式"中途夭折。而印度模式等其他发展模式的显著长处，也将从当前和长远形成对"中国模式"的有力挑战。②

总的说来，就"中国模式"面临的挑战或存在的问题而言，国内外学者都指出当前的中国在发展过程中存在着诸多隐忧，并且都讲到了诸如发展不平衡问题、两极分化问题、腐败问题、可持续发展问题等，这些将是影响中国进一步发展的重要因素。不过，西方学者更加侧重于对中国高能耗的经济增长方式及生态环境等问题的关注，对"中国模式"所面临的挑战总体上持比较乐观的态度。中国学者则不然，他们大多数都从国内和国际两个方面来分析"中国模式"所面临的挑战，认为"中国模式"面临的挑战还很多，问题还相当复杂，其态度同国外学者比较起来要谨慎得多。③

关于"中国模式"对其他国家的适用性问题，国内外学者普遍认为，"中国模式"是一种很好的模式，但它不一定适合于其他国家。如印度、巴西、俄罗斯、越南等国的学者、专家和政要普遍认为，"中国模式"只是为发展中国家提供了一种可资借鉴的模式，许多具体的做法还需要各国结合本国国情去探索。

（三）产生的积极成果

"中国模式"作为一个新的命题或者新的提法，是从全球视野来看待中国社会发展道路的。"中国模式"概念的提出，开启了对中国发展

---

① 陶文昭：《慎言中国模式》，《财经文摘》，2004 年第 8 期。
② 吴增基：《论"中国模式"可持续的条件》，《理论探讨》，2005 年第 1 期。
③ 以上内容参见前期研究成果——沈云锁、尹倩、刘期彬：《"中国模式"问题研究报告》，《思想理论教育导刊》，2005 年第 9 期。

经验进行系统性理论总结的新阶段，反映了世界各国对中国改革开放以来所取得的成就的一种认可和肯定。对"中国模式"或"北京共识"的研究，学术界比较一致的看法是："中国模式"，称为"北京共识"也好，称为"中国经验""中国道路"也好，国内外学者的观点基本上都体现了中国特色社会主义理论体系的主要思想，反映了中国特色社会主义道路的发展历程。"中国模式"从时间跨度上来讲，特指改革开放以来中国的发展道路或者说发展经验；"中国模式"就其成熟性而言，是一种正在发展中的模式，它还远远没有成型；"中国模式"不仅仅是指中国经济方面，而是一个涵盖政治、经济、社会、文化和生态多方面的综合性的概念。"中国模式"的特点主要是独立自主的发展道路、渐进式的改革之路以及勇于创新、大胆实验的精神。"中国模式"面临着诸如发展不平衡、收入差距拉大、腐败、可持续发展等问题。

（四）研究现状分析

总体来讲，国内外学者对于"中国模式"的研究，都是从各自研究学科和领域出发来进行研究，这一方面拓展了"中国模式"的研究范围，也丰富了"中国模式"的内容，深化了对于"中国模式"的研究。但是笔者认为，这些各取所需的研究往往使得对于"中国模式"的研究难免有些零散、不够系统，对"中国模式"的理解也是角度不一。如果把"中国模式"描绘成一个无所不包的综合性概念，凡是和中国有关的内容，都包含其中，这显然违背了"中国模式"问题提出并对之进行广泛研究的初衷。

国外学者和政要之所以关注"中国模式"，是由于改革开放以来中国举世瞩目的经济增长和社会发展引起了国际社会的普遍关注，他们为了寻找"中国奇迹"的原因，追寻中国经验的奥秘而着手研究"中国模式"。在这其中，有些是为了达到了解中国，确定如何和中国打交道的目的，如美国等西方发达国家大多出于此目的；有的是出于取经的目的，其中大多数是和中国有类似经历和国情的发展中国家和经济转轨国家，如俄罗斯、印度、越南等国家。

国内学者对于"中国模式"的研究则是源于美国学者雷默的研究报告《北京共识》，他们大多数是从各自学科领域进行研究。其中，从经济的角度研究的居多，主要是把"北京共识"和"华盛顿共识"（Washington Consensus）进行比较；也有的是从政治发展的角度研究中国共产党和政府对于中国发展的独特作用，等等。总体来看，国内集中研究"中国模式"的著作大多是一些会议论文集性质的，缺乏系统性，比较零散。

"中国模式"反映的是中国特色社会主义道路的形成和发展，因此，从科学社会主义理论与实践的角度系统地研究"中国模式"，分析"中国模式"问题提出的背景，科学界定"中国模式"的概念，从中国经验的角度总结"中国模式"的中国特色无疑具有重大的理论和实践意义。

第一章 "中国模式"问题的提出及其概念解释

在世界各国走向现代化的历史进程中，探索适合本国国情的社会发展模式一直是各国政府和人民孜孜以求、不懈追求的目标，于是世界现代化出现了模式纷呈的景象。仅在亚洲，就有"日本模式"和"四小龙模式"享誉世界。谈到发展模式，我们还会想到美国模式、德国模式等当代资本主义国家中比较有影响的模式；谈到社会主义的发展模式，人们就会想到社会主义发展史上的苏联模式或者斯大林模式、南斯拉夫自治社会主义模式等，发展中国家的印度模式、拉美模式等。无论是成功的模式还是失败的模式，都是各国特殊的国情和历史文化传统的产物，是各国探索适合本国国情的社会发展模式的有益尝试，是各国人民现代化建设实践的经验教训与各国人民智慧相结合的产物，是世界现代化建设宝贵的精神财富。

就社会主义中国而言，随着改革开放以来中国所取得的一系列非凡成就，一些新的概念如"中国经验""中国奇迹""中国贡献""中国机会"等开始在国际社会流行起来。在这些概念的基础上，21世纪初，国际社会对中国改革开放的经验又有了新的概括和评价，一种关于中国如何推进改革与发展、如何选择现代化道路的新概念——"中国模式"开始成为各国政要和学术人物的热门语汇。其中对"中国模式"问题最先做出系统阐述的是美国高盛公司高级顾问、清华大学兼职教授乔舒亚·库珀·雷默。

在改革开放以来的30多年里，中国的社会经济发生了翻天覆地的变化，其中一定蕴含着很多的发展经验和智慧。于是，我们首先要对以下问题进行深入思考并做出解答：究竟什么是"中国模式"？为什么现在提出"中国模式"问题？什么是"北京共识"，它与"中国模式"的关系是什么？国际上真的出现了能够取代"华盛顿共识"的"北京共识"吗？中国是否已经具有发展模式能够影响世界的这种"软力量"？

一、"中国模式"问题提出的历史背景①

在学术界，人们对"中国模式"这个概念并不陌生，在邓小平南方谈话之后学者们就开始讨论"中国模式"了。不过，近年来国际社会对这一概念的认可又给这个概念赋予了一种新的含义和国际影响力。那么，为何在近几年国际社会才开始提出并热烈讨论作为中国发展道路和发展经验最新概括的"中国模式"？笔者认为，中国经过 30 多年的改革开放，经济发展举世瞩目，这是国际社会关注中国发展经验的最初动因；"北京共识"或者"中国模式"的提出则是国际社会对中国发展态势进行重新审视的结果，也是国际社会对当今主流发展理念"华盛顿共识"进行反思的结果；雷默的《北京共识》的研究报告则拉开了世界高度关注"中国模式"的序幕。以此为契机，国内外展开了对"中国模式"的热烈讨论。至今，"中国模式"仍然是国内外学者和政要的热门话题之一。

（一）"中国模式"问题的提出源于中国举世瞩目的经济发展

"中国模式""北京共识"是在中国社会 30 多年来波澜壮阔的改革和发展达到了一个新的历史阶段的关头出现的。30 多年来，中国的执政党、中国政府和中国人民克服了改革过程中的种种波折和纷争，始终坚定不移地按照渐进式改革的方式，在改革的同时保持着社会的稳定，在稳定的同时使经济始终保持持续快速增长。

改革开放 30 多年来，中国成为世界上经济增长最快的国家之一。从 1979 年到 2012 年，中国国内生产总值年均增长 9.8%，而同一时期世界经济的年均增速只有 2.8%，中国的经济增长速度大大高出同期世界经济增长的平均速度。中国经济无论是从高速增长期持续的时间，还是从增长速度来说都超过了经济起飞时期的日本和亚洲"四小龙"。这与同期一些国家的经济发展状况，特别是日本的经济萎缩、前苏联和东欧地区的倒退、拉美国家近年来出现的经济崩溃以及"亚洲四小龙"的停滞不前，形成了鲜明对比。改革开放以来的中国创造了人类经济发展

① 本部分内容参见前期成果——沈云锁、尹倩、刘期彬：《"中国模式"问题研究报告》，《思想理论教育导刊》，2005 年第 9 期。

史上的新奇迹。

从经济总量上讲，"改革开放以来，我国国内生产总值由 1978 年的 3645 亿元迅速跃升至 2012 年的 518942 亿元。其中，从 1978 年上升到 1986 年的 1 万亿元用了 8 年时间，上升到 1991 年的 2 万亿元用了 5 年时间，此后 10 年平均每年上升近 1 万亿元，2001 年超过 10 万亿元大关，2002～2006 年平均每年上升 2 万亿元，2006 年超过 20 万亿元，之后每两年上升 10 万亿元，2012 年已达到 52 万亿元"①。

从国际范围内来看，中国经济总量的世界排名稳步提升，对世界经济增长的贡献率也在不断提高。就世界排名而言，1978 年，中国经济总量仅位居世界第十位；2008 年超过德国，跃居世界第三位；2010 年超过日本，居世界第二位，成为仅次于美国的世界第二大经济体。同时，"我国经济总量占世界的份额由 1978 年的 1.8% 提高到 2012 年的 11.5%。2008 年下半年国际金融危机爆发以来，我国成为带动整个世界经济复苏的重要引擎。2008～2012 年中国对世界经济增长的年均贡献率超过 20%"②。

中国奉行自己独特的现代化战略和改革开放政策，创造了人类经济发展的奇迹。中国成功的发展战略必然会引起世人关注，同样也必然会有人从理论上进行概括和总结。这是"中国模式"和"北京共识"被提出并被热烈讨论的最初动因。

（二）"中国模式"问题的提出反映了世界各国对中国发展态势的重新审视

长期以来，西方国家对中国的发展一直有一种矛盾的态度，"中国乱，他们怕祸及自己；中国富，他们怕危及自己"。概括来看，国际上对中国的发展所持的态度大致有两种：一种是歪曲的、"妖魔化"中国的论调，一种是肯定的、赞同的态度。

其中，最具代表性的对中国的发展成就持否定或歪曲立场的，便是"中国威胁论"和"中国崩溃论"了。

"中国威胁论"其实并不新鲜，其前身是 19 世纪末 20 世纪初德国威廉二世的"黄祸论"。新中国成立以后，"中国威胁论"在国际上从未消失过，只不过出于一些国家战略方面的考虑，这种论调在不同时期有

---

① 数据参见国家统计局：《改革开放铸辉煌 经济发展谱新篇——1978 年以来我国经济社会发展的巨大变化》，《人民日报》2013-11-6（10）。

② 数据参见国家统计局：《改革开放铸辉煌 经济发展谱新篇——1978 年以来我国经济社会发展的巨大变化》，《人民日报》2013-11-6（10）。

着不同的版本，如"中国经济威胁论""中国地缘政治威胁论""中国意识形态威胁论""中国军事威胁论""中国环境威胁论""中国能源消费威胁论"等。新时期的"中国威胁论"出现在冷战之后，主要原因是苏联的威胁消失后，美日等西方国家开始对中国经济和军事的强大表示担忧。1992年美国费城外交政策研究所亚洲项目主任芒罗发表《正在觉醒的巨龙：亚洲真正的威胁来自中国》一文，1993年哈佛大学教授亨廷顿发表《文明的冲突》一文，这两篇文章成为20世纪90年代初相当有代表性的有关"中国威胁"的言论。更甚者，是美国《时代》周刊记者伯恩斯坦和芒罗1997年2月炮制的"即将到来的美中冲突"。他们认为，即将变成全球第二大强国的中国将不再是美国的战略友邦，而是它的长期敌人。2005年美国《大西洋月刊》有两篇文章是关于中国的，其中一篇是《如何同中国作战》，另一篇是《怎样应对中国的崛起》，其内容同样是视中国为美国的主要威胁和对手。

"中国崩溃论"始于1994年美国世界观察研究所的莱斯特·布朗发表的《谁来养活中国？》一文，继而引起全球性的争论。2000年，美国经济学家兼历史学家托马斯·罗斯基发表了两篇文章，分别为《中国的GDP统计发生了什么？》和《中国的GDP统计：该被警告？》，文中质疑中国的发展模式，认为中国统计造假。一年之后，西方主流媒体开始铺天盖地指责中国的统计数据。在西方媒体的一系列歪曲和渲染下，中国发展中存在的问题被肆意夸大，中国经济被认为"虚假繁荣"。他们得出结论：中国没有办法和能力解决这些问题，只能一步步走向崩溃，"中国崩溃论"由此诞生。"中国崩溃论"中最具代表性也最极端的论点则是美国华裔律师章家敦（Gordon G. Chang）提出的，其在2001年7月推出的《中国即将崩溃》一书中说，与其说21世纪是中国的世纪，还不如说中国正在崩溃。①另外一个不可忽视的原因是，在苏联解体以后，西方尤其是美国一些政界人物还抱着冷战思维不放，以摧毁中国这个共产主义最后的大本营为己任。他们妄图通过唱衰中国，达到打压中国从而遏制中国崛起的目的，其险恶用心不言自明。

回顾一下前几年国外对中国的舆论，就势必会注意到西方人眼中的"中国形象"大多是负面的，最持平的看法也不过是把中国看作硬实力

<hr>

① 庄俊举：《关于"北京共识"与中国模式研究的若干思考》，《当代世界与社会主义》，2005年第4期。

上升很快而软实力很欠缺的国家。但是,中国的稳定和快速发展使得这些言论不攻自破。自 20 世纪 80 年代以来,在西方特别是美国,很多针对中国未来的预言都一个个相继破灭了。美国的中国问题专家奥森伯格发表一篇文章说,他们做了几十年的中国问题研究,事实证明全错了,到底错在哪里呢?

第二种比较有代表性的对于中国发展态势的看法(也就是正面的、比较积极肯定的赞扬),是"北京共识"和"中国模式"。这是因为随着中国改革开放的发展,中国取得了令世界瞩目的发展成就,1978 年至 2008 年,中国 GDP 年均增长 9.5%以上,创造了发展中国家的发展奇迹。于是,"中国道路""中国奇迹""中国密码""中国贡献"等概念开始在国际社会流行开来,在这些概念的基础上,一种关于中国如何推进改革促进发展、如何选择现代化路径的新的提法——"中国模式"成为国外政治人物和学术界的热门词汇。其中对"中国模式"的基本内涵做出最为系统的理论阐述的首推美国高盛公司高级顾问、清华大学兼职教授乔舒亚·库珀·雷默。他也因此被誉为"北京共识之父"。

"中国模式"的成功,使国际社会对中国的评价渐渐地开始转向正面,甚至在全球范围内,对中国友善的言论也日趋增多。在这个背景下看,"中国模式""北京共识"问题的提出所折射的,正是国际舆论对中国国家形象的认知开始向正常状态的回归。很多西方国家也开始重新审视他们过去曾经对中国发展所做出的种种预测。他们开始思考:中国为什么会成功?有什么可资借鉴的经验?

中国的改革从开始的不被看好,到 20 世纪 90 年代的"妖魔化",再到 21 世纪初的肯定,时间给了中国一个真正公正的评价。"中国模式"问题的提出,正是反映了西方各国对中国发展态势的重新审视。

(三)"中国模式"问题的提出是国际社会对"华盛顿共识"进行反思的结果

20 世纪 70 年代以来先后出现的主导性发展理念有:华盛顿共识(1990)、欧洲价值观、后华盛顿共识(1998)、亚洲价值观。其中在世界上影响最大的是"华盛顿共识"。

"华盛顿共识",是国际货币基金组织、世界银行等国际金融机构向发展中国家和经济转轨国家硬性推出的一套经济改革方案。20 世纪 80 年代,多数拉美国家陷入了长达十余年的通货膨胀暴涨、债务危机爆发的经济困境。1990 年，美国国际经济研究所在华盛顿召开了一个讨论拉美经济调整和改革的研讨会。世界银行、国际货币基金组织以及美洲开发银行等国际机构的代表也参加了会议。在会议的最后阶段，该研究所前所长、曾就职于世界银行的经济学家约翰·威廉姆森宣布，与会者在拉美国家可以采用的十个政策工具方面取得了较为一致的看法，或者说在一定程度上达成了共识。由于上述国际机构的总部都在华盛顿，加之该会议也是在华盛顿召开的，因此以这十项政策为核心内容的拉美经济改革方案被称作"华盛顿共识"。其内容包括实行紧缩政策、金融和贸易自由化、统一汇率、国有企业私有化等。后来人们将这些观点称为"新自由主义的政策宣言"。

"华盛顿共识"的内容在实践中被进一步浓缩为"三化"：一是私有化，也就是国有企业私有化和巩固私有产权可以采取的一系列措施；二是自由化，包括投资自由化、金融自由化和外贸自由化；三是稳定化，也就是执行使汇率贬值和紧缩性财政政策等稳定化计划。

可以看出，"华盛顿共识"基本上是以当今西方经济学中新自由主义思潮为理论基础的，反映了"市场原教旨主义"的核心信条。而借助于美国及西方主导的国际组织的推波助澜，其所代表的经济政策也成为发展中国家和经济转轨国家所必须奉行的金科玉律。

20 世纪 90 年代以来，"华盛顿共识"这种基于西方视角的教条式规定，凭借强大的经济政治力量，及国际货币基金组织和世界银行以巨额投资、援助等为交换条件，获得了话语霸权，得以在拉美及东南亚一些国家推行开来，走的是一条向资本流动开放、私有化、自由化和透明化的经济发展道路。当时东欧国家由于转型的困难，拉美和东亚由于出现金融危机，情不自禁地向西方寻求理论支援，因而使这些极端的新自由主义在媒体和政治舞台上风光了十多年。

但是，"华盛顿共识"实质上是发达资本主义国家设下的一个"全球化陷阱"。"华盛顿共识"流传到哪里，哪里就遭殃。东欧国家在"休克疗法"下无一例外地出现大幅度倒退，拉美和东亚国家也是银行危机频发，企业破产、民众失业大幅增长，"华盛顿共识"给发展中国家带来了深重的灾难。尤其是那些从前计划经济向市场经济转型的前苏联加盟共和国如俄罗斯等，由于 20 世纪 90 年代初奉行"华盛顿共识"所安排的"休克疗法"，经济上出现了长达十余年的灾难性的衰退，甚至至今还在为当时的激进改革吞食苦果。

归结起来,"华盛顿共识"自出炉以来推行的结果是,经历了"三大失败":失败之一是"结构性调整"使拉丁美洲成为世界经济重灾区;失败之二是苏联解体以后,"休克疗法"使俄罗斯经济坠入深谷;失败之三是"华盛顿共识"提供错误的危机应对措施,让金融危机以后的亚洲经济雪上加霜。新自由主义与拉美社会结合所产下的畸形儿是"权贵资本主义"——政府力量涣散,空有民主制度,两极分化,社会动荡;新自由主义与东亚社会结合的产物是"裙带资本主义"——政府干预过度,官产银关系暧昧,微观经济缺乏活力。综观新自由主义的全球实践,可以说苏东国家倒退了10年,拉美国家失去了10年,日本经济是爬行的10年,美欧则是缓升的10年。联合国认定的最不发达国家,没有一个通过新自由主义方式富起来,有的反而更加贫穷。

在这样的情况下,"华盛顿共识"不能不受到心理学界、社会学界和经济学界的质疑和批判而一败涂地,这些批判包括"欧洲价值观"的挑战、"后华盛顿共识"的挑战。然而,无论是新自由主义的"华盛顿共识"还是新凯恩斯主义的"后华盛顿共识",都不能从根本上解决发展中国家的贫困问题。具有浓厚的福利资本主义色彩的"欧洲价值观"和儒家思想色彩的"亚洲价值观",由于缺乏经济持续增长的实践背景,都不足以实现对"华盛顿共识"的超越。

与此形成鲜明对比的是,远离这一模式的中国却在经济上取得了持久的快速增长。在对"华盛顿共识"进行批判性反思的基础上,"北京共识"吸取了人类社会发展的合理思想成果,倡导以人为本,促进经济、社会和人的全面发展,从而在发展模式和发展价值观上,向一个新的境界迈进。"北京共识""中国模式"作为不发达国家寻求经济发展而又改善人民生活的方式被提出,是国际社会对"华盛顿共识"进行反思的结果。

(四)雷默的"北京共识"拉开了世界高度关注"中国模式"的序幕

"中国模式"并不是进入21世纪后才出现的新概念,它早在20世纪80年代初就已出现在国际主流媒体上。[①]2002年,卡瓦吉特·辛格(Kavaljit Singh)首次把中国的发展模式称作"北京共识"。从2004年5

---

① 秦宣:《"中国模式"之概念辨析》,《前线》,2010年第2期。

月份开始,对"中国模式"的正面肯定就成为国际社会各主流媒体的一个新动向。美国《纽约时报》评论员托马斯·弗里德曼5月2日发表了一篇题为《让我们祈祷吧》的文章。他认为,中国的发展对亚洲乃至对全球经济发展的重要性在不断增长。相关国家的领导人应该每天晚上做这样的祈祷——"亲爱的天父,请你保佑中国领导人胡锦涛主席身体健康、政权平稳,让中国领导人活到120岁,让中国国内生产总值在他们有生之年保持每年9%的增长率"①,云云。

2004年5月7日,美国《时代》周刊高级编辑、美国投资银行高盛公司资深顾问、清华大学教授乔舒亚·库珀·雷默在伦敦《金融时报》上首次提出了"北京共识"。5月11日,英国著名思想库伦敦外交政策中心发表了题为《北京共识》的论文。②该文对中国改革开放以来 20多年的经济改革成就做了全面的总结与分析,指出中国通过艰苦努力、主动创新和大胆实践,摸索出了一种适合本国国情的发展模式。雷默把这种发展模式称为"北京共识"。在雷默看来,"北京共识"不同于新自由主义的"华盛顿共识",其核心价值正在全世界产生涟漪效应,并将给世界特别是广大发展中国家带来希望。《北京共识》可谓一石激起千层浪,自此之后,世界各大主流媒体展开了对"中国模式"的广泛讨论。

美国《国际先驱论坛报》2004年5月20日刊登了《中国将以自己的方式改变》一文,认为中国用循序渐进的方式来推进政治改革是果断而明智的。接着5月24日,墨西哥《每日报》刊登题为《中国——亚洲的地平线》的文章,认为中国的发展奇迹是按照本国实际理智地制定经济社会各项政策的结果。5月26日,在上海国际会议中心开幕的全球扶贫大会上,中国的扶贫模式引起世界各国的关注,世界银行行长呼吁全球都来分享中国的脱贫经验。5月27日,英国《卫报》刊登了《中国解决亿万人民温饱问题的经验》一文,认为中国的崛起为世界其他国家选择发展模式提供了一个西方之外的强有力的选择。这些文章,都从不同视角对中国综合国力的增强以及对世界的积极影响给予了肯定和赞许。进入6月份后,国际上又有许多学者和政要开始关注并提及"中国模式"问题。6月14日,时任联合国秘书长安南在圣保罗接受新华社记者提问时说,中国以自己独特的模式实现发展,其中的有益经验值

---

① 张剑荆:《"北京共识"与中国软实力的提升》,《当代世界与社会主义》,2004年第5期。
② 伦敦外交政策中心网站.http://fpc.org.uk/fsblob/244.pdf.

得其他国家,尤其是发展中国家借鉴。7 月 20 日,美国著名经济学家、诺贝尔经济学奖获得者斯蒂格利茨在接受中国记者采访时,也对"中国模式"给予了充分肯定。他认为,中国经济的巨大成功对整个世界经济产生了积极的影响,世界其他国家也将分享到中国经济改革的成果。在全球经济持续低迷的情况下,"中国模式"具有很好的启示性。直到现在,对于"中国模式"的研究和讨论依然一次次地掀起新的高潮。

我们认为,无论"北京共识"是否能够成立,或者是否能够自圆其说,它的重要意义在于:以"北京共识"为代表的观点,体现了西方人士对于中国改革道路的一种认可,是他们对中国改革理念和发展模式的一种解释。尽管"北京共识"对于"中国模式"的概括和解释仍然显得不够完全,但是,它毕竟留给我们总结中国发展道路的思考空间。

二、"中国模式"的概念及其历史方位①

"中国模式"的深层理论阐释,对于中华民族复兴的未来具有基础性的价值。但是由于使用动机、研究专长、知识背景等方面的差异,国内外学者对于"中国模式"概念的界定差异很大,所以,我们有必要首先对"中国模式"的概念做些说明。

要解释"中国模式"的概念,我们首先应该明确什么是"模式"。据考察,"模式"一词具有多种含义,如模型、样式、典型、模范、样板等。《辞海》中对于"模式"的解释是:"亦译范型,一般指可以作为范本、模本、变本的式样。"英文中有几个词均可表达"模式"之意,如 Pattern、Model、Mould、Paragon,但有关论述模式的英文书籍中用 Pattern 和 Model 的居多。就笔者的理解,"模式"是用来表达不同事物之间的差异性的抽象化样式,它能够反映某一事物本质属性。我们这里讲的"模式",主要是就"模式"的"样式"或"典型"的意义上而言的,指的是社会发展模式。

"中国模式"是研究中国问题的国外学者、政要和媒体提出的新概念,中国的媒体和学者对这一概念使用得比较谨慎,甚至有些学者不同意这样的提法,主张慎提或不提"中国模式",用"中国道路"或"中国经验"来取代"中国模式"这个概念。由于国外学者对"中国模式"

---

① 本部分内容参见阶段性成果——尹倩:《"中国模式"的概念解读》,《唯实》,2008 年第 10 期。

概念的解释受到其使用动机的影响，如用来鼓吹"中国威胁论"，加之文化背景的差异，他们对"中国模式"的概念解释难免有失客观准确，有些偏颇。但是"中国模式"概念为我们提供了研究中国社会发展的新视角，是社会发展研究领域的重要理论成果。因此中国学者应该在充分认识国外学者提出"中国模式"概念的背景的基础上，分析国外学者对于"中国模式"概念解释的合理因素，结合中国国情和语境合理内化，赋予其新的科学内涵，真正提出客观而科学的"中国模式"的概念解释。

仔细分析学者们对"中国模式"概念的解释可以看出，"中国模式"这一概念实际上与"中国特色社会主义"概念所指代的内容大致相同，也是邓小平理论的集中反映。雷默本人也承认"北京共识"与邓小平理论之间的内在联系，他认为："第一，'北京共识'包含的思想与邓小平发展理论并不矛盾；第二，'北京共识'反映了邓小平发展理论的大部分思想，它循序渐进地描述了邓小平思想的形成过程；第三，'北京共识'实际上遵循了邓小平理论；第四，'北京共识'是从全球化角度来看邓小平发展理论"。[①]

但是"中国模式"与"中国特色社会主义"又有所区别，主要是研究视角的不同。一方面，"中国模式"是西方学者从全球化的角度对中国现代化道路的新概括，主要侧重于横向比较；而中国特色社会主义理论则是中国学者对中国现代化道路的经验总结，主要侧重于纵向考察。[②]另一方面，"中国特色社会主义"这一概念偏重于制度和意识形态取向，而"中国模式"这一概念则更偏重于社会发展模式或道路，更便于我们从世界视野来重新审视我国的现代化道路。总的说来，"中国模式"的概念与党的十七大提出的"一面旗帜、一条道路、一个理论体系"有着密切联系。在国内学者看来，"中国模式"与中国特色社会主义道路的内容相一致，甚至是等同的，有些情况下可以互相替代；中国特色社会主义的成功经验正是"中国模式"的主要内容。两者有着共同的实践基础，那就是中国特色社会主义建设的伟大实践；两者有着共同的理论指导，马克思列宁主义、毛泽东思想和中国特色社会主义理论体系也正是"中国模式"的理论基础。

① 《"北京共识"与中国和平崛起——专访美国高盛公司咨询顾问雷默》，《参考消息》，2004-06-10（15）。
② 陈志：《"中国模式"概念刍议》，《中共四川省委党校学报》，2006 年第 3 期。

根据国内对于中国特色社会主义道路和邓小平理论的已有阐释,借鉴近年来国外学者对于"中国模式"的研究成果,笔者认为,所谓"中国模式",特指中国改革开放以来的社会发展道路或发展经验,是从全球化的角度或世界视野来看待中国社会发展道路,又称"中国道路""中国经验"。"中国模式"概念具有丰富的基本内涵,可以从多角度加以全面解读。

(一)"中国模式"不等同于"北京共识"

"北京共识"的提出者雷默是把"北京共识"与"中国模式"作为两个不同层次的概念区别对待的。雷默认为,"中国模式"是"北京共识"的一部分,即关于经济的部分。[①]他认为,"北京共识"包含的范围更广泛些,"北京共识"与之前的"华盛顿共识"一样,含有许多非经济学的思想。这些思想包括政治、生活质量以及全球力量平衡。"[②]然而,雷默提出"北京共识"之后,国内外部分学者和媒体并没有严格区分这两个概念,大多数把二者等同起来使用。我们虽不认同雷默对两个概念的区分,但"中国模式"和"北京共识"毕竟是两个不同层面的概念。我们肯定"北京共识"提出的积极意义并不表示我们也赞同"北京共识"的提法。因此,对于中国 30 多年的改革开放的经验,笔者认为用"中国模式"一词来概括更为合适。原因如下:

首先,"共识"是一个在当今国际国内许多场合使用频率很高的词汇,它与"中国模式"和"北京共识"概念本身想要表达的内容不相符合,直接拿来使用的话容易让人们产生歧义。"共识"这个词容易使人望文生义,无论是"华盛顿共识""后华盛顿共识"还是"北京共识"。所谓"共识"就是"一致的看法或意见",显然,"北京共识"究竟是什么人的共识?这首先是个问题。斯蒂格利茨明确指出:"如果说当前关于促进世界上穷国的发展还有什么共识的话,那就是,真正的共识根本不存在。"在"华盛顿共识"一词被提出之后,世界上还先后出现过"蒙特雷共识""墨西哥共识""哥本哈根共识"等提法。当今世界出现了太多的所谓"共识","共识"一词是一个很时髦的词语。另外,随着"北

[①]《"北京共识"论之父:中国在培育创新文化》,http://news.sohu.com/20050405/n225017095.shtml。

[②] "The Beijing Consensus, like the Washington Consensus before it, contains many ideas that are not about economics. They are about politics, quality of life, and the global balance of power." http://fpc.org.uk/fsblob/244.pdf.

京共识”一词的传播，任何与北京沾边的事情似乎都可以冠之以“北京共识”之名，无论这些事情与“中国模式”或实质上与中国有无关系。①因此，应慎用“共识”一词。

其次，“中国模式”与“北京共识”是两个有明确区别的概念。“中国模式”内涵更丰富一些，既包括实践经验，也包括发展理念，所参照的是其他国家或者是地区的发展模式；“北京共识”是相对“华盛顿共识”这个角度而言的，那么在这个意义上讲它只是一种发展理念，它与后华盛顿共识、亚洲价值观和欧洲价值观等属于同等程度的概念，而这些都属于发展理念的范畴。因此，相比之下，“北京共识”这一概念的视角相对来说过于狭窄。

再次，“中国模式”与“北京共识”本意都在于总结中国社会发展经验。但如果置于国际政治的背景之下，两者的意义便会有本质上的不同。雷默本人很清楚，以“华盛顿共识”为主要内容的新自由主义在拉美是失败的，而与此形成鲜明对比的是中国经济的蓬勃发展，这样他便产生了提出“北京共识”新概念的想法，而且使用“共识”一词确实也会使其文章能够很快引起读者的关注。但一旦我们联想到“华盛顿共识”在世界各地强行推销的实践后果，“北京共识”也就会变得政治味十足。于是，西方学者提出“北京共识”这个概念，似乎其中也带有很强的政治意味。“中国模式”偏重于总结中国经验，用于解释中国是如何取得成功的；“北京共识”则不仅是对中国经验的总结，似乎还带有浓重的向其他国家推销中国经验的味道，这恰恰是中国一直力求避免的。中国从来都无意于向其他国家推销中国的发展经验，也决不输出模式。正因如此，中国不主张采用“北京共识”这一提法。②

综上所述，“北京共识”这个概念容易引起争论，这样的大胆提法很难让国内外学术界以及政要普遍接受。不过，无论如何，它毕竟标志着世界开始用一个全新的态度来看待中国。当然，我们不应该仅为“北京共识”概念的出现而沾沾自喜，而应该对中国的发展经验和发展方向进行再认识，从而提出真正符合时代变化的中国社会发展新概念。

“中国模式”这一概念则蕴涵了中国发展道路的历史背景、文化传

---

① [美]阿里夫·德里克：《中国发展道路的反思：不应抛弃社会主义革命的历史遗产》，《当代世界与社会主义》，2005 年第 4 期。
② 庄俊举：《关于“北京共识”与中国模式研究的若干思考》，《当代世界与社会主义》，2005 年第 4 期。

统、民族精神等方面的丰富内容,因而更加适用于对中国社会发展经验的总结,这些都是"北京共识"的解释框架所无法包容的。另外,国内外理论界在总结不同国家或者地区发展经验的时候,也会使用"模式"一词。比如,在谈及发达资本主义国家现代化道路之时,就会想到美国模式、欧洲模式或日本模式,社会主义国家亦曾有辉煌一时的"苏联模式",发展中国家有拉美模式,亚洲有"四小龙模式",等等。

更为重要的是,我们要让世界各国真正地了解中国,而不是误解和误读中国,就必然要借鉴西方的研究范式,力求能用西方的语言逻辑来解释中国的事情,当然同时要结合中国的语境合理内化,从而把"中国模式"概念的阐释权掌握在中国自己手中。所以,笔者认为,"中国模式"的提法更合适些。

(二)"中国模式"就时间坐标而言特指中国改革开放以后的社会发展道路

实现国家工业化和现代化,实现中华民族的伟大复兴、人民安定幸福,这是古往今来无数中国人孜孜以求的理想。从鸦片战争后社会各界精英所追寻的"科学救国""教育救国"等道路到社会各阶层广泛参与的革命运动,从维新变法到辛亥革命再到新民主主义革命,从马克思列宁主义到毛泽东思想再到中国特色社会主义理论体系,从效法巴黎公社、照搬苏联模式、借鉴美欧模式到探索"中国模式",多少代中国人为寻找适合中国国情的现代化道路付出了艰辛的努力,经受了无数的挫折,做出了巨大的牺牲。这些无不贴有中国印记,彰显了中国特色。就这个意义而言,历史上中国人民探索本国发展道路的基本经验和历史教训都是"中国模式"涵盖的内容。但这些都不是我们今天所特指的"中国模式",而仅仅是我们研究"中国模式"的历史背景。只有划清这一边界,方能凸显"中国模式"的时代意义。

因此,当前社会各界广泛讨论的"中国模式",并不是指中国任何时期的社会发展模式,而是特指中国改革开放以来的社会发展模式。以始于1978年的改革开放作为分界线,1978年之后中国社会发展各领域所遵循的原则、采用的方针政策、途径以及取得的成果都属于"中国模式"的概念范畴,而改革开放之前中国社会发展各个领域的原则、程序、政策、成果等内容,则不应归入"中国模式"概念之下。因而,就时间坐标而言,"中国模式"特指中国改革开放以来的社会发展道路或经验。

也就是说，至今为止它只有 30 多年的历史，不宜将其推演到新中国成立、中国革命胜利，甚至近代中国。"中国模式"是全球化背景下随着中国崛起凸显出来的，毛泽东时期对中国发展道路的探索仅仅是"中国模式"形成的历史前提，并非今天"中国模式"涵盖的内容。

（三）"中国模式"是一个综合性概念

经济发展往往在整个社会发展中处于基础性地位，所以人们习惯于把社会发展模式简化为经济发展模式，在今天对"中国模式"的研究讨论中，我们仍然可以感受到这一习惯性思维的影响。在这种习惯性思维与做法的影响下，对"中国模式"概念的理解与把握就有可能是片面的。雷默也是把"中国模式"作为"北京共识"的一部分，也就是关于经济的部分来认识，我们对此并不赞同。

一般而言，社会发展应该是全方位、多方面的，社会发展模式也必然包含着多方面的内容。"中国模式"作为中国当前社会发展的基本模式，所反映的是中国社会的整体发展状况，因而其内容也理应是相当丰富的。在过去的 30 多年里，中国在全球经济持续低迷的状态下，能够成功应对各种难题，保持了经济的持续快速增长，这正是国际社会普遍关注"中国模式"的最初动因。但是，中国社会的发展，或者说中国的现代化问题，绝不是仅从经济一个方面就能概括的，因为现代化不仅指社会生产力的发展，而且涉及政治体制的完善、社会结构的变迁、思想文化的繁荣以及生态环境的改善等诸多内容。显然，我们当今所讨论的"中国模式"概念，实际上涵盖了政治、经济、社会、文化、生态等诸多领域，将"中国模式"只限定在经济领域是不恰当的。[①]

（四）"中国模式"有着鲜明的中国特色

任何一个国家或地区在现代化过程中都会形成自己的发展模式，在人类现代化进程中，既有过成功的模式，如美国模式、西欧模式、亚洲"四小龙模式"；也出现过失败的模式，如苏联模式、拉美模式等。无论是成功的模式还是失败的模式，都是各国特殊的历史文化传统和国情的产物，都为人类的现代化进程提供了经验和教训。世界上并不存在完美的、普遍适用的发展模式。

中国作为一个发展中的社会主义大国，国情与世界上任何一个别的

---

① 参见前期成果——沈云锁、尹倩、刘期彬：《"中国模式"问题研究报告》，《思想理论教育导刊》，2005 年第 9 期。

国家相比都有很大差别：中国既是人口大国，又是资源相对短缺的国家；生产力发展不平衡，城乡和区域经济发展不平衡；公有制经济占主体地位，同时允许多种所有制经济共同发展；经济体制基本实现了从计划经济向市场经济的转型，但传统体制的历史影响还存在，等等。特殊的国情决定了中国既不能盲目照搬欧美模式，也不能机械模仿日韩模式，必须探索与本国国情相符合、与自身发展阶段相适应的发展模式，这是理解中国发展模式是否成功的关键。从"社会主义初级阶段论"到"全面建设小康社会"，从"社会主义和谐社会"到"中国梦"，都是对中国现代化发展目标的重大创新。

　　"中国模式"虽然借鉴了世界主流发展模式中的有益因素，但始终立足于中国悠久的民族文化传统和独特的发展实践之中，既有东方文化的典型特征，又反映了世界现代化的普遍规律，是主动学习和自主创新相结合的产物。中国不实行全面私有化，而实行以公有制为主体、多种所有制经济共同发展的基本经济制度；中国也实行市场经济体制，但有着强有力的政府宏观调控；中国不搞多党制和"三权分立"，实行共产党领导的多党合作和政治协商；中国允许各种思想流派的存在，但始终坚持马克思主义在意识形态领域中的指导地位。① "中国模式"中，传承了儒家文化的"大同世界"理想，融合了马克思列宁主义的思想精髓，萃取了世界各国和各民族发展的经验教训，体现了中国共产党的治国智慧，是中华民族对全世界乃至全人类发展的又一重大贡献。

　　（五）"中国模式"还在发展过程中，尚不成熟

　　世界上根本不存在固定的、永恒不变的发展模式。这是因为，社会发展模式源于社会发展实践，社会发展实践的不断推进，为社会发展模式的完善源源不断地提供着新鲜素材。随着社会实践不断向前发展，社会发展模式也必然处于不断更新中。中国改革开放的步伐在不断加快，中国现代化进程也在不断向前推进，作为对现实社会发展规律和实践经验进行梳理总结的"中国模式"，也必然处于不断的发展过程中。2004年6月10日雷默在接受《参考消息》记者专访时指出："中国模式是一个过程，而不是解决方案，这是它与传统发展模式之间的一个重要区别。中国发展模式中的一些内容如重视创新、重视人力资本和重视运用'不

---

① 文迪：《中国模式与思想解放——访中央编译局俞可平教授》，《上海党史与党建》，2008年11月号。

对称力量'等，仍然十分有效。但'中国模式'一直在变化，由于要面对不断出现的新问题，它不可能静止不变。"①社会发展模式具有历史继承性，"中国模式"同样也存在一个继承和创新的过程。

另外，世界各国关注"中国模式"是由于改革开放以来中国经济的高速增长。而"中国模式"的魅力，当然不能仅仅靠增长速度来提升。中国尤其要提防速度陷阱，这预示着中国建设社会主义和谐社会和全面实现现代化依然任重而道远，"中国模式"需要继续发展和完善。显然，"中国模式"还是一个正在成长、正在被构建中的模式，它还很不成熟，未来还将面临许多质疑与挑战。我们在理解"中国模式"时，不能把它看作一种固定而成型的发展模式，而要坚持发展的观点，将其视为一个动态的、处于不断发展变化过程中的模式。成长性或不成熟性是"中国模式"和世界其他发展模式的一个相当重要的区别。

（六）"中国模式"是中国人民对人类发展道路的一种有益探索

中华民族是一个具有强大学习与创新能力的民族，"中国模式"借鉴了世界主流发展模式的积极因素，凝聚着历史上几代中国人民的发展智慧。鸦片战争以后，中国有识之士就开始研究学习和效仿西方发达资本主义国家的政治经济制度；辛亥革命后，革命先行者孙中山先是借鉴英美等国家，后又学习苏联的经验；早期的中国共产党人曾赴法国、德国和苏联寻求革命真理。中国共产党成立到 20 世纪 70 年代，中国一直以苏联模式为样本来设计和规划中国的现代化事业；改革开放以后，随着经济全球化进程的加速发展，美国、日本和西欧等发达资本主义国家的工业化和信息化道路再次成为中国社会改革的参照系。"中国模式"是中国人民对世界各种发展模式批判与借鉴的结果。"中国模式"既属于中国也属于世界。

首先，"中国模式"是对传统社会主义模式进行反思的结果。毋庸讳言，改革开放前，我们基本上是照搬苏联社会主义模式。苏联模式本身带有备战性、应急性、高度集中等特点。第二次世界大战以后，随着时代主题的转换以及新科技革命的挑战，这一模式的弊端开始明显地暴露出来。到了 20 世纪 70 年代后期，社会主义在与资本主义的竞争中已经明显地处于劣势地位，社会主义的优越性体现不出来，最终导致东欧

①《"北京共识"：中国成为全球典范？》，http：//http. shufe. edu.cn/renwenshiye/beijinggongshi. htm。

剧变、苏联解体，社会主义事业遭受严重挫折。对于苏联模式的弊端，正如邓小平所言"我们很早就发现了，但没有解决好"[①]，从而使苏联模式在中国一直沿袭了 20 多年，严重阻碍了生产力向前发展，制约了中国综合国力的提高，妨碍了广大人民群众生活水平的提升。惨痛的教训告诉人们：必须探索适合本国国情的新的发展模式，才能走出经济和社会发展的低谷，从而推进我国的社会主义现代化建设事业。"中国模式"就是这种探索的积极成果。

其次，"中国模式"是对西方发达资本主义国家社会发展模式积极借鉴的结果。第二次世界大战以后，随着和平与发展成为时代主题，新技术革命和新工业革命浪潮加速了世界经济全球化的进程，也深刻地改变了当今世界的面貌。世界范围的竞争，已经从军事领域转向了经济实力和科技创新能力为基础的综合国力的较量，世界各国都在探索能够增强本国综合国力、提高国际竞争力的发展模式。当前世界上成功的发展模式中，最具代表性的就是美国模式、日本模式和德国模式，它们都属于资本主义发展模式。改革开放以后，我国对上述发展模式都进行了全面考察和深入研究，认为其中每种模式都各具自身特色，有可资借鉴的地方，可以为我所用。

因此，"中国模式"是学习和融合世界各种先进发展模式和发展理念的结果。实际上，中国社会发展中的不少发展理念与战略举措，虽然表述是中国的，做法也是基于中国国情的，但核心价值取向却反映的是人类文明的优秀成果。"中国模式"丰富了人类的发展理念和实践，是中国人民对整个世界做出的新贡献。从这个意义上来讲，我们应该从历史和世界视野的高度来审视"中国模式"。

---

① 《邓小平文选》第 3 卷，人民出版社 1993 年版，第 261 页。

第二章　"中国模式"的形成与发展

　　任何一种社会发展模式都要经历一个形成、发展和完善的历史过程。社会发展模式在初步确立时，往往是不完善的，人们是通过在社会发展实践过程中的不断修正，才使其日臻完善。如前所述，"中国模式"是一个动态的概念，处于发展过程之中，还不成熟。尽管我们把"中国模式"的概念界定在特指"中国改革开放以后的社会发展道路或发展经验"，但是"中国模式"也不是一蹴而就的，其形成与发展也有一个过程。多少年来，无数中国人为找到适合本国国情的社会发展道路进行了艰苦的探索，也付出了沉重的代价。"中国模式"中凝聚着中国人民的艰辛探索，是几代党和国家领导人集体智慧的结晶。

　　以毛泽东为核心的党中央领导中国人民获得了民族独立和人民解放，为"中国模式"的形成创造了基本的历史前提，并对中国社会发展道路进行了初步探索。由于历史条件的限制，新中国成立初期我们的探索基本上没有摆脱苏联模式，其间还发生过"大跃进"和"文化大革命"的错误，但这一时期的探索也为我们留下了许多宝贵的经验教训，为此后的进一步探索奠定了基础。以邓小平为核心的党中央，在和平与发展成为时代主题的历史条件下，立足于本国国情，找到了中国特色社会主义道路，标志着"中国模式"的初步形成。新时期，以江泽民为核心的党中央和以胡锦涛为总书记的党中央，始终不渝地走中国特色社会主义道路，创造了发展中国家的发展奇迹，"中国模式"在发展中不断完善。当前，中国人民在习近平为总书记的党中央领导下，努力实现中华民族伟大复兴的"中国梦"，谱写"中国模式"的新篇章。

一、"中国模式"的渊源

　　毛泽东是伟大的马克思主义者。以毛泽东为核心的党的第一代中央领导集体领导中国人民开辟了中国特色的新民主主义革命道路,取得了民族独立和人民解放,为中国的社会发展创造了基本历史前提。新中国成立初期,中国人民在中国共产党的领导下对中国社会发展道路进行了初步探索,取得了宝贵的经验,为"中国模式"的形成奠定了理论和实践基础。毛泽东时期对中国社会发展道路的探索虽然没有成功,而且出现了"文化大革命"的错误,但是,新中国成立初期的初步探索所留下的,无论是宝贵的经验还是惨痛的教训,都是中国社会发展十分宝贵的精神财富。

(一)毛泽东探索中国社会发展道路的历史条件

世界现代化的历史证明,民族独立和人民解放是一个国家现代化的历史前提。由于我国一直处于半殖民地半封建的社会地位,受到帝国主义、封建主义、官僚资本主义的压迫,作为一个没有民族独立的国家,中国的社会发展道路必然是举步维艰,阻力重重,现代化建设无法按照西方的既定模式向前推进。毛泽东首先领导中国人民取得了民族独立和人民解放,并进行了生产资料的社会主义改造,建立了社会主义制度,为"中国模式"的初步探索创造了前提条件。"没有以毛泽东同志为核心的党的第一代中央领导集体团结带领全党全国各族人民浴血奋斗,就没有新中国,就没有中国社会主义制度。"①

1. 取得民族独立和人民解放,建立新中国

以毛泽东为核心的中国共产党人充分认识到,他们肩负的历史重任,是联合中国一切革命和进步的社会力量,推翻束缚社会生产力的半封建半殖民地的旧制度,变被动现代化为主动现代化。毛泽东把马克思主义普遍原理与中国革命的具体实践结合起来,确定了在中国先进行民主革命,再进行社会主义革命,然后才能进行社会主义现代化建设的道路。在以毛泽东为核心的中国共产党的领导下,中国人民经过艰苦卓绝的抗争,先后经历了北伐战争、土地革命、抗日战争和解放战争,终于推翻了帝国主义、封建主义和官僚资本主义"三座大山"的反动统治,取得了新民主主义革命的胜利。1949 年 10 月,中华人民共和国成立了。世代受剥削、被奴役的中国人民,从此翻身做了国家的主人,中华民族开始巍然屹立于世界东方。

---

① 胡锦涛:《在纪念党的十一届三中全会召开 30 周年大会上的讲话》,《人民日报》2008-12-19 (2)。

　　正是在以毛泽东为核心的中国共产党中央领导下，中国社会发生了翻天覆地的变化：中国从半殖民地半封建的旧时代，进入建设社会主义的新时代；从一个受帝国主义侵略掠夺的国家，变成了一个独立自主的国家；从一个四分五裂的国家，变成一个除台湾岛等部分领土外基本实现团结统一的国家；从一个人民备受欺凌奴役的国家，变成一个人民群众当家做主、享有各项民主权利的国家；从一个在国际上没有地位的国家，变成一个受到世界各国普遍尊重的国家。这些，都为我们实现社会主义现代化提供了基本的历史条件，为实现中华民族的伟大复兴奠定了坚实的基础。正如邓小平所言："他多次从危机中把党和国家挽救过来。没有毛主席，至少我们中国人民还要在黑暗中摸索更长的时间。毛主席最伟大的功绩是把马列主义的原理同中国革命的实际结合起来，指出了中国夺取革命胜利的道路。"①

　　2. 进行社会主义改造，确立社会主义制度

　　新中国成立以后，我们面临着严峻的外部环境，包括帝国主义的经济封锁、政治孤立、军事威胁、外交制裁。以毛泽东为代表的中国共产党紧密团结全国各族人民，坚持独立自主、自力更生，迅速恢复了受战争破坏的国民经济，开辟了一条适合中国国情的社会主义改造道路，创造性地完成了由新民主主义到社会主义的过渡，开始了在社会主义道路上实现中华民族伟大复兴的历史征程。

　　随着国民经济的全面恢复和对生产资料社会主义改造的基本完成，中国真正进入了社会主义新时代，社会主义基本制度基本确立起来：经济上，基本实现了生产资料的社会主义公有制和按劳分配原则，剥削制度被彻底消灭了；政治上，建立了人民民主专政的国体，确立了人民代表大会的基本政治制度，实现了中国共产党领导下的人民民主；意识形态领域，基本肃清了封建和资本主义文化的消极影响，确立并巩固了马克思主义的指导地位。社会主义基本制度的确立是我国历史上最伟大最深刻的变革，是中华民族发展历史上的里程碑。社会主义制度的确立不仅为我们接下来探索社会主义建设道路提供了制度保障，也为后来建设中国特色社会主义奠定了理论与实践基础，这是以毛泽东为核心的中国共产党第一代中央领导集体留给我们的宝贵财富。

---

①《邓小平文选》第 2 卷，人民出版社 1994 年版，第 344～345 页。

（二）毛泽东对中国社会发展道路的初步探索与贡献

中国是在十月革命的影响下逐步走上社会主义道路的。苏联是当时世界上唯一的社会主义国家，苏联在社会主义建设中所取得的巨大成就和显示出的社会主义制度的强大威力，产生了巨大的示范效应。而中国当时正面临着十分复杂的国际和国内环境，本身也没有任何建设社会主义的经验，因此，苏联模式就成为当时我国建设社会主义唯一可供效仿的典范。学习和借鉴苏联经验，甚至搬用苏联模式，就成为这一历史时期我国社会主义建设的必然选择。尽管如此，以毛泽东为代表的中国共产党仍然创造性地把马克思主义的普遍原理与中国的具体实际相结合，在苏联模式的框架内，对中国社会主义建设道路进行了初步的探索，取得了一系列独创性的理论和实践成果：包括社会主义社会的矛盾学说、发展社会主义商品经济和重视价值规律的思想、四个现代化和"两步走"的发展战略，坚持独立自主和学习国外经验的思想，等等。以上这些，进一步丰富和发展了科学社会主义的理论与实践。这种探索所取得的思想成果以及积累的实践成果，为后来形成较为系统的中国特色社会主义理论体系奠定了非常重要的基础，也为"中国模式"的形成奠定了思想和理论基础。

因此，毛泽东是探索中国特色社会主义道路的开拓者和奠基人，正是有了他承前启后、开拓创新的重大基础作用，才有我们今天改革开放和社会主义现代化建设的伟大成就。

1. 以苏为鉴，走自己的路

如前所述，社会主义建设在中国是前无古人的，马克思、恩格斯也没有这方面的成熟论述，于是，人们自然而然会认为社会主义就是苏联的样子。当时毛泽东对社会主义的基本认识也是仅仅局限于苏联模式，并依此为样本来指导中国的社会主义建设。

20世纪50年代中后期，毛泽东在中国的社会主义建设实践中发现了一些问题，察觉到高度集中的苏联模式的体制弊端，盲目学习苏联经验危害很大；意识到把社会主义经济与整个世界经济完全隔离开来、关起门来搞建设是不行的，于是提出了探索适合中国国情的社会主义建设道路的历史任务。当然，这一任务的提出与当时的国际环境也是分不开的。1956年，苏联共产党召开二十大，赫鲁晓夫公开批判和全盘否定斯大林，使苏联模式的弊端得以充分暴露。在这种情况下，毛泽东及时从我国社会主义建设实际出发，着手批评苏联模式中的缺点和问题，并据此提出探索适合中国国情的社会主义建设道路的主张。

1956 年 4 月，毛泽东发表《论十大关系》的重要讲话，正式提出了探索中国社会主义道路的任务。他说："最近苏联方面暴露了他们在建设社会主义过程中的一些缺点和错误，他们走过的弯路，你还想走？过去我们就是鉴于他们的经验教训，少走一些弯路，现在当然更要引以为戒。"①为了摆脱苏联模式，毛泽东主张在建设社会主义的问题上要走自己的路，同时以正确的态度学习国外经验。毛泽东深刻地指出："我们要学的是属于普遍真理的东西，并且学习一定要与中国实际相结合。"②

在积极探索适合中国国情的社会主义建设道路的问题上，毛泽东提出了进行马克思主义与中国实际"第二次结合"的历史任务，也就是从"走俄国的路"到"走自己的路"。他指出："现在是社会主义革命和建设时期，我们要进行第二次结合，找出在中国进行社会主义革命和建设的正确道路。"③

毛泽东提出的"以苏为鉴，走自己的路"的理论使中国摆脱了苏联模式的束缚，指明了中国社会主义的正确前进方向，是中国探索适合本国的社会主义建设道路的光辉起点。毛泽东在摆脱传统社会主义理论束缚、突破传统社会主义模式影响、探索中国式社会主义道路上已经迈出了最初的步伐。这对邓小平创立中国特色社会主义理论无疑具有很大的启迪作用。

2. 社会主义社会的矛盾学说

毛泽东在总结中国社会主义建设基本经验的基础上，继承和发展了列宁关于社会主义社会依然存在矛盾的思想，全面地分析了中国社会的矛盾问题，系统地阐述了社会主义社会的矛盾学说。主要内容包括：首先是社会主义社会的基本矛盾，为改革提供了理论依据；其次，社会主义社会主要矛盾的转化和根本任务；再次，矛盾的性质与正确处理人民内部矛盾。

毛泽东在《关于正确处理人民内部矛盾的问题》和其他重要论著中，全面阐述了社会主义社会的基本矛盾，这正是社会主义社会矛盾学说的

①《毛泽东文集》第 7 卷，人民出版社 1999 年版，第 23 页。
②《毛泽东选集》第 5 卷，人民出版社 1977 年版，第 286 页。
③ 吴冷西：《十年论战》，中央文献出版社 1999 年版，第 23～24 页。

理论基础。毛泽东认为，矛盾无处不在、无时不有，社会主义社会同样也是一个充满了矛盾的社会，而且正是这些矛盾推动着社会主义社会的不断发展。他指出："在社会主义社会中，基本的矛盾仍然是生产关系和生产力之间的矛盾，上层建筑和经济基础之间的矛盾。"①他特别强调，社会主义社会的这些基本矛盾与以往旧社会的基本矛盾性质是根本不同的，它不是对抗性的，"它可以经过社会主义制度本身，不断地得到解决"②。这为社会主义社会的改革提供了科学的理论依据。

　　毛泽东在科学阐述社会主义社会基本矛盾的基础上，还进一步论述了社会主义两类不同性质矛盾的思想，这是他关于社会主义社会矛盾学说的主体。他认为，社会主义社会存在着两类不同性质的矛盾，即敌我矛盾和人民内部矛盾。矛盾性质不同，处理的方式也不同。敌我矛盾是对抗性的，要用专政的办法来解决；人民内部矛盾是非对抗性的，要用民主的"团结—批评—团结"的方法来解决。他还具体制定了在处理经济、民族关系、民主党派关系和科学文化等方面的问题的指导方针。毛泽东提出，要把正确处理人民内部矛盾作为国家政治生活的主题。

　　关于我国社会主要矛盾的理论，党的八大政治报告分析了社会主义改造基本完成后我国主要矛盾和主要任务的转变，否定了社会主义社会"阶级斗争越往后越尖锐"的观点，强调发展生产力成为党和国家的根本任务。1957年毛泽东明确指出："革命时期大规模的急风暴雨式的阶级斗争基本结束。"③毛泽东号召全党把工作重心适时地转移到经济建设和技术革命上来，通过正确处理人民内部矛盾来巩固社会主义制度，并领导全国各族人民进入建设社会主义的历史新时期。

　　社会主义社会基本矛盾和主要矛盾学说，加上社会主义两类不同性质矛盾的学说，一起构成了毛泽东创立的社会主义社会矛盾理论。这是毛泽东对马克思主义的又一大独创性理论贡献，也是毛泽东的社会主义现代化建设思想中最具独创性的理论成果之一。正如邓小平所言：社会主义社会的基本矛盾，"从二十多年的实践看来，这个提法比其他的一些提法妥当"④。毛泽东有关把党和国家的工作重心转移到经济建设上来的思想，是后来中国特色社会主义中"一个中心、两个基本点"的基

①《毛泽东文集》第7卷，人民出版社1999年版，第214页。
②《毛泽东文集》第7卷，人民出版社1999年版，第213～214页。
③《毛泽东选集》第5卷，人民出版社1977年版，第375页。
④《邓小平文选》第2卷，人民出版社1994年版，第182页。

本路线形成的理论先导。

3. 社会主义还存在商品经济，价值规律仍然起作用

毛泽东在反思"大跃进"和"人民公社化"时，提出了发展商品经济和重视价值规律的思想，是对社会主义经济理论的重大突破。

首先，毛泽东指出了商品生产在我国社会主义建设中的重要作用。"要利用商品生产、商品交换和价值法则，作为有用的工具，为社会主义服务。"① "必须肯定社会主义的商品生产和商品交换还有积极作用。调拨的产品只是一部分，多数产品是通过买卖进行商品交换。"②毛泽东认为，中国的商品生产还很不发达，发展商品经济不仅有利于巩固工农联盟，还有利于为将来向共产主义过渡准备物质条件。

其次，毛泽东强调："商品生产，要看它是同什么经济制度相联系，同资本主义制度相联系就是资本主义的商品生产，同社会主义制度相联系就是社会主义的商品生产。"③这样就突破了把商品经济认定为资本主义制度所专有的误区，商品经济已经不再是区分两种社会制度的标志了。社会主义制度下的商品生产是为社会主义服务的，不会导致资本主义。毛泽东还指出生产资料也是商品，社会主义全民所有制也要进行商品交换，这就突破了斯大林把商品生产只局限于消费领域的观点。

再次，毛泽东还肯定了价值规律在社会主义经济中仍然发挥作用，是不能违背的客观经济规律。毛泽东认为，价值规律"是一个伟大的学校，只有利用它，才有可能教会我们的几千万干部和几万万人民，才有可能建设我们的社会主义和共产主义"④。

以上毛泽东关于社会主义商品生产的理论，对后来以邓小平为核心的党中央领导集体突破传统的计划经济体制和观念，提出社会主义市场经济体制新观念以及我国正式确立社会主义市场经济体制，无疑产生了积极作用。

4. 我国社会发展阶段、战略目标和发展战略

新中国成立以后的一段时间里，毛泽东对我国社会主义的发展阶段有过乐观的估计。后来，随着对中国社会主义建设道路的逐步探索，毛泽东对中国在经济文化落后的状况下建设社会主义的艰巨性和长期性

---

① 《毛泽东文集》第 7 卷，人民出版社 1999 年版，第 435 页。
② 《毛泽东文集》第 7 卷，人民出版社 1999 年版，第 436 页。
③ 《毛泽东文集》第 7 卷，人民出版社 1999 年版，第 439 页。
④ 薄一波：《若干重大决策与事件的回顾（下卷）》，中共中央党校出版社 1993 年版，第 826 页。

有了更加深刻的认识,也有了比较符合实际的思考。毛泽东认为在中国如何进行社会主义建设的问题上,没有现成的答案,也没有固定的模式。中国的现代化建设道路,必须从中国国情出发。毛泽东对当时我国社会主义社会所处的发展阶段,做了深入的思考,明确提出并论证了社会主义社会可以划分为不发达社会主义与比较发达的社会主义两个阶段。

1956 年我国对生产资料的社会主义改造基本完成,标志着社会主义制度已基本建立,事实上并不等于社会主义的建成。1957 年毛泽东在《关于正确处理人民内部矛盾的问题》中,特别强调:"我国的社会主义制度还刚刚建立,还没有完全建成,还不完全巩固。"①也就是说,我国的社会主义制度还不完善,还处于"不发达"的阶段。1959~1960年毛泽东在《读苏联〈政治经济学教科书〉的谈话》中,明确地提出把社会主义分为两个阶段,"第一个阶段是不发达的社会主义,第二个阶段是比较发达的社会主义。后一阶段可能比前一阶段需要更长的时间。"②以上这些毛泽东关于社会主义社会可以划分不同发展阶段的论述,丰富和发展了马克思列宁主义的社会主义发展阶段理论,为后来我们党提出社会主义初级阶段论奠定了基础。

根据他的思想,我们党提出了实现"四个现代化"的战略目标。中国是在半殖民地半封建社会的经济基础上建设社会主义的,生产力水平要赶上发达资本主义国家有很长的路要走,必须有步骤分阶段地进行。把我国建设成为现代化的社会主义强国,是毛泽东最早提出和反复强调的战略目标。1959 年 12 月至 1960 年 2 月,毛泽东在读了苏联的《政治经济学教科书》后说:"建设社会主义,原来要求是工业现代化、农业现代化、科学现代化,现在要加上国防现代化。"③这是我们党历史上对四个现代化思想的第一次完整表达。

根据中国社会主义现代化建设的阶段划分和目标设想,毛泽东认识到了中国生产力赶超发达资本主义国家的艰巨性和长期性,主张我们要把困难想得多一点,因而把时间设想得长一些。他据此提议,我国的现代化采取"两步走"的发展战略。根据毛泽东的提议,1963 年 9 月的中央工作会议首次提出了中国现代化建设分两步走的战略:第一步,建

---

① 《毛泽东文集》第 7 卷,人民出版社 1999 年版,第 214 页。
② 《毛泽东文集》第 8 卷,人民出版社 1999 年版,第 116 页。
③ 《毛泽东文集》第 8 卷,人民出版社 1999 年版,第 116 页。

立一个独立的、比较完整的工业体系和国民经济体系，使我国工业大体接近世界先进水平；第二步，使我国工业走在世界前列，全面实现农业、工业、国防和科学技术现代化。"两步走"战略，虽然在当时显得要求过高，但它确实产生了巨大的政治效应和动员力量，使得中国在较短时间内建立了独立的、比较完整的工业体系和国民经济体系，对于中国在国际事务中能够坚持独立自主意义深远。"两步走"战略和"四个现代化"目标，是毛泽东关于社会主义现代化思想的重要内容。

可以看出，以上毛泽东对我国社会主义建设的认识基本上是清醒而客观的，是符合社会发展规律的。虽然这些正确的目标和战略没能够坚持下去，留下了深刻的历史教训，但其理论价值是毋庸置疑的，这为我们党后来提出"三步走"的发展战略并形成完整的"社会主义初级阶段论"，奠定了坚实的基础。

5. 正确处理农轻重的比例关系，实现国家的工业化

新中国成立之初，毛泽东把现代化理解为工业化，认为实现现代化就首先要实现工业化。在如何选择工业化道路问题上，毛泽东具体分析了中国的实际情况，认为我国作为社会主义国家，既不能走西方那种通过血腥的资本原始积累为起点的工业化道路，也不能走利用农副产品价格"剪刀差"剥夺农民来实现工业化的苏联式工业化道路。中国要走一条既不同于欧美国家，又不同于苏联的、适合本国国情的工业化道路。

毛泽东关于中国工业化道路的理论主要体现在《论十大关系》和《关于正确处理人民内部矛盾的问题》等文章中。根据中国的实际情况，毛泽东提出把建立独立而完整的工业体系作为实现工业化的主要标志。周恩来在 1957 年的国民经济计划报告中做了具体阐述："我们的工业化，就是要使自己有一个独立的完整的工业体系。……不然一旦风吹草动，没有任何一个国家能够支援我们完全解决问题。"[①]毛泽东还创造性地把农业、轻工业和重工业的关系上升到了工业化道路的高度。在《关于正确处理人民内部矛盾的问题》一文中，他指出：我国"工业化道路的问题，主要是指重工业、轻工业和农业的发展关系问题。我国的经济建设是以重工业为中心，这一点必须肯定。但是同时必须充分注意发展农业和轻工业"[②]。

①《周恩来选集》（下卷），人民出版社 1984 年版，第 232 页。
②《毛泽东选集》第 5 卷，人民出版社 1977 年版，第 400 页。

毛泽东在《论十大关系》中论述了发展重工业与农业、轻工业的辩证关系，提出了处理好三者关系的若干重要原则。他指出："发展工业必须和发展农业同时并举，工业才有原料和市场，才有可能为建立强大的重工业积累较多的资金。"① 1959 年在庐山会议上，毛泽东强调要搞好工业和农业之间的综合平衡，把重、轻、农改为农、轻、重的秩序安排国民经济计划。1961 年的八届九中全会上，毛泽东又提出了"农业为基础，以工业为先导"的思想。中国社会主义建设的实践证明，毛泽东关于正确处理农、轻、重比例关系的一系列思想是符合我国国情的，对我国国民经济发展起到了重要的促进作用。

毛泽东对中国式社会主义工业化道路的探索，虽然路线不是特别清晰，却开启了中国社会主义现代化的先河，并为实现这一目标提供了许多富有原创性和启发性的思路。

6. 坚持独立自主和平外交政策和学习国外经验

毛泽东一贯主张，在社会主义建设中，要坚持独立自主，更要加强对外交流与合作。毛泽东指出："自力更生为主，争取外援为辅，破除迷信，独立自主地干工业、干农业、干技术革命和文化革命，打倒奴隶思想，埋葬教条主义，认真学习外国的好经验，也一定研究外国的坏经验，引以为戒，这就是我们的路线。"②在独立自主、自力更生的路线指引下，我们建立起了独立的工业体系和完整的国民经济体系。在坚持自力更生的同时，毛泽东还特别重视学习外国经验。在《论十大关系》中，他指出："我们的方针是，一切民族、一切国家的长处都要学，政治、经济、科学、技术、文学、艺术的一切真正好的东西都要学。"③同时他提出了学习的方法："必须有分析有批判地学，不能盲目地学，不能一切照抄，机械搬运。"④上述毛泽东关于学习外国经验的思想可以说是后来邓小平对外开放思想的萌芽。

为了赢得国家建设的外部和平环境，中国共产党制定了独立自主的和平外交政策。新中国实行了"一边倒"的政治外交方针，1950 年 2 月《中苏友好同盟条约》签订。1956 年到 1965 年 10 月间和我国建交的国家，除法国外都是亚非拉国家。毛泽东提出要把交朋友的重点放在

①《毛泽东选集》第 5 卷，人民出版社 1977 年版，第 400 页。
②《毛泽东文集》第 7 卷，人民出版社 1999 年版，第 380 页。
③《毛泽东选集》第 5 卷，人民出版社 1977 年版，第 285 页。
④《毛泽东选集》第 5 卷，人民出版社 1977 年版，第 285 页。

亚非拉三大洲的新兴国家。

在坚持独立自主的和平外交政策的同时,毛泽东还强调要反对霸权主义,他在新中国成立初期外交实践的基础上,逐步形成了三个世界划分的战略思想。1974 年 2 月,他在会见赞比亚总统卡翁达时,正式提出了这一观点。他说:"美国、苏联是第一世界。中间派,日本、欧洲、加拿大、澳大利亚是第二世界。亚洲除了日本,还有整个非洲、拉丁美洲都是第三世界。"①毛泽东特别强调:"中国属于第三世界。因为政治、经济各方面,中国不能跟富国、大国比,只能跟一些比较穷的国家在一起。"②事实证明,这是富有远见卓识的战略思想,后来乃至当今世界的多极化格局和我国外交实践,印证了毛泽东高瞻远瞩的国际战略眼光。

(三)毛泽东对中国社会发展道路探索的失误及经验教训

毛泽东是为中华民族的解放事业做出卓越贡献的世界伟人,但他毕竟是人而不是神,也要受到客观历史条件的制约,他的功绩是主要的,值得我们世代中国人永远铭记,他的错误也是不可否认的。邓小平曾说:"毛泽东同志的错误在于违反了他自己正确的东西。"③这个论断是有道理的。我们只有客观、全面地评价毛泽东,才能为中国社会主义的发展,提供可咨借鉴的经验,使之走上正确的轨道。

毛泽东在探索中国社会主义现代化建设道路发生的失误,集中表现为 1958 年开始的三年"大跃进"和始于 1966 年的十年"文化大革命"。这期间,我们在探索适合中国国情的社会主义建设道路过程中付出了沉重代价,也积累了许多宝贵的历史经验,这些都为中国特色社会主义道路的进一步探索提供了历史借鉴。

1956 年社会主义改造完成之后,社会主义制度在我国已经基本确立,党和国家工作重心本应该转移到经济建设上来。而我们的许多干部却仍然习惯于用群众运动和阶级斗争的方式来处理经济建设中的复杂问题,结果是严重违背了客观经济规律,造成主客观相背离的严重后果,给我国社会主义建设造成了巨大的损失。我们党在 1956 年开始的十年探索中发生的失误,归结起来主要表现在以下两方面:

一方面,经济上的急躁冒进。具体表现是:生产上急于求成,片面

---

① 《毛泽东文集》第 8 卷, 人民出版社 1999 年版, 第 441~442 页。
② 《建国以来毛泽东文稿》第 13 册, 中央文献出版社 1998 年版, 第 379 页。
③ 《邓小平文选》第 2 卷, 人民出版社 1994 年版, 第 298 页。

追求高指标、高速度、高产量的"三高",盲目乐观地认为大干三五年就能建成社会主义,然后就可以过渡到共产主义;生产关系上急于过渡,追求"一大二公三纯",认为越大越公越纯就越是社会主义;分配上是缺乏效率的平均主义大锅饭;在经济管理上管得过多,统得过死,导致强迫命令和瞎指挥;在发展阶段上,超越阶段、急躁冒进,突出事件就是发生了"大跃进"的严重失误。

另一方面,政治上"以阶级斗争为纲",最终导致阶级斗争五次扩大化:一是 1957 年"反右"扩大化;二是 1959 年庐山会议反右倾扩大化;三是 1962 年八届十中全会,把"阶级斗争为纲"写进党的基本路线,用阶级斗争指导一切;四是 1965 年"社教""四清"运动扩大化;五是 1966 年初"文化大革命"阶级斗争扩大化。

中国在 1956 年到 1966 年这十年探索的曲折历程中付出了沉重的代价。"文化大革命"结束后,全部经济损失约 2000 亿元,整个国民经济已到了崩溃的边缘,这无疑更加大了我国与发达资本主义国家经济实力的差距,使得我们不得不重新思考"怎样建设社会主义"的问题。

客观而言,毛泽东不愧是伟大的马克思主义者,他为中国的国强民富,为中国的现代化建设事业呕心沥血,不断探索不断奋斗,做出了不可磨灭的历史贡献。他对于中国式现代化建设道路的探索,是具有开创性的,他领导中国人民进行社会主义现代化建设所取得的成就也是举世公认的。这些无疑为当今我们中国特色社会主义的蓬勃发展奠定了一定的思想和物质基础。正是在他的领导下,中国"建立了比较完整的工业体系和国民经济体系。全国人民的生活比解放前好得多了。同一些比较大的发展中国家相比,我们所取得的成绩比它们大,建设的速度也比它们快"[①]。虽然由于历史条件的局限,毛泽东在领导中国人民探索社会主义建设道路过程中出现过较大失误,但是无论是成功的经验还是失败的教训,都是我们今天继续探索中国社会发展道路十分宝贵的精神财富。尽管在初步探索的过程中我们党出现过错误与曲折,尽管有些理论尚不成熟,有的处于萌芽状态,有些正确理论没有成为全党尤其最高决策层的共识而化为全党共同行动,有的没能坚持下去,但它是我们党探索中国特色社会主义道路的发端,诚如胡锦涛在党的十七大报告中所指

---

① 《邓小平文选》第 2 卷,人民出版社 1994 年版,第 357 页。

出的："我们要永远铭记，改革开放伟大事业，是在以毛泽东同志为核心的党的第一代中央领导集体创立毛泽东思想，带领全党全国各族人民建立新中国、取得社会主义革命和建设伟大成就以及艰辛探索社会主义建设规律取得宝贵经验的基础上进行的。"①

毛泽东在对中国社会主义建设道路的探索中，提出和阐明了许多富于独创性的、正确的理论原则和经验总结，是马克思主义中国化的重要成果，奠定了马克思主义中国化的第二大理论成果——邓小平理论的理论基础。这些宝贵的精神遗产，对于当今乃至未来中国的社会主义建设，仍然具有十分重要的借鉴意义。用我们今天的眼光来审视，毛泽东的探索已经有了社会主义初级阶段和对外开放的思想，经济体制改革和市场经济思想开始出现萌芽。这些可贵的思想观点和理论原则，或者被邓小平理论所继承，或者为邓小平理论所吸收，而探索中的曲折与失误，被以邓小平为核心的中国共产党中央所纠正，为后来我们党开辟中国特色社会主义道路，提供了极为宝贵的经验教训。诚如邓小平所言，"从许多方面来说，现在我们还是把毛泽东已经提出、但是没有做的事情做起来，把他反对错了的改正过来，把他没有做好的事情做好。今后相当长的时期，还是做这件事。当然，我们也有发展，而且还要继续发展。"②

二、"中国模式"的初步形成

粉碎"四人帮"以后，持续十年之久的"文化大革命"终于结束了。中国依然面临着非常严峻的形势，不仅要尽快摆脱"文化大革命"造成的深重灾难，而且要面对新的世界发展大势，重新思考中国向何处去的问题。这是中国人民面临的最紧迫的历史课题。

为此，以邓小平为核心的党的第二代中央领导集体为新时期的中国社会发展设计了模式，拓展了广阔的空间。其主要内容有：关于社会主义的本质；中国社会主义现代化必须立足于社会主义初级阶段的基本国情；"一个中心，两个基本点"的战略布局；富强、民主、文明的社会主义现代化国家的战略目标；分"三步走"，到21世纪中叶基本实现中国现代化的战略步骤；关于社会主义市场经济等一系列战略措施。由于

① 胡锦涛：《高举中国特色社会主义伟大旗帜，为夺取全面建设小康社会新胜利而奋斗》，人民出版社 2007 年版，第 7 页。
② 《邓小平文选》第 2 卷，人民出版社 1994 年版，第 300 页。

邓小平对我国社会主义现代化事业做出了卓越的贡献，他被誉为"我国社会主义改革开放和现代化建设的总设计师"。

（一）邓小平理论的形成和发展

如前所述，"中国模式"是对邓小平理论的又一称谓，它循序渐进地反映了邓小平理论的形成过程。两者指代的内容大致相同，只是侧重点不同：邓小平理论是侧重于理论研究，是中国特色社会主义的理论形态；而"中国模式"侧重于社会发展模式，侧重于经验总结，有一个动态的、不断发展的过程，它的内容随着中国的社会发展实践不断充实和丰富。对于邓小平理论形成的历史背景和发展阶段的分析有助于我们更加准确地认识"中国模式"的基本脉络。

1. 邓小平理论形成的历史背景

邓小平理论产生于 20 世纪 70 年代至 90 年代。邓小平理论"是在和平与发展成为时代主题的历史条件下，在我国改革开放和现代化建设的实践中，在总结我国社会主义胜利和挫折的历史经验并借鉴其他社会主义国家兴衰成败历史经验的基础上，逐步形成和发展起来的"[①]。以邓小平为核心的党中央重新思考了时代主题的变化和我国国情的客观状况，深刻总结了其他社会主义国家尤其是中国社会主义建设的经验教训，不失时机地把全党全国人民在现代化建设中的新创造、新经验上升为科学理论，形成了马克思主义中国化的第二大理论成果——邓小平理论。

马克思列宁主义、毛泽东思想是邓小平理论形成的理论基础。邓小平理论是在坚持马克思列宁主义基本原理的前提下，结合时代特征和中国社会主义建设新鲜经验，提出了一系列符合中国客观实际的新的理论原则，用新的思想和观点发展了马克思列宁主义，开拓了中国化马克思主义的新境界。邓小平理论是对毛泽东思想的继承和发展。

和平与发展的时代主题是邓小平理论形成的时代背景。第二次世界大战结束后，我们所处时代的主题也发生了变化，由战争与革命转换为和平与发展。邓小平以马克思主义的宽广眼界观察世界，对时代特征和总体国际形势做出了新的分析和判断。他认为："在较长时间内不发生大规模的世界战争是有可能的，维护世界和平是有希望的。"[②]正是在对

①《江泽民文选》第 2 卷，人民出版社 2006 年版，第 11 页。
②《邓小平文选》第 3 卷，人民出版社 1993 年版，第 127 页。

世界主题的深刻把握和准确判断的基础上，我们确立了改革开放的基本国策，强调通过大力发展科学技术和教育，加速社会主义现代化建设，进一步丰富和发展了马克思主义。

中国和其他社会主义国家建设社会主义的经验教训是邓小平理论形成的历史依据。社会主义作为一种新的社会形态诞生以来，各国共产党就孜孜不倦地探索如何建设社会主义的问题。其中，既取得过辉煌的成就，也留下不少令人痛心的教训。20 世纪 80 年代末 90 年代初，居然发生了东欧剧变、苏联解体这样的历史悲剧。苏联东欧国家改旗易帜，走上了资本主义道路，导致民族分裂，葬送了社会主义制度。中国也同样在探索社会主义建设道路的过程中发生了"大跃进""文化大革命"的严重失误，付出了沉重的代价。以邓小平为核心的党的第二代中央领导集体，领导中国各族人民，适时而果断地纠正了这些错误，深刻地总结了产生错误的经验教训，同时又坚决地继承和坚持了过去探索所积累的积极成果，使中国社会主义事业走上了正确的轨道。邓小平理论正是在总结世界社会主义事业兴衰成败历史经验的基础上，逐步形成并日益完善的。

我国改革开放和社会主义现代化建设的实践，是邓小平理论形成的现实根据。十一届三中全会以来，在我国改革开放和现代化建设的崭新实践中，亿万人民群众迸发出生机勃勃的创造力，这正是邓小平理论形成与发展的实践源泉。邓小平在改革开放和现代化建设过程中，始终站在时代潮流的前面，热情地支持、鼓励、引导和保护群众进行创造性的实践，总结人民群众的实践经验并将之上升为理论和党的路线方针政策，用来指导和推动社会主义建设实践的发展。

2. 邓小平理论的形成过程

1978 年党的十一届三中全会胜利召开，标志着中国改革开放的开始，自此中国社会主义现代化建设重新启动，中国开始进入一个崭新的历史时期。从总体上看，邓小平理论的形成过程可以划分为三个阶段。

第一阶段，从 1978 年党的十一届三中全会召开前后到 1982 年党的十二大，这是邓小平理论初步形成的阶段。这个阶段，我们经过关于真理标准问题的大讨论，重新确立了解放思想、实事求是的思想路线，完成了思想路线上的拨乱反正。党的十一届三中全会毅然地决定抛弃旧的"以阶级斗争为纲"的错误方针，要求把党和国家的工作重心真正地转移到经济建设上来，并做出了改革开放的伟大决策，强调在改革开放和社会主义建设中坚持四项基本原则。新时期党的"一个中心，两个基本点"的基本路线的思想已经初步形成。1982 年，邓小平在中国共产党第十二次全国代表大会的开幕词中，首次明确提出了"建设有中国特色的社会主义"的命题，这标志着邓小平理论的初步形成。

第二阶段，从 1982 年党的十二大至 1987 年党的十三大，邓小平理论逐步展开和形成轮廓。1982 年以后，邓小平不断地根据实践的发展进行理论创新，敢于讲许多老祖宗没讲过的新话，形成了一系列新的理论观点和方针政策，进一步发展了马克思主义。

1987 年党的十三大的政治报告首次较为系统地阐述了社会主义初级阶段理论，进一步阐明了有计划的商品经济理论，明确概括了"一个中心，两个基本点"的基本路线，全面总结并高度评价了建设有中国特色社会主义道路的伟大意义。党的十三大第一次把建设有中国特色社会主义理论概括为十二个方面的理论观点，作为邓小平理论的主体内容，这标志着邓小平理论的总体轮廓基本形成。

第三阶段，从 1987 年党的十三大到 1992 年党的十四大，邓小平理论更加系统化并逐步走向成熟。这一阶段邓小平进一步总结世界社会主义兴衰成败的历史经验，结合中国改革开放和现代化建设的新鲜经验，丰富了中国特色社会主义的内容，使之整体思路更加清晰，路线、方针、政策更加明确而具体化。1992 年党的十四大的胜利召开，标志着邓小平理论形成了较为完整的科学体系。

1992 年 10 月在党的十四大政治报告中，第一次明确提出并阐述了社会主义市场经济理论，正式使用了"邓小平同志建设有中国特色社会主义理论"的提法，并从 9 个方面概括了该理论的主要内容，由此确立了它在全党的指导地位。

（二）邓小平对中国社会发展道路的成功探索与实践

十一届三中全会之后，党的工作重心又转移到了社会主义现代化建设的正确轨道上来，中国面临着走"西式道路"还是"本土化道路"的问题。是继续与外部世界隔绝，从头开始现代化建设，还是否定社会主义制度，走西方现代化道路？邓小平明确给出了答案，在中国进行社会主义现代化建设，必须坚持四项基本原则，决不能走西方资本主义道路。他说："我们的现代化建设，必须从中国的实际出发。无论是革命还是建设，都要注意学习和借鉴外国经验。但是，照抄照搬别国经验、别国模式，从来不能得到成功。这方面我们有过不少教训。把马克思主义的普遍真理同我国的具体实际结合起来，走自己的道路，建设有中国特色的社会主义，这就是我们总结长期历史经验得出的基本结论。"①可以看出，"中国式"或者"中国特色"反映了邓小平对中国社会主义建设规律的深刻认识，立足于本国国情而绝不照搬他国模式，这正是中国社会主义建设取得成功的关键。

以邓小平为核心的党中央在领导中国人民进行改革开放和社会主义现代化建设的过程中，不断总结经验，不断进行理论创新，提出了许多新的思想和观点，改革开放以后，中国发生了翻天覆地的变化，"中国模式"初步形成。

1. 科学揭示社会主义本质

社会制度的性质对社会发展模式的选择起着关键的作用，而对于社会制度本质的正确理解则是社会发展模式沿着正确的轨道发展的前提。我国是社会主义国家，但是长期以来，包括中国在内的许多社会主义国家，对社会主义本质的认识其实并不是完全清楚的：往往把许多不具有社会主义本质属性的东西，当作"社会主义原则"去固守，而把许多有利于生产力发展的东西，当作"资本主义复辟"坚决反对。

以邓小平为核心的党中央突破了传统的社会主义认识，科学地揭示了社会主义的本质。在重新认识什么是社会主义问题上，邓小平明确指出："社会主义是一个很好的名词，但是如果搞不好，不能正确理解，不能采取正确的政策，那就体现不出社会主义的本质。"②他引导人们由表及里地重新认识什么是社会主义，撇清了许多不属于社会主义的观念：如贫穷不是社会主义，平均主义不是社会主义，僵化封闭不是社会主义，没有民主就没有社会主义，等等。

1992年邓小平在视察南方的谈话中，科学揭示了社会主义的本质："社会主义的本质是解放生产力，发展生产力，消灭剥削，消除两极分化，最终达到共同富裕。"③在马克思主义发展史上，邓小平第一次从生产力与生产关系相统一的历史唯物主义高度来深刻揭示社会主义的本

---

①《邓小平文选》第3卷，人民出版社1993年版，第2～3页。
②《邓小平文选》第2卷，人民出版社1994年版，第313页。
③《邓小平文选》第3卷，人民出版社1993年版，第373页。

质,把社会主义基本制度与社会主义体制和具体模式等区别开来,由此带来了一系列思想理论的重大突破。

2. 社会主义初级阶段论与"三步走"的战略步骤

对社会发展阶段的正确认识是选择社会发展战略的主要依据,也是社会发展道路成功的关键。邓小平坚持马克思主义的基本立场,实事求是地对社会主义发展的历史进程和我国国情进行再认识,做出了我国处于并将长期处于社会主义初级阶段的科学判断,并从基本含义、理论与现实依据、主要矛盾、根本任务等方面做了全面系统的论述。他还在初级阶段的理论前提之下,概括了党在社会主义初级阶段的基本路线。邓小平指出:"中国社会主义是处在一个什么阶段,就是处在初级阶段,是初级阶段的社会主义。社会主义本身是共产主义的初级阶段,而我们中国又处在社会主义的初级阶段,就是不发达的阶段。一切都要从这个实际出发,根据这个实际来制定规划。"①党的十三大对社会主义初级阶段理论做了全面系统的阐述,并以此为依据,正式明确了我们党在社会主义初级阶段"一个中心,两个基本点"的基本路线。

社会主义初级阶段理论的提出,使得全党全国各族人民认识到,在经济文化落后的状况下,虽然我国已经建立了社会主义制度,但我国的社会主义还处于不发达的阶段。我们对本国建设社会主义的艰巨性、长期性和复杂性,应该有一个清醒而客观的认识。社会主义初级阶段理论也为我们党制定正确的路线、方针和政策提供了理论和现实依据,使我们能够下决心清除过去一些不切实际的"左"的路线、方针和政策,使我们的社会发展走上正确的轨道,这对于我们探索适合本国国情的社会主义道路意义重大。

以社会主义初级阶段的客观现实为依据,在毛泽东等第一代中央领导集体"两步走"战略的基础上,邓小平提出了"富强、民主、文明"的社会主义现代化总目标和"三步走"战略部署。他说:"我们确定的目标不高。从一九八一年开始到本世纪末,花二十年的时间,翻两番,达到小康水平,就是年国民生产总值人均八百到一千美元。在这个基础上,再花五十年的时间,再翻两番,达到人均四千美元。那意味着什么?就是说,到下一个世纪中叶,我们可以达到中等发达国家的水平。"②

①《邓小平文选》第 3 卷,人民出版社 1993 年版,第 252 页。
②《邓小平文选》第 3 卷,人民出版社 1993 年版,第 224 页。

党的十三大政治报告,以此为依据,明确了我国经济建设三步走的战略部署。

邓小平提出的"三步走"战略,既反对夸大我国现代化建设困难而导致的消极悲观态度,又防止了急于求成实现现代化的急躁冒进倾向,强调每隔几年上一个新台阶,有步骤、分阶段地推进社会主义现代化建设,这说明我们对社会主义建设发展规律的认识更加客观而深刻。

3. 坚持以经济建设为中心

党的十一届三中全会毅然决定,把党和国家的工作重点重新转移到经济建设上来。邓小平坚持马克思主义历史唯物主义的生产力首要性的观点,充分吸取历史上我国建设社会主义曲折历程中的经验教训,对"什么是社会主义、怎样建设社会主义"的问题进行了更加深入的思考,强调我们必须以经济建设为中心,大力发展社会生产力。邓小平反复强调,贫穷不是社会主义,"社会主义如果老是穷的,它就站不住。"[1]因此,除非发生外敌入侵,无论在什么情况下,都不能动摇经济建设这个中心。他说:"现代化建设的任务是多方面的,各个方面需要综合平衡,不能单打一。但是说到最后,还是要把经济建设当作中心。离开了经济建设这个中心,就有丧失物质基础的危险。其他一切任务都要服从这个中心,围绕这个中心,决不能干扰它,冲击它。"[2]

生产资料改造完成后,我国进入社会主义初级阶段,主要矛盾已经是人民群众日益增长的物质文化需要同落后的社会生产力之间的矛盾。解决这一矛盾最根本的就是要把发展生产力放在首位,也就是必须以经济建设为中心。新中国成立以后,我们在很长一段时间里,却忽视了发展生产力,社会主义的优越性没有能够充分地体现出来。邓小平多次强调,生产力标准是压倒一切的、最根本的标准,真正的马克思主义政党最注重发展生产力,也必须致力于发展生产力,这就为中国特色社会主义确定了根本任务。

4. 坚持改革开放

纵观中外历史,社会发展的动力主要来自两个方面:一是内部的自我更新,二是外力的推动刺激,两者交互作用,促进生产力的发展和社会进步。邓小平同样也把中国社会发展的动力,归结为内部的改革和对

---

① 《邓小平文选》第 2 卷,人民出版社 1994 年版,第 191 页。
② 《邓小平文选》第 2 卷,人民出版社 1994 年版,第 250 页。

外开放两个方面。邓小平以毛泽东的社会基本矛盾学说为理论基础，吸取我国照搬苏联模式的僵化体制和长期关起门来搞建设的历史教训，提出了改革开放的政策。他说："不坚持社会主义，不改革开放，不发展经济，不改善人民生活，只能是死路一条。"①

在改革问题上，对于改革的必要性与紧迫性，邓小平在1978年12月就指出："要搞四个现代化，就必须及时提出改革。""如果现在再不实行改革，我们的现代化事业和社会主义事业就会被葬送。"②在此基础上，他全面阐述了社会主义的改革理论。他认为，改革的性质是社会主义制度的自我完善和发展，而绝不是改变社会主义制度；从改革的深度来讲，是中国的第二次革命，不是简单对体制修修补补；改革是全面的，涉及经济、政治体制等各个领域；改革的目的，是为了解放生产力，等等。

在对内改革的同时，邓小平高瞻远瞩地倡导实行对外开放。他指出："现在的世界是开放的世界。中国在西方国家产业革命以后变得落后了，一个重要的原因就是闭关自守。"③这就是说，无论是发达国家还是发展中国家，无论是资本主义国家还是社会主义国家，世界上没有任何国家能够在孤立的状态下实现现代化，僵化封闭只能导致落后。旧中国的长期落后，新中国现代化的曲折，最根本的原因就是自我封闭和闭关锁国。"我们吃过这个苦头，我们的老祖宗吃过这个苦头。"④邓小平得出结论，中国进行社会主义现代化建设，必须实行全方位的对外开放，吸收和借鉴人类社会包括资本主义创造的一切文明成果，利用后发优势，迅速缩短与发达国家的差距。唯有如此，才能在与西方文明的整合中，创造出能在未来世界文明竞争中立于不败之地的新型中国文明，实现中华民族的伟大复兴。

邓小平以他深邃的历史眼光和全球视野来观察世界与中国，准确地把握了经济全球化时代中国的发展与整个世界的紧密联系，从世界普遍联系的辩证唯物主义原理出发，全面系统地阐述了对外开放理论。在他的倡导下，我国的改革开放从党的十一届三中全会开始起步，党的十二大以后真正全面铺开。它经历了从农村到城市、从经济体制到各方面体

---

① 《邓小平文选》第3卷，人民出版社1993年版，第370页。
② 《邓小平文选》第2卷，人民出版社1994年版，第150页。
③ 《邓小平文选》第3卷，人民出版社1993年版，第64页。
④ 《邓小平文选》第3卷，人民出版社1993年版，第90页。

制、从沿海到内地、从对内改革到对外开放这样一个波澜壮阔的历史进程，成为决定中国命运的关键抉择。

5. 将社会主义与市场经济结合起来，建立社会主义市场经济体制

新中国成立以后，我国模仿苏联实行高度集中的计划经济体制。这种传统体制在新中国成立初期曾经发挥过积极作用。但是，随着社会主义现代化建设的发展，这种体制的弊端开始日益暴露，而相比之下，市场经济越来越显示出强劲的活力。但是长期以来，人们按照马克思主义经典作家的论述，把计划经济作为社会主义的基本特征之一，认为市场经济与社会主义制度是不相容的。以邓小平为核心的党中央以极大的政治勇气突破了传统的社会主义观念，把社会主义与市场经济相结合，提出了社会主义市场经济的新概念。

早在 1979 年，邓小平就否定了把市场经济看作资本主义专有的看法，他说："说市场经济只存在于资本主义社会，只有资本主义的市场经济，这肯定是不正确的。社会主义为什么不可以搞市场经济，这个不能说是资本主义。"[①]但是由于传统观念的影响，直到 1984 年党的十二届三中全会也只提出了"有计划的商品经济"的概念。之后，邓小平在不同场合多次谈到社会主义和市场经济之间不存在根本矛盾的问题。1992 年在南方谈话中，他非常明确地说："计划多一点还是市场多一点，不是社会主义与资本主义的本质区别。计划经济不等于社会主义，资本主义也有计划；市场经济不等于资本主义，社会主义也有市场。计划和市场都是经济手段。"[②]

把市场经济与社会主义在中国统一起来，这是邓小平对马克思主义的重大发展与创新。他创造性地把产生于西方的现代市场经济的种子，植根于中国特色社会主义的土壤中，为中国社会主义现代化建设，提供了不仅适宜而且更有效率的经济体制。社会主义市场经济理论是邓小平理论中最具独创性、最精彩的部分，为我国社会主义市场经济体制的正式确立提供了理论支持。

1992 年 10 月党的十四大胜利召开，会议正式确定，我国经济体制改革的目标是建立社会主义市场经济体制，从此中国特色的社会主义经济有了充满生机与活力的经济体制，实现了我国社会主义历史上发展模

---

① 《邓小平文选》第 2 卷，人民出版社 1994 年版，第 236 页。
② 《邓小平文选》第 3 卷，人民出版社 1993 年版，第 373 页。

式的最深刻变革，丰富和发展了科学社会主义理论宝库。

三、"中国模式"的发展和完善

党的十三届四中全会以来，我国面临的国内外形势发生了深刻的变化。国际上，经济全球化向纵深发展，科学技术日新月异，知识经济初现端倪，综合国力的竞争日趋激烈。对于我们这样一个发展中的社会主义大国来说，机遇与挑战并存。从国内来说，我国的改革正处于攻坚阶段，由于改革对象已由体制外进入体制内的关键领域，改革阻力增加、难度加大。

以江泽民为核心的党的第三代中央领导集体，高举邓小平理论伟大旗帜，继续进行理论创新，紧紧围绕"建设什么样的党、怎样建设党"的问题，进一步深化了对社会主义的认识，用新的理论和实践丰富了科学社会主义理论。"中国模式"在探索中不断发展和完善，中国的发展举世瞩目。

（一）确立了邓小平理论的指导地位

胡锦涛指出："没有以邓小平同志为核心的党的第二代中央领导集体团结带领全党全国各族人民改革创新，就没有改革开放历史新时期，就没有中国特色社会主义。"[①]邓小平理论的指导地位，是在我国改革开放和社会主义现代化建设的历史进程中逐步确立起来的，是全党全国各族人民经过长期的历史比较做出的历史选择。江泽民在庆祝中华人民共和国成立 40 周年大会上的讲话中，首次正式使用了"邓小平同志关于建设有中国特色社会主义的理论"的提法。之后，党的十四大报告明确使用了"邓小平同志建设有中国特色社会主义理论"这一概念，并将其概括为九条，使它第一次呈现出比较完整的理论形态。

1997 年党的十五大报告，首次正式提出"邓小平理论"这一概念，代替"邓小平建设有中国特色社会主义理论"的提法。报告对邓小平理论的历史地位进行了客观的评价，指出："邓小平理论是当代中国的马克思主义，是马克思主义在中国发展的新阶段。"[②]这是对邓小平理论历史地位的最高概括。"在当代中国，马克思列宁主义、毛泽东思想、邓小平理论是一脉相承的统一科学体系，坚持邓小平理论就是真正坚持马

① 胡锦涛：《在纪念党的十一届三中全会召开 30 周年大会上的讲话》，《人民日报》2008-12-19（2）。
② 《江泽民文选》第 2 卷，人民出版社 2006 年版，第 9 页。

克思列宁主义、毛泽东思想；高举邓小平理论的旗帜，就是真正高举马克思列宁主义、毛泽东思想的旗帜。"①党的十五大通过的新党章中，邓小平理论被正式确立为党的指导思想，写在党的旗帜上。1999 年的九届人大二次会议上，邓小平理论又被写入了新修改的《宪法》中。从此，用邓小平理论武装全党、教育人民，始终不渝地走中国特色社会主义道路，成为全党全国各族人民的共识。

（二）提出了"三个代表"重要思想

20 世纪末 21 世纪初，整个世界面貌发生了很大变化，世界政治多极化和经济一体化在曲折中发展，科学技术革命的突飞猛进极大地推动了生产力的发展，由此带来社会阶级结构和思想意识形态的深刻变化。在不断发展变化的世情和国情面前，世界各国政党普遍面临严峻的挑战，有些甚至面临着危机。如何摆脱危机、走出困境，是各国政党亟须解决的严峻课题。

中国共产党作为执政党，是中国社会主义事业的领导核心。进入新世纪后，在世情、国情和党情发生重大变化的历史条件下，"建设一个什么样的党，怎样建设党"，是党的第三代中央领导集体面临的一个时代性课题。以江泽民为核心的党中央，准确把握时代特征，客观准确地判断我们党所处的历史方位，逐步形成了"三个代表"重要思想。2000年 2 月 25 日，江泽民在广东省考察工作时首次正式提出"三个代表"重要思想，他说："总结我们党七十多年的历史，可以得出一个重要结论，这就是：我们党所以赢得人民的拥护，是因为我们党在革命、建设、改革的各个时期，总是代表着中国先进生产力的发展要求，代表着中国先进文化的前进方向，代表着中国最广大人民的根本利益。"②

"三个代表"重要思想无论是在科学社会主义理论体系，还是在马克思主义的建党理论体系中，都占有非常重要的地位。它把马克思主义的基本原理和建党原则综合、提炼，使之成为一个有机整体；将生产力、先进文化和人民群众根本利益与社会主义的发展联系起来，与马克思主义政党的代表性问题联系在一起，这在马克思主义发展史上是第一次，是对马克思主义建党理论的重大创新。

①《江泽民文选》第 2 卷，人民出版社 2006 年版，第 12 页。
②《江泽民文选》第 3 卷，人民出版社 2006 年版，第 1 页。

（三）确立了社会主义初级阶段的基本经济制度

社会主义社会所有制问题首先是一个重大而又敏感的理论课题。长期以来困扰我们的主要是三个问题：一是所有制结构，包括怎样理解公有制经济和公有制为主体；二是公有制的实现形式；三是非公有制经济的地位和作用。十五大根据十一届三中全会以来，特别是十四大以来的实践，进行了系统阐述，提出了一系列新观点、新论断：对于所有制方面，提出"公有制为主体，多种所有制经济共同发展，是我国社会主义初级阶段的一项基本经济制度"[①]；对于公有制经济的含义问题，指出"公有制经济不仅包括国有经济和集体经济，还包括混合所有制经济中的国有成分和集体成分"[②]，并对公有制的主体地位，从量和质两个方面进行了说明，从而对公有制的含义进行了新的科学的界定，指出国有经济起主导作用，主要体现在控制力上；对于公有制的实现形式问题，指出，公有制实现形式可以多样化，大胆提出"股份制是现代企业的一种资本组织形式，有利于所有权和经营权的分离，有利于提高企业和资本的运作效率，资本主义可以用，社会主义也可以用"[③]的观点；对于非公有制经济，提出了非公有制经济是我国社会主义市场经济的"重要组成部分"，提高了非公有制经济的地位。与所有制相对应，在完善分配方式方面，提出了"以按劳分配为主体、多种分配方式并存的制度，把按劳分配和按生产要素分配结合起来，坚持效率优先、兼顾公平，有利于优化资源配置，促进经济发展，保证社会稳定……允许和鼓励资本、技术等生产要素参与收益分配"[④]，打破了过去谈按资分配色变的局面。

所有这些不仅极大地丰富和发展了社会主义经济理论，第一次科学地确定了我国在社会主义初级阶段的基本经济制度，而且在实践中极大地扩展了中国经济的生存和发展的空间。

（四）提出了全面建设小康社会和"新三步走"战略

关于未来社会主义的设想，邓小平对中华民族几千年追求的小康社会赋予了新的时代特征，作为我们社会主义建设的目标。江泽民结合我国改革开放和社会主义建设的现实，进一步完善了小康社会理论。他把社会主义初级阶段分为从温饱型向小康型社会过渡阶段、全面建设小康

[①]《江泽民文选》第2卷，人民出版社2006年版，第19页。
[②]《江泽民文选》第2卷，人民出版社2006年版，第19页。
[③]《江泽民文选》第2卷，人民出版社2006年版，第20页。
[④]《江泽民文选》第2卷，人民出版社2006年版，第22页。

社会阶段、基本实现现代化三个具体目标不同的发展阶段。他认为，中国人民经过改革开放 20 多年的不懈努力，已经解决了温饱问题，人民生活总体上达到了小康水平。江泽民据此又提出了全面建设小康社会的奋斗目标："我们要在本世纪头二十年，集中力量，全面建设惠及十几亿人口的更高水平的小康社会，使经济更加发展、民主更加健全、科教更加进步、文化更加繁荣、社会更加和谐、人民生活更加殷实。"①

全面建设小康社会是邓小平"三步走"战略的第三步战略目标的开篇，也是我国改革开放和进一步完善社会主义市场经济体制的关键阶段。江泽民深入思考了第三步将如何走的问题，形成了"新三步走"战略："展望下世纪，我们的目标是，第一个十年实现国民生产总值比 2000年翻一番，使人民的小康生活更加宽裕，形成比较完善的社会主义市场经济体制；再经过十年的努力，到建党一百年时，使国民经济更加发展，各项制度更加完善；到世纪中叶建国一百年时，基本实现现代化，建成富强民主文明的社会主义国家。"②关于实现全面建设小康社会奋斗目标的途径，以江泽民为核心的党的第三代领导集体，提出了实施科教兴国战略、可持续发展战略以及西部大开发战略的具体战略。

（五）提出了社会主义社会全面发展的理论

按照系统论的观点，整个人类社会就是一个大系统，社会主义社会作为人类社会发展的一个阶段，也应该是一个全面发展的社会。江泽民在庆祝中华人民共和国成立 40 周年大会上的讲话中，最早提出了社会主义全面发展的思想。1991 年在庆祝建党 70 周年的讲话中，江泽民又进一步指出："建设有中国特色的社会主义经济、政治、文化，以适应和促进社会生产力的不断发展和社会的全面进步，实现社会主义现代化。"③关于三方面建设的相互关系与作用，他指出："有中国特色社会主义的经济、政治、文化，是有机统一，不可分割的整体。加强这三方面的建设，根本的目的是为了充分调动广大人民群众的积极性，推动社会生产力的发展和社会的全面进步。"④江泽民在此首次明确了中国特色社会主义"经济、政治、文化"三位一体的社会主义全面发展的基本框架。在党的十五大报告中，江泽民对中国特色社会主义经济、政治和文

---

① 《江泽民文选》第 3 卷，人民出版社 2006 年版，第 543 页。
② 《江泽民文选》第 2 卷，人民出版社 2006 年版，第 4 页。
③ 《江泽民文选》第 1 卷，人民出版社 2006 年版，第 152~153 页。
④ 《江泽民文选》第 1 卷，人民出版社 2006 年版，第 161 页。

化的基本内涵做了更为系统的阐述,并将其确定为党在社会主义初级阶段的基本纲领,展示了党的第三代中央领导集体全面建设社会主义的新思路。

四、"中国模式"的新的发展和完善

党的十六大以来,以胡锦涛为总书记的党中央,在邓小平理论和"三个代表"重要思想的指导下,立足于全面建设小康社会的新的历史阶段,继续探索中国社会发展道路,科学地回答了"实现什么样的发展、怎样发展"的问题,不断丰富着"中国模式"的内容。

(一)以科学发展观统领经济社会发展全局

在经济全球化、政治多极化的国际背景下,随着社会主义建设事业的不断发展,我国在发展过程中的人口资源环境压力不断加大,以胡锦涛为总书记的党中央,在总结本国和世界各国尤其是发达国家社会发展的经验教训的基础上,顺应时代发展大潮,提出了科学发展观,深化了对社会主义发展的认识。

胡锦涛在党的十六届三中全会的讲话中指出:"坚持以人为本,树立全面、协调、可持续的发展观,促进经济社会和人的全面发展。"①这是对科学发展观的完整表述。他进一步强调了按照"五个统筹"的要求,实现经济社会协调发展:即"按照统筹城乡发展、统筹区域发展、统筹经济社会发展、统筹人与自然和谐发展、统筹国内发展和对外开放的要求"②践行科学发展观。

胡锦涛在 2004 年 3 月召开的中央人口资源环境工作座谈会上又进一步阐述了科学发展观的基本内涵。他认为,以人为本是科学发展观的本质,它指的是发展的终极目的是为了人,以广大人民群众的根本利益为出发点来谋发展,使发展的成果更多地惠及全体人民。全面发展,就是以经济建设为中心,实现包括经济、政治、文化和社会的全面发展和进步;协调发展,就是做到"五个统筹",实现社会各环节、各方面的协调发展;可持续发展,就是要促进人与自然的和谐,保证子孙后代的永续发展。

可以看出,科学发展观要求我们科学地处理人与人、人与社会、人

①《中共中央关于完善社会主义市场经济体制若干问题的决定》,《人民日报》2003-10-22 (1)。
②《中共中央关于完善社会主义市场经济体制若干问题的决定》,《人民日报》2003-10-22 (1)。

与自然的关系，强调发展不仅要重视经济指标，还要重视人文指标、资源环境指标和社会指标，等等。这就为当代中国解决了"如何继续发展、如何持续发展"的重大问题。胡锦涛在十七大报告中概括了科学发展观的精神实质："科学发展观，第一要义是发展，核心是以人为本，基本要求是全面协调可持续，根本方法是统筹兼顾。"①其中全面、协调、可持续的发展，使我国的发展战略从非均衡发展转变为均衡发展，而"以人为本"是该战略的哲学基础。这就深化了我们对中国特色社会主义的认识，进一步丰富了马克思主义的社会发展理论。

（二）建设社会主义和谐社会，共建和谐世界

在小康社会目标的基础上，我们党又提出了构建社会主义和谐社会的目标。社会和谐思想是在党的十六大上首次提出的。党的十六届四中全会通过的《中共中央关于构建社会主义和谐社会若干重大问题的决定》（以下简称《决定》），正式提出了构建社会主义和谐社会的任务，从而在党的历史上首次正式将社会和谐提升至我们党治国安邦的目标这样的战略层面上。《决定》从中国特色社会主义事业总体布局出发，明确了构建社会主义和谐社会的指导思想、主要部署和目标任务，是指导我国构建社会主义和谐社会的纲领性文件。这标志着，中国特色社会主义事业的总体布局也由社会主义经济、政治和文化建设三位一体，发展为社会主义经济、政治、文化和社会建设四位一体。

构建社会主义和谐社会，是以胡锦涛为总书记的党中央，从社会主义事业战略全局出发提出的新任务，适应了改革开放深入发展的要求，反映了广大人民群众的根本利益和共同愿望，更加丰富了社会主义社会的发展理论，表明我们党对社会主义发展规律的认识又达到了一个新的高度。2005年2月19日，胡锦涛总书记对社会主义和谐社会的深刻内涵做了概括，他指出："我们所要建设的社会主义和谐社会，应该是民主法治、公平正义、诚信友爱、充满活力、安定有序、人与自然和谐相处的社会。"②

我国在对内致力于构建社会主义和谐社会的同时，对外发出了建设和谐世界的新主张。胡锦涛在2005年联合国成立60周年首脑会议上发

---

① 胡锦涛：《高举中国特色社会主义伟大旗帜，为夺取全面建设小康社会新胜利而奋斗》，人民出版社2007年版，第15页。

② 胡锦涛：《在省部级主要领导干部提高构建社会主义和谐社会能力专题研讨班上的讲话》，《人民日报》，2005-6-27（2）。

表了《努力建立持久和平、共同繁荣的和谐世界》的讲话，倡导要构建一个持久和平、共同繁荣的"和谐世界"。"和谐世界"的国际战略思想，是中国传统文化中的和谐理念从国内向国际政治领域的延伸，把中国本国的发展与整个世界的共同发展联系起来，从而促进世界共同繁荣。"和谐世界"思想表现了中国人民对国际关系民主化的期望，也是对国际上妖魔化中国的"中国威胁论"等论调的积极回应，必将对国际新秩序的建立产生重大而深远的影响。

五、凝聚中国力量实现"中国梦"

关于"中国梦"在国内外的热烈讨论，始于党的十八大前后。国外以美国专栏作家托马斯·弗里德曼《中国需要自己的梦想》一文的发表最具代表性。国内则始于 2012 年 11 月，习近平总书记在参观《复兴之路》展览时，深情提出要实现中华民族伟大复兴的"中国梦"。之后，他在十二届全国人大一次会议闭幕会上，在出访和接受国外媒体采访等很多重要场合，又进一步系统阐述了这一思想。自此，"中国梦"成为举国热议、世界关注的话题。

（一）"中国梦"的深刻内涵

"中华民族复兴"观念的萌芽，至少可以追溯到康有为等维新派提出的"救亡图存""保国、保种、保教"，以及孙中山为代表的革命党人喊出的"振兴中华"口号。因此，今天我们所说的"中国梦"有着深刻的历史与时代烙印，承载着历史上乃至当今多少代中国人不懈追求的共同理想，也深刻反映了我们中华民族自强不息的民族精神。

什么是"中国梦"？2013 年 3 月 17 日习近平在第十二届全国人民代表大会第一次会议上的讲话中，简要阐述了"中国梦"的深刻内涵。他说："实现全面建成小康社会、建成富强民主文明和谐的社会主义现代化国家的奋斗目标，实现中华民族伟大复兴的中国梦，就是要实现国家富强、民族振兴、人民幸福，既深深体现了中国人的理想，也深深反映了我们先人们不懈追求进步的光荣传统。"[①]由此可以看出，从根本上说来，"中国梦"的基本内涵可以概括为三条：实现国家富强，民族振兴，人民幸福。

---

① 习近平：《在第十二届全国人民代表大会第一次会议上的讲话》，《人民日报》2013-03-18（1）。

首先，国家富强是实现"中国梦"的基础和前提。国家富强是包括物质方面的硬实力和精神文化方面的软实力在内的综合国力的整体提高。中国目前是世界第二大经济体，外汇储备世界第一，第一大出口国，中国处于历史上发展最好的时期。但中国的发展仍然存在一些问题，如人均 GDP 仍然在世界排名落后，环境问题、贫富差距问题以及腐败问题仍然制约着中国的发展。中国是一个世界大国，但不是世界强国。

其次，民族振兴是实现"中国梦"的关键与核心。民族振兴在精神层面就是要丢掉悲观被动等消极心理，增强民族自信心和自豪感，弘扬中华民族精神，凝聚中国力量；在现代化层面，就是要建设经济发达、科技领先、政治民主、文化繁荣、社会和谐、生态良好的全面发展的社会主义国家；在国际层面就是努力提高中国的国际影响力和制度吸引力，提高我国的国际地位和国际话语权，在维护本国利益的同时承担应有的国际责任，为全人类的发展做出贡献。

最后，人民幸福是"中国梦"的出发点和落脚点。"中国梦"归根结底是人民的梦。实现人民幸福就是要在发展中注重保障和改善民生，以最广大人民的根本利益为根本出发点，多谋民生之利，多解民生之忧。这与中国社会的社会主义性质和中国共产党的无产阶级性质及宗旨是高度一致的。

由此可以看出，"中国梦"有三个向度：个体角度的富民梦、民族角度的复兴梦和国家角度的强国梦。三者既相互区别又互相联系：没有富民梦，强国梦和复兴梦的实现必然缺乏根基和持久的动力；没有复兴梦，富民梦和强国梦也必然会缺少前行的灯塔，不可能巍然屹立于世界民族之林；同样，没有强国梦，富民梦和复兴梦也会由于缺乏凝聚力和软实力难以真正实现。富民梦是基础，强国梦是核心，复兴梦是目标。三者缺一不可，共同构成完整、完美的"中国梦"。

（二）"中国梦"不同于"美国梦"

与习近平阐释"中国梦"大致同一时间段，2012 年 11 月 6 日，美国总统奥巴马发表演讲时也再次重申了"美国梦"。"美国梦"是伴随着美国这个移民国家开始的梦想。经历了两百多年的历史演变，虽然"美国梦"的内涵在不断发生变化，但其所蕴含的核心理念却始终没有变。"美国梦"是大多数美国人的大众信仰，美国能够迅速崛起成为一个世界超级大国，与"美国梦"的激励作用是密不可分的。现代意义的"美国梦"的基本内涵是，每个人都可以通过自己的努力奋斗获得成功。其中，人人平等、机会均等是其核心，而人的才能与勤奋则是必要条件。

作为世界经济最强大的两个大国人民对美好未来的向往，"中国梦"与"美国梦"分别代表着东方最大的发展中社会主义大国和西方最强大的发达资本主义国家，二者之间有着巨大差异。

差异之一，价值观或价值理念不同，这是"中国梦"与"美国梦"最鲜明的区别。个人主义是"美国梦"的核心理念，"美国梦"的灵魂是实现个人的价值，也就是通过个人奋斗实现美国式的西方民主价值观。"中国梦"是建立在爱国主义与集体主义基础上的，"中国梦"是把个人梦想和整个国家民族的集体梦想有机统一的梦想，其中，个人的梦想是整个国家民族梦想的有机组成部分：实现无数中国人民的个人梦想，最终汇聚起来能够推进国家和民族梦想的早日实现；国家和民族梦想的实现，最终也是为了每个中国人民的幸福，二者是相互促进的。

差异之二，实现途径不同。"美国梦"的实现途径是对外扩张、武装干涉甚至侵略，其实质是霸权主义和强权政治。历史上从1898年美国发动美西战争进行扩张，到21世纪为了本国利益公然入侵伊拉克、阿富汗，干涉利比亚等，美国打着维护世界和平和反恐的旗号充当世界警察，到处干涉，到处插手。而"中国梦"实现靠的是中国的和平发展，中国始终坚定不移地走和平发展道路，在和平共处、互利共赢的基础上和世界各国人民友好交往，共同建设和谐世界。中国的发展是世界和平力量的发展。中国在独立自主的基础上建设社会主义取得的成就，归根结底靠的是全党全国人民齐心协力建设中国特色社会主义的不懈努力。

差异之三，文化背景不同。美国走的是资本主义的发展道路，是在西方文化的长期滋养下发展成为世界超级大国的，个人自由与个人利益最大化是其价值观的核心。表现在国家关系上，"美国梦"追求的是美国一超独大的单极世界，为了本国利益不惜损害和牺牲他国利益，甚至不顾全世界的整体利益。而"中国梦"以两千多年中华优秀传统文化为背景，以社会主义核心价值体系为根本，以建设社会主义和实现人的自由全面发展为目标，这样极大提升了"中国梦"的吸引力、凝聚力和感召力。实现"中国梦"是全世界人民的福祉。

差别之四，现状和前景不同。2008年以来，美国次贷危机引发的国际金融危机向整个世界蔓延，并演变成尖锐的社会矛盾，从声势浩大的"占领华尔街"运动到反对浪潮不断的奥巴马"医改法案",再到频繁发生的美国枪击案以及种族问题,等等,这些都使得"美国梦"黯然失色,前景渺茫。中国改革开放以来经济持续高速增长,贫困人口不断减少,各项改革深入推进,社会更加和谐。"中国梦"为人类发展道路的探索开辟了美好的前景。

(三)实现"中国梦"必须走中国特色社会主义道路

在实现中华民族伟大复兴"中国梦"的伟大征程中,必然会有路径的选择。习近平强调:"实现'中国梦'必须走中国道路,也就是说要走中国特色社会主义道路。"①他说,中国特色社会主义"凝结着实现中华民族伟大复兴这个近代以来中华民族最根本的梦想"。

中国特色社会主义道路,是改革开放以来中国共产党领导中国人民开辟的一条具有民族特色、时代特色的社会发展道路,它是实现途径、理论指导和制度保证三种形态的有机统一。中国特色社会主义道路,为落后民族争取民族自强找到了一条新路,为发展中国家选择发展道路提供了新的范例。其中,科学社会主义的基本原则始终是中国特色社会主义道路的本质和灵魂。科学社会主义作为一种社会主义思潮诞生以来,人们对它的实践探索,经历了好几个阶段,但科学社会主义的基本原则没有变。中国特色社会主义道路之所以取得成功,根本原因就在于它始终坚持马克思主义的指导地位,坚持社会主义的前进方向,坚决避免走改旗易帜的邪路。

中国特色社会主义道路反映了中国人民现实的共同利益,也凝聚着中国人的共同理想和目标,这就是"中国梦"。中国特色社会主义道路,是实现"中国梦"的前提条件和根本保障,其目标指向是实现中华民族的伟大复兴。只有始终不渝地坚持中国特色社会主义道路,"中国梦"才会真正变为现实。因此,实现"中国梦",必须坚持中国特色社会主义道路,不断完善"中国模式"。

在改革开放和社会主义现代化建设已经取得巨大成就的今天,是历史上我们离"中国梦"最为接近的时候,虽然前行的道路依然会有艰险,但只要我们胸怀理想、坚定信念,坚定不移地沿着中国特色社会主义道路前行,就一定能让"中国梦"美梦成真。

① 习近平:《在第十二届全国人民代表大会第一次会议上的讲话》,《人民日报》2013-03-18(1)。

综上所述，通过对"中国模式"形成与发展的历史脉络的梳理可以看出，中国共产党的几代领导核心分别对"中国模式"的探索、形成和发展做出了重要贡献。当年，薄一波在谈到中国特色社会主义理论的形成时，曾用过一句精练的话做概括："始于毛，成于邓"。那么"中国模式"的形成与发展也是最初探索于毛，初步形成于邓，发展完善于党的第三代和新的领导集体。

中国社会主义的实践在不断发展，作为一种尚不成熟的社会发展模式的"中国模式"也处在不断发展和完善过程中。虽然邓小平的探索构成"中国模式"的主要内容，但是毛泽东对于中国社会发展道路的初步探索，为"中国模式"提供了许多有益的经验和教训。这些经验和教训同样成为"中国经验"意义上的"中国模式"形成的思想基础，正如邓小平理论和马列主义、毛泽东思想是一脉相承的科学体系一样，毛泽东思想与中国特色社会主义理论体系同样是"中国模式"的思想母乳。

从四个"现代化"到小康社会，再到和谐社会和今天全国人民憧憬的"中国梦"，我们的奋斗目标越来越现实具体；从科学技术是第一生产力，到科教兴国战略和可持续发展战略，再到科学发展观，我们的发展理念越来越先进而富有时代特征；从"两步走"到"三步走"再到新"三步走"的发展战略，我们的发展思路越来越清晰而具体；从不发达的社会主义到社会主义初级阶段，再到初级阶段的经济、政治和文化特征，我们对社会发展阶段的认识越来越客观现实和深刻。可以看到，不同阶段的社会发展模式都是一脉相承的。但是不同时期都有理论创新，从社会主义的矛盾学说到社会主义本质论，再到"三个代表"重要思想和科学发展观以及和谐社会，可以看到几代中国人民和党的几代领导核心的理论创新和实践创新。正如江泽民所说，我们在不断超越前人，后人也会超越我们。因此可以这样说，毛泽东是探索"中国模式"的先驱，邓小平是"中国模式"的缔造者，党的第三代和新的中央领导集体是"中国模式"的发展完善者。

第三章 "中国模式"的特点①

如前所述，"中国模式"是对改革开放以来中国社会发展道路或发展经验的一个高度概括，它是中国共产党领导中国人民经过长期艰苦卓绝的曲折探索，而终于找到的一种适合本国国情的发展模式。"中国模式"中凝结了中国特殊的国情、历史文化传统和社会制度选择，并赋予其与时俱进的时代特征。从这个意义上来说，"中国模式"带有鲜明的"中国特征"和"中国气质"。这种"中国特征"表现在社会发展的方方面面：从改革方式上来讲，走的是"摸着石头过河"的渐进式的改革之路；表现在政治上，是在政治稳定的前提之下，积极稳妥地推进政治体制改革；表现在经济上，是把市场经济和社会主义基本制度的优势有机地结合起来，实行社会主义市场经济体制；表现在文化上，以社会主义核心价值体系为根本，弘扬中华文化，建设社会主义文化强国；社会建设方面，以保障和改善民生为重点；生态建设方面，以科学发展观为指导，建设美丽中国；外交上，始终不渝地走和平发展道路。

一、渐进式的改革方式②

雷默认为："'北京共识'从结构上说无疑是邓小平之后的思想，但是它与他的务实思想密切相关，即实现现代化的最佳途径是'摸着石头过河'，而不是试图采取'休克疗法'，实现大跃进。"③这里提到的"摸着石头过河"实际上指的就是渐进式的改革方式，这是"中国模式"的

① 观点参见阶段性成果——尹倩：《"中国模式"的基本特征》，《兰州学刊》，2010 年第 11 期；《"中国模式"的基本内涵》，《高校理论战线》，2011 年第 1 期。
② 参见阶段性成果——尹倩：《对中国渐进式改革的思考》，《胜利油田党校学报》，2008 年第 6 期。
③ [美]乔舒亚·库珀·雷默：《北京共识》，伦敦外交政策中心网站，http://fpc.org.uk/fsblob/244.pdf。

一个鲜明特征,是相对于苏联、东欧国家剧变后所采取的激进式改革而言的。

实现从计划经济向市场经济体制的转轨,通常有两种方式:渐进式改革和激进式改革。

所谓渐进式改革,就是采取渐进式的、逐步过渡的办法,在旧制度的框架内建立新体制。改革的过程体现为新制度的组成部分不断增多,旧制度的组成部分逐渐被新制度置换出来的过程,通过此消彼长的方式实现改革总体目标。这是一种双轨运转模式。渐进式改革采取的是一种较为温和的方式,逐步实现利益调整,能够在保持大局稳定、减少社会震荡的基础上推进改革,通过有计划分阶段地推进改革来达到改革的预期目标。

激进式改革,通常也被称为"大爆炸式"的改革或"休克疗法",是由美国经济学教授萨克斯提出的。与渐进式改革完全相反,激进式改革采取的是彻底铲除旧制度、一次性地建立新制度的方式。在一个较短的时期内,把旧有的制度连根拔起,彻底铲除,再在旧制度的废墟上建立新制度,新旧两种制度处于完全对立的状态。激进式改革,以西方主流经济学为理论依据,备受以国际货币基金组织和世界银行等为代表的国际经济组织的认可和推崇。20世纪80年代末90年代初,苏联、东欧国家多数采用了这种激进式改革,希望通过"休克疗法"摆脱改革困境,最终改旗易帜,走上了资本主义道路。

以邓小平为代表的中国共产党人,基于对本国国情的现实思考,决定不采取一步到位的激进式的"休克疗法",而选择"摸着石头过河"的渐进式的改革模式。中国的改革采取了从农村到城市、从沿海到内地、从非公有制经济到公有制经济、从外围到中心逐步推进的渐进式方式,避免了较大的政治动荡。事实证明,中国的渐进式改革的路径选择是成功的。

(一)中国实行渐进式改革的原因

中国选择渐进式的改革道路,植根于中国特殊的历史文化传统,是由改革的性质和中国社会主义社会的发展阶段决定的,是中国特殊国情的产物,有其历史必然性。

1. 改革的社会主义性质决定

采取渐进式的改革方式,是由中国改革的社会主义性质决定的。中国改革的性质是"社会主义的自我完善",而绝不是社会制度的根本变革,改革必须始终坚持社会主义方向。换句话说,我们的改革并不像某些别有用心的西方政治家所希望的那样,要完全改掉社会主义的社会制度,而是实现社会主义制度的自我完善和自我发展。改革的"总的目的是要有利于巩固社会主义制度,有利于巩固党的领导,有利于在党的领导和社会主义制度下发展生产力"①。而以私有化、自由化和稳定化为核心内容的"休克疗法",其实质是要通过大小私有化,快速而全面地改变社会主义经济制度的基础。这种激进式改革根本否定了社会主义制度,意识形态取向是资本主义的,与我国的改革性质背道而驰。为了实现社会主义制度的自我完善和发展,我们需要在一个安定团结的社会环境中,有步骤、分阶段地推进改革。改革的过程,也是随着我们对社会主义认识的深入而逐步深入推进的过程。因此,我国必须采取渐进式的改革方式。

2. 中国的社会主义初级阶段的基本国情决定

中国的国情是独一无二的。中国地域辽阔,各地的情况千差万别。城市与乡村、沿海与内地,无论是在自然条件还是社会发展方面都呈现出鲜明的层次性和较大的差异性,由此决定了中国改革的非均衡性。另外,中国经济社会发展中存在着大量二元结构,如城乡和地区发展不平衡、传统经济体制在不同地区和产业中的实现程度有很大的差异、自然经济与不发达的商品经济以及产品经济等不同的经济形态不同程度地同时并存,等等。这种状况决定了城乡之间、不同的地区及产业之间,对新体制的认同程度也千差万别。因此,在建立社会主义市场经济体制的过程中,不能采取统一的方法和模式,也不能希冀整齐划一地在短期内完成,只能采取逐步突破的方式,先在旧体制的堡垒中打开一个缺口,然后通过新体制的逐步发展壮大,由点到面地渐进式地推动整个经济体制的变革。

另外,实现从计划体制向市场体制的过渡,是一次社会体制的深刻变革,必须有相当的物质基础。中国还处于社会主义初级阶段,要建立西方国家经过几百年的自然演变而形成的现代市场经济体制,同时要坚持社会主义的基本原则,绝不可能仅仅靠几道自上而下的政策法令,就

---

① 《邓小平文选》第 3 卷,人民出版社 1993 年版,第 241 页。

能快速实现。旧体制虽然说可以一夜间就被摧毁，新体制却不可能一蹴而就。重塑微观经济主体、营造市场经济的制度环境、建立健全市场体系、转变国家职能等，都需要一个过程。

总之，中国的基本国情决定了我们只能采取渐进式推进的方式，有目的、分阶段、有步骤地进行改革，逐步完善市场机制，建立相应的制度环境。

3. 改革的复杂性决定

在中国这样一个发展中的社会主义大国推进改革，是一项前无古人的开创性事业，我们没有任何成功经验可资借鉴。改革传统的计划经济体制，建立全新的社会主义市场经济体制，不可能"一蹴而就""急于求成"。它需要时间，需要一个过程，需要有一个"走一步，看一步"的渐进过程。"我们现在所干的事业是一项新事业，马克思没有讲过，我们的前人没有做过，其他社会主义国家也没有干过，所以，没有现成的经验可学。我们只能在干中学，在实践中摸索。"[①]这就决定了我国改革的复杂性和所面临任务的艰巨性，世所罕见。

具体表现在，首先，思想的解放和观念的更新是一个长期的过程。经济改革并不仅仅是孤立的经济问题，而是包括人们的思想观念、心理状态和行为方式等在内的深刻变革和调整。打破曾经根深蒂固的计划经济的思想观念，使人们对市场经济的态度从敌视和反对转变为欢迎和接受，这将是一个长期、渐进的过程。其次，利益调整也是一个艰难的过程。任何改革都不仅仅是整个社会生活的深刻变化，还涉及利益结构的重大调整。因此，改革的任何具体方案和措施的实施，都会涉及利益关系的调整和变动，这必然要引发不同程度的社会震荡，成为进一步推进改革的阻力。无论是调整和理顺利益关系，还是消除各方面阻力，都是一个渐进的过程。再次，在改革探索中不断纠错，也决定了改革的长期性。改革作为一项前无古人的全新事业，产生错误是不可避免的。我们必须在实践中边学习、边探索，不断地改正错误，及时地解决问题，适时地总结经验，这就需要一个过程。然后，减少改革成本需要渐进式的改革。改革需要付出一定的代价，我们称之为改革成本。如何设法使改革能够尽可能减少或避免损害人们的利益，而给大多数人带来尽可能多

① 《邓小平文选》第3卷，人民出版社1993年版，第258～259页。

的利益，获得大多数人的支持，从而减少改革成本，决定了改革必然是一个逐步展开的、渐进的过程。最后，我们对新体制的认识也是一个渐进的过程。改革是一项复杂的系统工程，涉及的领域非常广泛，涉及的对象十分庞杂，千丝万缕的关系错综复杂，而人类认识能力是有限的，我们对市场经济这种新体制的认识还远远不够，需要在改革中不断加深，这也是一个循序渐进的过程。

因此，对中国这样一个复杂的大国来说，在改革的策略和步骤上不能急于求成，改革采取"渐进式"的方法是最为适宜的。

4. 中国的历史文化传统和民族心理决定

中国作为一个有着悠久历史的文明古国，源远流长、博大精深的传统文化，成为我国改革既丰富却又沉重的遗产，选择一条渐进式的改革道路是由中国特殊的历史背景、文化传统和民族心理决定的。

首先，"中庸之道"的和谐精神。中国传统文化崇尚和谐、中庸的法则，在看待和处理问题时注重和谐与协调，强调为人要中和但不能偏激，处事要公正却不能走极端，这就是所谓的"中庸之道"。这种为人处世方式与渐进式改革所蕴含的理念实现了高度契合：我们在改革中既反"左"又反"右"，既要求改革的连续性又不拒绝阶段性的适时飞跃，既要局部突破又要整体演进，既尊重传统又鼓励创新。这种不走极端、积极稳妥的改革方式实践证明是非常有效的，能够有效避免激进改革所带来的剧烈的社会震荡。

其次，"摸着石头过河"的实用主义精神，或称之为"实践理性"或"实用理性"。中国的改革者们不在理论上追求刻意的讨论，不做无谓的争论，主要着力于对现实问题的探索与解决。当前苏联和东欧国家因为改革陷入困境，走向人道的、民主的社会主义模式之时，中国虽然没有设计出完美的理论模式，却在不争论中逐渐探索和学习，致力于发展生产力，提高广大人民的生活水平，综合国力不断提高。

再次，自然经济和小生产意识的消极影响。传统的封闭的自然经济在中国长期存在，而且根深蒂固、影响深远。这就决定了中国的历史文化传统中与自然经济相适应的一些消极落后因素，如小生产意识、官本位思想、缺少契约观念和僵化封闭等，与市场经济的发展存在着根本矛盾，阻碍着市场化进程。同时也决定了市场化改革只有渐进式推进，才能被大多数人接受。

最后，渐进式改革适应了"文革"后整个中华民族的心理诉求。党的十一届三中全会以后，在改革开放的起步阶段，刚刚走出"文化大革命""十年浩劫"的中国，民族心理诉求趋向于稳定的社会环境。中华民族在"文革"十年蒙受了惨重的经济损失，百废待兴，再也经不起激烈的社会动荡和变革，人心思定是大势所趋。在这种情况下，只有渐进式改革才能在不引起社会动荡的前提下，持续不断地加速经济发展、提高广大人民群众的生活水平。

综上所述，中国采取"摸着石头过河"的渐进方式推进改革是符合中国国情的一种理性选择。渐进式改革是一个不断试错（Trial and Error）的过程，先通过多种形式的改革试验不断积累经验，修正错误，将改革的速度、推进的广度和深度都保持在可控的范围之内，既可以减少改革的成本和损失，又能保持社会稳定。

（二）中国渐进式改革的特点

渐进式改革的基本特征是由点到面、由局部到整体逐步推进。为此，邓小平确立了由易到难、由低风险到高风险依次推进的战略。他提出的改革从农村向城市，市场经济从特区试验到普遍推行，就是这一战略的集中体现。从经济运行机制来看，从传统的计划经济到社会主义市场经济，经历了从"计划经济为主、市场调节为辅"到"有计划的商品经济"，再到"计划经济与市场调节相结合"等一系列的中间环节，量的积累转化为质的飞跃。从国有企业改革来看，从最初的放权让利到第二步利改税，从承包制到建立现代企业制度，步步为营，层层推进，逐渐接近最终目标。邓小平早在1979年就提出"社会主义也可以搞市场经济"的思想，但是，直到1992年以后才逐步全面推开，这期间就经历了一个由局部到整体的渐进过程。

中国不是简单地理解源起于西方的市场经济体制，也没有实行私有化，而是创造性地把市场经济与社会主义基本制度相结合，走出了一条具有鲜明中国特色的渐进式改革之路。

1. 采取非均衡的改革战略

中国有着异常复杂的国情，中国传统的僵化的经济体制的影响有轻有重，弊端与危害有大有小。因此，中国的改革不可能随心所欲地一下子全面铺开，齐头并进，更不可能在短期实现改革目标。中国的渐进式的改革采取的是非均衡的战略，选准突破口分步推进，分轻重缓急，先易后难地逐步展开。不同部门、不同领域和不同企业之间的改革在进度上也存在很大的差异：先农村后城市，先沿海后内地，从非国有经济到国有经济，最终实现经济体制的整体转型。具体表现为：

首先，先农村后城市。农村是我国经济改革的起点和主要推动力量。邓小平指出："我们的改革和开放是从经济方面开始的，首先又是从农村开始的。"①根据我国城乡经济发展的现实状况，我国的改革以农村为突破口，通过实行家庭联产承包责任制，调动农民的积极性。农村是我国传统体制下发展最薄弱的环节，以农村作为我国经济体制改革的突破口，可以减少改革阻力，降低改革风险，积累改革经验。1984 年党的十二届三中全会以后，在农村改革成功的基础上，我国改革的重点由农村开始转移到城市，开始了经济体制的全面改革。

其次，先沿海后内地的区域推进方式。我国地域辽阔，各地自然条件千差万别，经济发展也很不平衡，沿海与内地的差别较大。由于沿海地区具备区位和经济、科技等各种优势，我们把沿海地区作为改革开放的前沿阵地。我们先后建立了深圳、海南等经济特区，开放了 14 个沿海城市，作为技术、管理、知识以及对外开放的窗口，通过这些窗口引进市场机制，逐渐同国际市场接轨。经济特区和沿海开放城市作为我国各项改革的先行试验区，其经济的成功，起到了极大的示范作用。在沿海地区的带动下，我国目前已经形成了由沿海逐渐向沿边、内陆梯度推进的改革开放格局。

最后，先富带后富，实现共同富裕。我国的国情十分复杂，地区、城乡行业发展都很不平衡。为此，邓小平提出了允许和鼓励一部分地区、一部分人先富起来，然后先富带后富，最终达到共同富裕总目标的主张。他说："我的一贯主张是让一部分人、一部分地区先富起来，大原则是共同富裕。一部分地区发展快一点，带动大部分地区，这是加速发展、达到共同富裕的捷径。"②这个大政策在整个改革过程中起了重大的激励作用。

采取先易后难，分步到位，逐步推进的方式进行改革，可以有效避免较大的社会震荡，大大地减少了改革的阻力，降低了改革的成本，保证了经济的稳步增长和社会安定。

---

① 《邓小平文选》第 3 卷，人民出版社 1993 年版，第 237 页。
② 《邓小平文选》第 3 卷，人民出版社 1993 年版，第 166 页。

2. 体制外改革与体制内改革相结合

中国的渐进式的改革道路,是在旧体制因阻力较大而"改不动"的时候,先在其外围发展新体制,随着新体制的不断发展壮大,体制环境逐渐改善,经济结构也不断优化,再在此基础上逐步改革旧的体制。也就是说,中国改革采取的是体制内改革与体制外突破相结合的路径,不是像东欧国家那样使国有经济迅速私有化,而是在发展非国有经济的同时,逐步推进国有经济改革来渐进式地向市场经济过渡。

非国有经济是自主经营、自负盈亏的,没有"大锅饭""铁饭碗"以及政企不分等传统体制的弊端,其大量存在,可以有效地促进市场竞争局面的形成,而市场竞争则对国有企业改革起到积极的推动作用,迫使它们按照市场规则运行,逐步市场化。另外,国有经济是国民的经济命脉,国有经济处于主导地位可以弥补市场的不足,有利于维护政治、经济和社会的长期稳定。在这种从体制外到体制内的改革路线中,国有经济维持着稳定和秩序,非国有经济提供市场动力,二者相互依存、相互融合,逐步实现制度变革,可以有效避免激进式改革由于全面快速私有化而引起的社会震荡。

这种从体制外到体制内的渐进式改革,其基本形式是"双轨过渡"。即在旧体制"存量"难以改变的情况下,先绕过旧体制,在增量部分先实行新体制,等到新体制比重不断加大之后,再逐步改革旧体制,直到全面完成向新体制的过渡。这样就绕开了改革的难点,有利于保持改革、发展、稳定之间的协调。"双轨制"作为新旧体制衔接的过渡性制度安排,可以有效避免"制度真空"带来的社会动荡。

3. 先试验后推广

中国的改革,基本上都不是在全国范围全面铺开的,每项改革举措的推行都是从小范围的试验开始,在试点范围取得一定成果并积累一些经验以后,再大范围加以推广,也就是先试验、后推广。换言之,市场化改革被限定在一定的地区、产业或者是企业范围之内,取得经验后再在更大范围进行推广。农村改革首先从安徽、四川两省开始试点,然后逐步探索推广,后来的机构改革、金融体制改革尤其是对外开放等,都采用了先试验后推广的办法。

先试验、后推广的改革方式有着以下优点:首先,局部试验性的改革方式可以将试错成本分散化,从而最大限度地减少并分散改革风险,避免太大的改革失误出现。其次，成功的局部改革会产生一种示范效应，消除人们对市场化改革的疑虑，能够为进一步深化改革创造良好的外部环境。再次，成功的经验推广所产生的"搭便车"行为，可以降低改革者的学习和探索成本。最后，先试验、后推广，可以通过实践来统一认识，避免了无谓的意识形态争论。

4. 以经济改革为中心，政治改革与经济改革协调进行

经济是基础，在中国的渐进式改革中，经济体制改革始终占据着主导地位。同时，经济与政治具有极为密切的联系，二者的改革需要相互配合，协调推进。要打破传统的经济与政治高度合一的计划经济体制，没有政治体制改革相配合，经济体制改革很难获得成功。邓小平指出："政治体制改革同经济体制改革应该相互依赖，相互配合。"①在建立社会主义市场经济体制的过程中，如果政治体制改革严重滞后，忽视民主法制建设，势必会助长官僚主义和消极腐败现象，人民群众的意见很大，就会使改革陷入困境，发展下去甚至会导致改革的失败。对此，邓小平语重心长地指出："现在经济体制改革每前进一步，都深深感到政治体制改革的必要性。不改革政治体制，就不能保障经济体制改革的成果，不能使经济体制改革继续前进，就会阻碍生产力的发展，阻碍四个现代化的实现。"②因此，在改革进程中，必须把经济体制改革与政治体制改革紧密地结合起来，通过稳步推进政治体制改革，来保证经济体制改革的顺利进行。

中国在改革实践中，注重妥善处理经济体制改革与政治体制改革的关系，始终把经济改革放在首位，以经济改革为中心，根据经济体制改革的进程来安排政治体制改革的重点。我们将经济市场化与政治多元化严格划清了界限，绝不照搬西方的政治制度模式。在改革中我们始终坚持共产党的领导，在保持政治稳定的基础上逐步推进政治体制改革，不断完善社会主义民主和法制。中国的经济体制改革始终都没有离开政治改革而单独推进。诸如，党政分开、政企分开、扩大基层民主、加强法制建设等，这都是政治体制改革的重要体现，都是为经济体制改革扫清障碍。中国的政治体制改革也采取了渐进式和稳妥推进的方式，这样就为包括经济领域在内的其他领域的改革创造了良好的政治社会环境，有

①《邓小平文选》第 3 卷，人民出版社 1993 年版，第 164 页。
②《邓小平文选》第 3 卷，人民出版社 1993 年版，第 176 页。

利于排除政治动荡对经济建设的干扰破坏，有利于防止社会的失控，也有利于减少改革中的摩擦和冲突，从而推动改革事业的顺利进行。

5. 个人诱致和政府强制改革相结合

西方的制度经济学家把制度变迁分为强制性和诱致性两种方式。诱致性变迁是指自发性的变迁，即自下而上；强制性变迁是指由政府法令引起的变迁，即自上而下。中国的改革把两种制度变迁结合起来，在党中央和各级政府自上而下推进改革的同时，充分发挥了基层单位的主动性和积极性。

中国的改革是在中国共产党的领导下进行的自上而下的制度变迁，党和政府主导着改革的方向和路径，政府的宏观调控对于经济和社会发展举足轻重。中国经济持续快速增长的成功经验证明：以高度社会化为基础的现代市场经济应该是有组织的，而不是无序的。尤其对于发展中国家来说，没有政府的强制性推动，市场经济的形成必定会是曲折而漫长的，势必充满矛盾与冲突，因而政府的适度干预更加不可低估。政府自上而下的强制性变迁，可以防止改革过程中社会出现混乱和失控，减少改革的阻力，使得我们在改革中少走弯路，因而是一种低成本、高收益的制度变迁方式。

当然，改革作为一种利益关系的调整，如果完全由政府自上而下地强制推动，又会缺乏足够的动力。在中国这样一个地域辽阔、情况复杂的大国，改革之所以能够成功，是因为在坚持自上而下改革的同时，充分发挥了各地区、企业、农户等基层单位的积极性和创造性，让它们利用自身的聪明才智，因地制宜地采取有效措施，提高改革效率。这种自下而上的自发的诱致性改革，由于是在一个宽松和自然的环境中培育新体制，符合事物发展的自然规律，可以更加充分地利用各种资源，尽可能避免大的失误，减少改革的风险。

因此，中国的经济体制改革是在党和政府自上而下强制推进改革的同时，充分发挥各基层单位的积极性、主动性和创造性，自上而下和自下而上相结合，民间与政府"两个积极性"相互促进、相互协调的改革方式。

（三）对中国渐进式改革的评价

与曾经同样是计划经济体制国家的原苏联、东欧截然不同，中国没有采取激进式改革，而是从中国国情和历史文化传统出发，实行渐进式改革，并取得了举世瞩目的成就。它使得我们冲破了在中国有几十年历史的、影响巨大的传统计划经济体制的束缚，逐步走向现代市场经济。现代市场观念和市场经济体制的建立，提高了经济运行效率，中国的综合国力和国际竞争能力也明显加强。

1. 中国渐进式改革的优势

任何改革方式都是有成本的，都要付出一定的代价。激进式的改革方式，能够较为迅速地打破旧体制，快速地改变原有的利益格局，同样，遇到的社会阻力也会较大。由于新体制不可能同时建立起来，这样必然会出现"体制真空"，导致社会经济生活无序，容易引起激烈的社会动荡和冲突。渐进式改革则采取一种较为温和的方式实现新旧体制的转换和利益结构的调整，因而可以大大减少改革成本，有效防止社会失序。

实践证明，渐进式改革适合了中国这样一个地区差异大、市场发育程度低的社会主义大国的基本国情，其优势非常明显：首先，渐进式改革符合事物发展的质量互变规律，是科学的。其次，渐进式改革是一种将一步到位的改革成本化整为零的改革方式，可以分摊改革成本，减少改革的阻力，避免了大的社会震荡。再次，渐进式改革没有中断原有的社会发展链条，新旧体制的接轨是渐进性的，不带有爆发性，因而有利于保持改革的连续性，使改革容易被大多数人理解与接受。然后，党和政府的权威保证了政治上的相对集中和稳定，可以充分利用各种社会资源，有效地提高整个社会的组织动员和协调能力。最后，渐进式改革给了我们时间，能够"摸着石头过河"，边实践边探索，少走弯路。

当然，渐进式改革建立新体制会慢很多，但绝不意味着不慌不忙，可以无限期拖下去。在新旧体制并存时期产生的体制漏洞，会带来一些新的社会矛盾和不良的社会现象。我们必须高度重视这些矛盾和现象，坚决推进改革，通过不断促进新旧体制并轨，使新体制尽快占据主导地位。

2. 中国渐进式改革存在的问题

邓小平对我国改革面临的挑战有着清醒的认识和充分的估计，他说："我们的改革有很大的风险。"[1]我国的渐进式改革虽然在前期取得了巨大成就，但由于重大利益调整政策与措施的后置，改革前期累积的一些问题和矛盾，到中后期反而成了进一步深化改革的桎梏，渐进式改

---

[1]《邓小平文选》第 3 卷，人民出版社 1993 年版，第 268 页。

革的一些弊端也开始逐渐暴露出来。

首先，渐进式改革造成的双轨制，带来许多问题。渐进式改革是通过逐步引入新体制因素来实现的，当新体制还未完全建立，而旧体制又没有退出历史舞台之前，会有一个较长的过渡时期，这就会出现新旧体制双轨并存的状况，同时价格双轨制、收入分配双轨制以及经济运行规则的双轨制会大量存在。双重体制的长期并存，潜伏着巨大的风险，有可能会导致分配不公、结构失衡、宏观失控等，发展下去的话会造成矛盾激化、社会混乱的局面。

其次，渐进式改革容易为权力"寻租"提供灰色空间。"双轨制"的大量存在，导致政府官员掌握了更多的"改革资源"，面临着利益的诱惑，在外部监督和约束机制不健全的情况下，掌权者手中的权力势必会异化为谋取个人私利的手段，于是容易产生权钱交易的腐败行为。"寻租"行为侵蚀了改革成果，损失了效率，并容易产生既得利益集团，成为进一步改革的阻力。腐败的产生和蔓延严重毒化了改革的社会环境，也打击了人民对改革的信心和热情。

再次，国有企业改革的滞后，产生了很多不利影响。我国的渐进式改革先从体制外的非国有经济部门开始，由易到难进行。非国有经济通过改革取得长足的进步，但相比之下国有企业发展却严重滞后。表现在：国有企业虽然占用了大量的社会资源，却经济效益低下，明亏和潜亏的企业占到全部国有企业的三分之二；大批国有企业背负了极其沉重的负担，如企业办社会，设备陈旧老化，职工退休保障、福利开支日益扩大等，极大地制约了国有经济的发展，制约了公平竞争环境的形成；"双轨"摩擦造成对国有资产的不规范管理，国有财产产权不清，使国有资产流失规模日趋加大。总之，国有经济代表传统体制的"核心"，关系社会最基本的物质利益关系的损益。国有经济改革的滞后给我国国民经济的增长与发展带来了许多不利影响，引发了一系列社会经济矛盾，并导致制度整体非均衡的形成和蔓延。"渐进式改革"的局限，即国有经济改革的滞后，是阻碍我国经济进一步增长、造成经济多次波动的根源。

然后，渐进式改革形成了新的既得利益集团，成为深化改革的阻力。渐进式改革形成的双轨制，容易滋生出"吃双轨体制饭"的新生既得利益集团，如通过以权谋私、偷税漏税、受贿索贿、非法经营等手段获取高额利益的既得利益者，靠国家优惠政策发展起来的个人、企业和地区等。相对于农村居民而言，城镇居民总体上就是既得利益者；相对于中西部来讲，东部地区城乡居民就是既得利益者；此外，金融、保险、石油等垄断行业人员也是既得利益者。这些新生的既得利益集团不希望回到旧体制中，也不希望新体制很快建立，而是希望长期保持"双轨制"，以便使自己保持并能持续获得利益，他们成为进一步深化改革的阻力。

最后，渐进式改革所导致的问题与矛盾的累积，使改革后期阻力加大。渐进式改革往往优先选择社会成本较小和收益较大的领域，而刻意绕过改革难点问题和关键问题。这些被推后解决的问题不可能自动得到解决，相反却随着改革的不断推进而变得越来越严重了。所以，越到改革后期，这些矛盾和问题累积得越多，也越严重，成为进一步改革的"体制硬核"问题。如，政府改革难、国企改革难、贫富差距、发展不平衡问题等。这些不断累积的问题与矛盾，使进一步改革的难度增加。

总之，中国选择了渐进式改革，就不能回避渐进式改革的矛盾和问题，我们不能因此否定渐进式改革的绩效，更不能因为渐进式改革有缺陷和不足就予以全盘否定，从而改弦更张，另选他途。中国的渐进式改革也绝不能因此而停止。改革中的问题必须通过进一步深化改革来解决，我们要把握渐进式改革的进程和力度，采取有效措施，化解前期改革累积的矛盾，推动改革的不断深化。

二、政治方面：坚持社会主义制度，稳步推动政治发展[①]

马克思主义基本原理告诉我们，政治是经济的集中表现。就对"中国模式"的认识而言，不少人认为，"中国模式"的成功主要是经济发展成就巨大，但是在政治体制改革方面比较滞后。实际上，在我国这样一个拥有 13 亿人口的大国，没有政治体制改革的配套和相应的政治发展，就不可能实现经济体制和经济结构的深刻变革，更不可能保持 30 多年的经济持续快速增长。在中国这样一个发展中的社会主义大国，脱离政治发展来谈经济成就，否定我们在政治上的积极进步，是有失公允的。

20 世纪 80 年代末 90 年代初，苏联、东欧社会主义国家的改革开始转向政治领域，结果东欧剧变、苏联解体，社会主义制度从此在苏东

---

① 观点参见阶段性成果——尹倩：《"中国模式"的基本特征》，《兰州学刊》，2010 年第 11 期。

地区不复存在。20 世纪下半叶，亚非拉新独立的国家，很多也在政治上照搬西方政治制度的模式，结果是政局动荡、内战频繁、民不聊生。相比之下，中国在坚持社会主义制度的前提下，稳步推进政治发展，实现了经济的持续快速健康发展。这正是中国独特的政治发展道路的绝好说明。

"中国模式"的政治特征是，在坚持社会主义制度的前提下，发扬社会主义民主，保持政治稳定，积极稳妥地推进中国政治发展。

（一）中国共产党的领导：中国政治的特色和优势

当代中国政治制度是马克思主义政治学说和中国国情相结合的产物，是中国共产党人政治智慧的结晶。从中华人民共和国成立到 1954 年第一届全国人民代表大会召开和新宪法的颁布，中国共产党领导人民建立起了一整套有中国特色的社会主义民主政治制度，即人民代表大会制度这一根本政治制度，包括共产党领导的多党合作和政治协商制度、民族区域自治制度和基层群众自治制度在内的基本政治制度。这些制度构成了当代中国政治发展模式的基本框架，从制度上保证了广大人民当家做主的权利，保证了我国政治发展的社会主义方向。这些政治制度基本上没有发生根本变化，一直延续至今，保证了中国改革的社会主义方向。

历史和现实都一再证明，我们必须毫不动摇地坚持我国的基本政治制度，坚持这些制度就保证了中国政治发展的社会主义方向，西方式的民主并不完全适合不同国家发展的需要。坚持社会主义道路，坚持人民民主专政，坚持中国共产党的领导，坚持马列主义、毛泽东思想，这四项基本原则是当代中国政治发展的必然选择，是保证我国现代化社会主义方向的根本前提。"如果动摇了这四项基本原则中的任何一项，那就动摇了整个社会主义事业"。[①]四项基本原则的核心是坚持党的领导。

1. 中国共产党的领导是中国政治发展的动力

纵览当代发展中国家，其政治发展的动力，有的来自国际，有的来自民间，也有的来自军方，而中国政治发展的动力则是来自执政的中国共产党。中国政治的特色，首先在于中国共产党在我国政治生活中拥有崇高的地位和强大的政治权威，有的学者称之为居于一元化领导地位的

---

① 《邓小平文选》第 2 卷，人民出版社 1994 年版，第 173 页。

执政党。

中国共产党是中国唯一的法定执政党。中国共产党依法执政、民主执政，其执政方式具有鲜明的中国特色：党拥有对军队的绝对领导权并牢牢掌握意识形态领导权，党对国家政权的控制程度较高，有效地保证了全国施政统一。可以说，党的领导贯穿于中国社会生活的方方面面，中国整个国家民族的命运系于共产党一身。强大的、处于法定执政地位的中国共产党的领导，有力地保证了中国的政治稳定和基本政策的延续性。改革开放的成功，建设社会主义并最终实现共产主义，都离不开党的领导。

中国共产党在中国社会发展中的绝对领导地位，可以通过中国改革的自主性体现出来。"中国模式"成功的原因之一就是，中国的改革不仅是渐进式的改革，而且是自主的改革。①这种自主的改革，指的是改革的主动权始终掌握在执政的中国共产党及其领导的政府手中，党和政府能够顶住内部和外部的各种压力，自主地选择改革的内容、方式、步骤和时机等。这正是中国改革之所以能够成功的一个非常重要的政治因素。实践中，每到改革进程的关键时刻，党和政府都能够沉着冷静，积极地面对各种压力和应对各种挑战，并自主地做出选择。

中国共产党在中国社会发展中的绝对领导地位，还可以通过中国共产党强大的政治治理和政治动员能力体现出来。政治动员是我们党的政治优势，是我们党的基本工作方法之一，也是我们党领导中国人民取得革命、建设和改革伟大成就的主要经验之一。新加坡《联合早报》载文指出："如果将中国的政治体制放到全球视野下就会发现，中国真正与众不同的特色在于中国共产党的有效领导。这才是中国经济成功的真正原因。"中国共产党是世界上历史最久、党员最多的共产党之一，目前已有八千多万党员，同时还是唯一领导本国取得改革开放成功的共产党。"5·12"大地震三周年前后，境外媒体广泛关注灾后重建进展，对灾区恢复重建工作的高效给予充分肯定，认为灾区重建取得的成果与中国共产党的领导分不开。救灾和灾后重建充分显示了我们党强大的组织动员能力，也显示了社会主义制度能够集中力量办大事的优势。我们有效应对自然灾害，成功战胜"非典"疫情考验，成功举办盛况空前的奥

---

① 雷默把它称作"北京共识"的第三个定理。参见乔舒亚·库珀·雷默《北京共识》，黄平、崔之元主编：《中国与全球化：华盛顿共识还是北京共识》，社会科学文献出版社 2005 年版，第 13 页。

运会，从容应对国际形势变化，这些都表明中国共产党有能力面对中国社会出现的各种变化，以及未来世界可能出现的变化。这些也都是与中国共产党强大的政治治理和政治动员能力分不开的。

"中国模式"的成功是由于有一个久经考验并具有现代化意识的领导集体，一个经过革命和战争洗礼与磨炼的强大政党，还有一个强有力的政府，这才保证了中国这样一个发展中社会主义大国改革事业的成功推进。其中，中国共产党的领导起着核心的作用。

2. 必须坚持中国共产党的领导

中国共产党作为中国社会主义事业的领导核心，是中国政治体制改革的设计者、领导者和组织者，是中国特色社会主义政治文明的开拓者、奠基者。中国共产党在中国社会主义事业中的领导地位，源于我们党在理论、纲领和组织上的先进性，源于中国近现代各种社会矛盾运动的必然结果，源于中国人民在长期革命建设改革实践过程中的历史选择。

首先，中国共产党在中国的领导核心地位是由党的性质决定的。中国共产党是由中国工人阶级和人民群众的最先进分子组成的，是用马克思主义理论武装起来的政党，具有政治思想上、组织上、作风上的先进性。作为一个在中国具有强大凝聚力和感召力的无产阶级政党，它能够团结一切可以团结的力量，为实现国家富强和人民幸福而奋斗。在改革开放和现代化建设的新的历史条件下，尽管国际国内形势和历史条件都发生了变化，但党的基本性质和根本宗旨没有变。中国共产党始终是中国工人阶级的先锋队，也是中国人民和中华民族的先锋队，以全心全意为人民谋利益作为自己的根本宗旨。这也是我们党的领导和执政能够得到全国各族人民衷心拥护的根本原因。

其次，中国共产党在中国的领导核心地位是历史形成的。中国共产党领导中国人民经过 28 年艰苦卓绝的斗争，终于推翻了帝国主义、封建主义和官僚资本主义"三座大山"在中国的统治，建立了新中国。从此，中国人民翻身做了国家的主人，在长期的革命实践中中国人民选择了中国共产党。新中国成立以后，虽然在探索本国社会主义建设道路的过程中，党的领导集体曾经犯过严重错误，但我们党能够自己纠正错误，使社会主义建设回到正确的轨道上来。改革开放以来，中国发生了翻天覆地的变化，经济持续稳定增长，人民生活水平不断提高。中国人民继续积极拥护中国共产党的领导。"事实充分证明，在近代以来中国社会发展进步的壮阔进程中，历史和人民选择了中国共产党，选择了马克思主义，选择了社会主义道路，选择了改革开放。"①

再次，中国共产党在中国的领导核心地位是由中国国情决定的。不同的国家在现代化以及与此紧密相关的政治发展中需要选择不同的方式，这要根据具体的国情结构而定。"在我们这个十几亿人口的发展中大国，党在推进改革开放和社会主义现代化建设中肩负任务的艰巨性、复杂性、繁重性世所罕见。"②中国幅员辽阔、人口众多，各个地区的情况千差万别，发展又很不平衡。在这样一个复杂的、多民族的超大规模国家建设社会主义，必须凝聚全国各族人民的力量，整合不同阶层的利益关系，这意味着必须有一个统一的领导核心。不然，整个社会就会陷入一盘散沙、四分五裂的混乱局面。事实证明，这个领导核心只能是中国共产党，而非其他任何政治力量或政治派别。

然后，中国共产党的领导能够保证我国现代化建设的社会主义方向。中国共产党的奋斗目标是建设社会主义、实现共产主义。社会主义制度在中国的确立，是中国共产党领导中国各族人民几十年艰苦斗争的结果，党和人民为此做出了巨大的努力，付出了沉重的代价。中国近代以来革命和建设的实践证明，只有中国共产党才能救中国，只有社会主义才能发展中国。中国的社会主义制度与中国共产党的领导是紧密地联系在一起的。中国共产党处于执政地位，能够保证中国现代化建设的社会主义方向。

最后，中国共产党的领导是中国政治稳定的基本保证。对于中国这样一个泱泱大国来说，实现政治的稳定和有序最根本的是要有一个坚强有力的政治领导系统。新中国成立以来，无论国际国内形势发生什么样的变化，中国始终都能够保持政局的基本稳定，其中最重要的原因就是有一个强大的处于执政地位的中国共产党。历史证明，无论是十年"文革"的考验还是在西方旷日持久的"和平演变"攻势面前，中国都能够始终保持政局基本稳定和国家统一，而没有像苏联、东欧国家一样解体或剧变。这当然要归功于中国共产党的坚强领导。否则，如果失去中国共产党的坚强领导，就不可能有中国政局的基本稳定。因此，无论何时

---

① 胡锦涛：《在庆祝中国共产党成立 90 周年大会上的讲话》，《人民日报》2011-7-2（2）。
② 《中共中央关于加强和改进新形势下党的建设若干重大问题的决定》，《人民日报》2009-9-28（1）。

党的领导核心作用都不能淡化。强大的中国共产党不仅现在是，而且将来也是中国政局稳定的中流砥柱。

"实践证明，没有中国共产党就没有新中国，就没有中国特色社会主义。办好中国的事情，关键在党。"①所以，在中国，对于现代化和政治发展来说，必须明确任何选择都要坚持和发挥中国共产党的领导核心作用，这不仅是中国历史演变的必然逻辑，也是中国现代化和政治发展的内在要求。正如邓小平所指出的，在中国，除了中国共产党，根本不存在另外一个像列宁所说的联系广大劳动群众的党。

3. 加强和改善党的领导

中国共产党作为执政党在中国社会中处于领导核心地位，执掌着中国最核心的政治权力。中国的任何改革和发展，企图回避和绕开中国共产党都是不可能的，中国政治发展的关键是中国共产党的发展。因此，坚持党的领导的同时，必须要致力于改善党的领导。

首先，要坚持和完善中国的政党制度。中国共产党领导的多党合作和政治协商制度是我国的基本政治制度之一，也是我国民主政治的重要体现和基本实现形式之一。它既不同于西方资本主义国家普遍实行并推崇的多党制或两党制，也不同于前苏联和其他社会主义国家曾经实行或正在实行的一党制。其显著特点是：共产党领导、多党派合作，共产党执政、多党派参政。我国各民主党派作为参政党，是中国共产党的亲密友党，他们都具有合法地位并受宪法保护。他们都接受中国共产党的领导，同共产党通力合作，而非对立斗争。这种政党制度是长期以来在中国革命和建设的实践中，逐步确立和发展起来的，是适合中国国情的必然选择，具有鲜明的中国特色。

其次，要理顺党政关系，实现党政关系的规范化。党政关系是中国政治关系中的一条主线，在当代中国无论进行任何一种重要的改革或者协调任何政治关系，都要涉及党政关系的调整。历史上，无论是革命战争年代的以党建政，还是新中国成立初期的以党代政，乃至"文化大革命"时期的党政不分、有党无政等，都是在特定历史条件下形成的。全球化条件下，民主政治成为世界潮流，我国社会主义市场体制已经基本确立并逐步完善，这就要求我们必须改变党的一元化领导方式和传统的

---

① 《中共中央关于加强和改进新形势下党的建设若干重大问题的决定》，《人民日报》2009-9-28
（1）。

执政方式，结合时代要求重构党政关系的模式。在新的历史条件下，我们应该以民主为目标、以社会主义为正确方向，重新调整、理顺和变革党政关系，使之进一步规范化和制度化。

（二）政治稳定：中国政治发展的基本前提和目标之一

稳定是"中国模式"的重要特征之一。对于处于现代化过程之中的发展中国家而言，稳定的社会政治环境是经济发展的必要先决条件，也很难设想在一个混乱和动荡的社会环境中，会生长出成熟的民主果实。中国政治发展的特征，就是在社会稳定的状况下实现政治发展。雷默在他的那篇题为《北京共识》的研究报告中指出："这种方法还突出了这个国家始终挥之不去的稳定情结，认识到污染和腐败是社会毒素。……20世纪80年代中期，一批中国经济学家开始对关系到经济增长的最重要的因素进行广泛调研。他们告诫共产党领导人：稳定是经济增长的最重要因素。在最近的一次调查中，当问到稳定在社会价值观中的位置时，中国人把它排在第二位。其他国家的公民平均将稳定排在第23位。"[①]相对于俄罗斯模式和拉美模式而言，"中国模式"的显著特征就是在稳定的基础上渐进式地推进政治体制改革，而不是像拉美国家那样政变频繁、内战不断，也不同于俄罗斯那样通过激进式的"休克疗法"引起社会动荡，稳定尤其是政治稳定成为"中国模式"成功的最重要因素之一。"追求稳定的改革，它本身现在就是政治制度要求权力垄断的一个重要理由，是政治制度以意识形态为基础向能力为基础的转变。"[②]

1. 政治稳定是"中国模式"成功的主要原因之一

美国著名政治学家亨廷顿指出：当代发展中国家政治发展过程中一个突出的现象就是难以摆脱社会的剧烈动荡和冲突，而这些动荡和冲突又是和政治发展的企图联系在一起的。这些国家之所以动荡不安，就是由于它们激进地推进政治现代化。这就给发展中国家的政治发展提出了一个重大命题，即在推动政治发展的同时保持社会稳定，也就是说稳定必须纳入政治发展追求的目标体系。否则，动荡和冲突将吞噬其努力的成果。在中国现代化的整个进程中，战乱和政治动荡曾经是造成发展迟缓的重要原因之一。中国是发展中的大国，人口众多，各地区发展极不

①　[美]乔舒亚·库珀·雷默：《北京共识》，引自《中国与全球化：华盛顿共识还是北京共识》，社会科学文献出版社2005年版，第20页。
②　[美]乔舒亚·库珀·雷默：《北京共识》，引自《中国与全球化：华盛顿共识还是北京共识》，社会科学文献出版社2005年版，第21页。

平衡，如果不能保持社会的稳定，改革和发展不仅不能顺利进行，相反会陷入危机四伏的境地，终至分崩离析。"文化大革命"的长期动乱，已经给了中国人民深刻的教训。因此，在政治发展与政治稳定之间，必须保持一个相对平衡。

政治稳定对中国是至关重要的。中国作为发展中国家，只有政治稳定了，我们才能集中精力发展经济和其他社会主义现代化事业；中国作为社会主义国家，只有政治稳定了，才能有力抵制国内外敌对势力的进攻，尤其是西方资本主义国家实施的"和平演变"战略，始终坚持社会主义道路；中华民族作为历史上久经磨难的民族，广大人民群众渴求和平安宁的生活，政治稳定也符合中国人民的民族心理和根本利益。政治稳定也是政治体制改革和政治发展的前提与保障，对于中国社会发展的作用是不可低估的。邓小平也多次强调政治稳定、社会安定的重要性。他指出："中国的问题，压倒一切的是需要稳定。没有稳定的环境，什么都搞不成，已经取得的成果也会失掉。中国一定要坚持改革开放，这是解决中国问题的希望。但是要改革，就一定要有稳定的政治环境。"①

20世纪80年代末90年代初，东欧剧变、苏联解体，中国政府对政治稳定问题予以特别重视，坚持稳定压倒一切的方针，正确地处理了改革发展稳定之间的关系。改革开放30多年来，中国基本保持了政治稳定，同时，中国经济实现了30多年的持续快速增长，人民生活水平不断提高，综合国力和国际影响力不断增强。整体来看，中国社会安定有序，社会发展一直保持良好态势。

近几年，党中央先后出台了一系列重大政策措施，从保障民生的角度来进一步增进政治稳定：为了缩小地区差距，党中央先后提出了西部大开发、振兴东北老工业基地以及中部崛起战略；为了缩小收入差距，党和政府不断深化分配制度改革，加大了社会保障建设的力度，力求建立覆盖全民的社会保障体系。2006年，中国已全部取消农业税。党的十六届五中全会，正式提出要"建设社会主义新农村"。2008年党的十七届三中全会，专门分析解决当前我国农业、农村中存在的问题。2014年的中央一号文件仍然关注的是"三农"问题。至今为止，我国已经公布了21世纪以来聚焦"三农"的11个中央一号文件。所有这些政策措

---

① 《邓小平文选》第3卷，人民出版社1993年版，第284页。

施无疑都有利于我国的政治稳定与社会稳定。

2. 政治发展的渐进性保证了我国的政治稳定

如前所述，中国走的是一条渐进式的改革道路，这种渐进式的改革方式不仅体现在经济体制改革上，同样也适用于政治体制改革。在政治稳定的前提下稳步推动中国政治发展，始终是中国政治体制改革的主线，也显示了中国政治发展的特点和优点。在中国这样一个情况复杂的发展中大国，没有政治稳定，社会发展就失去了首要的前提条件，稳定是压倒一切的。这就决定了中国政治发展必须谨小慎微，必须是一种不断探索、不断调适的渐进过程。简言之，渐进式改革有利于政治稳定。这种渐进式的政治发展道路有效地减少了政治改革带来的社会震荡，从而减少了政治改革的成本，是适合中国国情的战略抉择。当然，保持政治稳定不意味着不能搞政治改革，而是必须通过渐进式的改革实现政治发展。

3. 我国政治稳定面临的挑战

虽然我国改革开放以来所取得的成就很大程度上源于政治稳定，我们也一直把政治稳定放在极其重要的位置上。但是，不可否认，中国社会也面临着一些挑战和问题，潜藏着一定的危险和不确定因素，搞得不好就可能转化为大规模的突发性事件和紧急事件，威胁我国的政治稳定，需要立即采取措施加以控制和解决。

当前在世界范围内，经济全球化深入发展，在我国国内，市场经济体制已经初步确立，但传统体制的影响还大量存在，在这样国内国际各种背景交织的情况下，我国社会涌现了大量引发不稳定的因素。一方面是社会转型期积累的一些老问题难以解决：中国居民基尼系数近几年已经超过 0.4 的国际警戒水平，贫富悬殊问题成为危及中国社会稳定的一大隐患。从就业方面看，中国国有企业改革和劳动力转移造成的失业问题，不采取有效措施就可能引起严重的社会危机。渐进式改革的双轨制造成的"权力寻租"问题不断升级，腐败成为社会发展的毒瘤，侵蚀着党的肌体。由"三农"问题导致的群体性事件也在不断增多，"三农"问题依然是制约我国经济发展的主要因素。另一方面，全球化和市场经济条件下的新问题也威胁着我国政治稳定：资源紧缺和环境问题，已经成为制约中国社会经济进一步发展的瓶颈。另外，经济全球化条件下，金融风险在不断加大，金融风险很容易转变成金融危机。东南亚金融危机和始于 2008 年的世界金融危机就是例证。如何在如此复杂的国际国内环境条件下，积极应对政治发展面临的风险，避免政治危机的发生，稳步推进中国的政治发展，对我国来讲是一个很大的挑战。

因此，我们必须注意处理好改革、发展与稳定之间的关系。总的来说，要在政治、经济、文化、治安等方面建立一系列政治稳定保障机制，诸如外在环境适应机制、合理的分配机制、制度化的政治参与机制、有效的社会保障机制、有效的社会控制机制以及内部协调机制、社会预警机制等，保证政治发展始终在政治稳定的环境中健康推进。

（三）政治民主：中国政治发展的重要目标

民主作为一种世界潮流，是世界各国人民不懈追求的目标。我国是社会主义国家，而民主是社会主义的本质特征。新中国成立以来，我国的民主政治建设取得了很大的成就，但是由于受社会主义初级阶段基本国情和历史文化传统的影响，我国的民主政治建设还有很长的路要走。我国的社会主义民主要从本国国情出发，走有中国特色的民主政治之路，西方式的民主不适合我国国情。

1. 民主是社会主义的本质特征

民主是社会主义的题中应有之义，没有民主就没有社会主义。马克思和恩格斯早在《共产党宣言》中就指出："过去的一切运动都是少数人的或者为少数人谋利益的运动。无产阶级的运动是绝大多数人的、为绝大多数人谋利益的独立的运动。"[①]这就表明，民主是无产阶级运动不懈追求的目标之一，马克思关于消灭三大差别以及自由人联合体等主张，都蕴含着社会平等和公共权力由多数人统治的民主精神。此后各国的马克思主义者都将民主视为社会主义的重要价值取向和目标。列宁说："取得胜利的社会主义必将实现充分的民主。"[②]

邓小平也对社会主义民主的重要地位有着充分认识，他从社会主义现代化的高度来认识民主。他说："没有民主就没有社会主义，就没有社会主义的现代化。"[③]邓小平将发展民主与坚持社会主义制度有机结合起来，在中国激荡变化的社会转型中，始终把民主作为中国政治发展的基本目标之一。

---

① 《马克思恩格斯选集》第 1 卷，人民出版社 1995 年版，第 283 页。
② 《列宁选集》第 2 卷，人民出版社 1995 年版，第 561 页。
③ 《邓小平文选》第 2 卷，人民出版社 1994 年版，第 168 页。

民主是人类社会不同国家、不同民族普遍追求的价值之一。尤其是20 世纪后半期以来，政治民主化成为一种世界性的历史潮流。社会主义制度的建立为人类社会民主政治的发展创造了更好的历史前提，开辟了更为广阔的道路。在社会主义的中国，只有实行充分的民主，才能维护广大人民群众的根本利益，才能实现社会公平正义，才能协调社会矛盾、维护社会稳定，增强党的凝聚力。当前，推动中国的政治发展就是要通过政治体制改革，使人民群众能够充分行使当家做主的民主权利，充分体现社会主义制度的优越性。

2. 我国政治发展的目标是实现社会主义民主

发展社会主义民主是我们党和国家始终不渝的奋斗目标。《中华人民共和国宪法》明确规定："中华人民共和国的一切权力属于人民。"①党的十六大报告指出："共产党执政就是领导和支持人民当家做主。"②十七大报告指出："人民民主是社会主义的生命。发展社会主义民主政治是我们党始终不渝的奋斗目标。"③党的十八大报告也指出："人民民主是我们党始终高扬的光辉旗帜。"④中国共产党从成立的那一天起，就始终把争取人民民主作为基本的奋斗目标。中华人民共和国成立以后，广大人民群众成为国家的主人，享有各种真实的民主权利。但是新中国成立以后中国的民主政治建设也走过很多弯路，尤其是"文革"十年，民主和法制遭到严重破坏。改革开放以后，中国的民主政治建设重新回到正确的轨道上来，人民的很多民主权利得以恢复，人民民主不断加强。

十一届三中全会以来，邓小平根据社会主义政治制度的本质要求和我国的实际情况，多次明确地提出了政治体制改革的目标，是为了发扬和保证党内民主，发扬和保证人民民主。他指出："我们进行社会主义现代化建设，是要在经济上赶上发达的资本主义国家，在政治上创造比资本主义国家的民主更高更切实的民主。"⑤ 党的十二大把民主作为社会主义建设的根本任务之一；党的十三大把民主作为社会主义现代化建

---

①《中华人民共和国宪法》，人民出版社 1982 年版，第 12 页。

② 江泽民：《全面建设小康社会 开创中国特色社会主义事业新局面》，人民出版社 2002 年版，第 31 页。

③ 胡锦涛：《高举中国特色社会主义伟大旗帜，为夺取全面建设小康社会新胜利而奋斗》，人民出版社 2007 年版，第 28 页。

④ 胡锦涛：《坚定不移沿着中国特色社会主义道路前进，为全面建成小康社会而奋斗》，人民出版社 2012 年版，第 25 页。

⑤《邓小平文选》第 2 卷，人民出版社 1994 年版，第 322 页。

设的三大奋斗目标之一；党的十五大提出要建设中国特色社会主义民主政治；党的十六大将社会主义民主置于一个新的战略高度，作为全面建设小康社会的重要内容；党的十七大把"扩大社会主义民主，更好地保障人民权益和社会公平正义"作为全面建设小康社会的新的更高要求之一，使全面建设小康社会的宏伟目标更加丰富、更加完备；党的十八大提出了健全社会主义协商民主制度，作为我国人民民主的重要形式。

　　中国的社会主义建设历程就是广大人民的民主权利不断增多的过程，这样便有效地调动了人民群众的积极性和创造性，有力地保证了整个社会的安定团结，为社会主义制度注入了新的活力。

　　3. 从中国国情出发，加强社会主义民主建设

　　改革开放以来，中国的经济和民主政治都有了进步，老百姓民主意识不断增强，但是中国的政治体制改革依然落后于形势发展的要求。中国的社会主义民主和老百姓的民主意识依然显得落后。社会主义与民主是不可分的，我们只有不断加强社会主义民主建设，才能充分显示社会主义的优越性，巩固社会主义建设所取得的成果。在这方面，国际共产主义运动是有经验教训的。东欧剧变、苏联解体的原因是多方面的，其中长期忽视社会主义民主政治建设就是很重要的一个原因。由于民主与法制遭到严重破坏，家长制和"一言堂"现象普遍，领导干部终身制和个人崇拜盛行，官僚特权阶层日益脱离人民，使得共产党和社会主义制度失去了人民的拥护与支持。诚如列宁所言："胜利了的社会主义如果不实行充分的民主，就不能保持它所取得的胜利，并且引导人类走向国家的消亡。"[①]自新中国成立到改革开放前，我们完全照搬苏联模式，在民主政治方面走过许多弯路，也存在着很多与社会主义民主不相符合的现象。"文化大革命"就是严重忽视社会主义民主建设的恶果和代价。

　　但是，社会主义民主建设是一个浩大的工程，不可能一蹴而就，而是需要一个长期探索的历史过程。尤其是在中国这样一个经济文化落后、缺乏民主传统的大国，建设社会主义民主的任务更为艰巨。首先是封建残余思想仍然大量存在，而且对我国有很大影响，而封建专制思想和民主是格格不入的。一些领导干部的官本位、特权思想和人治观念比较严重，在工作中表现为：个人专断、权大于法、以权谋私等。其次是

----

① 《列宁选集》第2卷，人民出版社1995年版，第782页。

中国人口众多，人民的整体文化素质水平比较低，文盲、半文盲占全国总人口的近 1/4。在这种情况下，民主政治推行急于求成的话，容易导致无政府主义和极端民主化。最后，中国的民主政治建设任务十分艰巨，内容十分复杂。建设社会主义民主，要处理好社会主义民主与西方资产阶级民主、与中国国情以及与经济建设和文化建设之间多种复杂的关系。每一对关系处理不好，都会危及国家政权和社会的稳定。另外，中国的民主政治建设，需要改革传统的政治体制，需要建立立法体制和司法公正的体制，需要建立各种保障人民当家做主的有效途径和制度，等等。这里每一项工程的内容都是十分庞大的，行为调整也都是巨大的。因此，我们必须从社会主义初级阶段的基本国情出发，积极稳妥地、渐进式地推进我国的民主政治建设。"建设社会主义民主政治，是逐步发展的历史过程，需要从中国国情出发，在党的领导下有步骤、有秩序地推进。社会主义愈发展，民主也愈发展。"[①]

建设高度发达的社会主义民主，实现这一目标的基础和保障就是要建立健全一整套民主政治制度体系，原因在于制度"带有根本性、全局性、稳定性和长期性"[②]。在总结新中国成立后近 30 年民主建设的经验教训时，邓小平语重心长地指出："我们过去发生的各种错误，固然与某些领导人的思想、作风有关，但是组织制度、工作制度方面的问题更重要。这些方面的制度好可以使坏人无法任意横行，制度不好可以使好人无法充分做好事，甚至会走向反面。即使像毛泽东这样伟大的人物，也受到一些不好的制度的严重影响，以至对党对国家对他个人都造成了很大的不幸。"[③]邓小平还将政治体制改革作为政治发展的动力提出来，他明确提出，我国政治体制改革的性质是使社会主义政治制度"一天天完善起来……成为世界上最好的制度"[④]。在这方面我们已经取得了一系列重大成就，尤其是人民民主专政的根本政治制度，以人民代表大会制度为核心的基本政治制度，以及以根本政治制度和基本政治制度为支柱的中国特色社会主义的民主制度体系的框架已确立起来。21 世纪中国的民主政治发展应该在坚持和完善这一框架的前提下，进一步充实和健全各方面、各层次的具体民主制度，从而为中国社会政治的稳步发展

①《江泽民文选》第 2 卷，人民出版社 2006 年版，第 32 页。
②《邓小平文选》第 2 卷，人民出版社 1994 年版，第 333 页。
③《邓小平文选》第 2 卷，人民出版社 1994 年版，第 333 页。
④《邓小平文选》第 2 卷，人民出版社 1994 年版，第 337 页。

和国家的长治久安奠定更为坚实的基础。当然，要保障人民享有切实的民主，就必须要加强法制建设。"必须使民主制度化、法律化，使这种制度和法律不因领导人的改变而改变。"①

我们要从中国国情和历史文化传统出发，从中国社会主义民主政治建设的历史中认真总结经验，谨慎地吸取教训，不断探索社会主义市场经济条件下民主建设的内在规律，建立真正适应经济全球化与改革开放新时代的社会主义民主政治体制，从而有力抵制西方的民主价值观输出，充分体现社会主义制度的优越性。

（四）政治文明：从中国国情出发

政治文明作为人类文明的重要组成部分，是人类改造社会、确立制度、完善意识形态、规范政治行为的过程中所创造的积极政治成果和达到的政治进步状态。政治文明产生和发展的全过程都是普遍性与特殊性的统一。因此，我国的政治文明也要从本国国情出发，主动借鉴人类政治文明的积极成果，但绝不能机械照搬西方政治制度的模式。

1. 建设社会主义政治文明要从中国国情出发

世界文明发展的历史与现实证明，多样性是构成人类社会的一个重要条件，也是世界文明的一个基本特质。在丰富多彩的世界里，文明的多样性不仅造就了不同的种族和文化，而且造就了不同的社会制度和政治发展模式。由于各国国情不同，历史文化传统、经济与政治发展水平、人民文化素质等都会存在较大差异，各国政治发展的道路或模式也不相同。因此，世界上并不存在"普适"的政治模式，西方发达国家所实行并倍加推崇的那套以三权分立、多党或两党轮流执政为核心内容的政治制度并不适合我国国情。发展中国家的政治发展史表明，西方发达资本主义国家向发展中国家所推销的政治制度模式，并不适合这些国家的国情，所谓的"民主实验"终因"水土不服"而以失败告终，造成这些国家政局不稳，内乱不断。邓小平认为，社会主义民主的本质，决定了我们绝不能照搬西方资本主义国家的民主道路，因为"资本主义社会讲的民主是资产阶级的民主，实际上是垄断资本的民主，无非是多党竞选、三权鼎立、两院制。我们的制度是人民代表大会制度，共产党领导下的人民民主制度，不能搞西方那一套"②。江泽民指出："我国有十二亿多

---

① 《邓小平文选》第 2 卷，人民出版社 1994 年版，第 146 页。
② 《邓小平文选》第 3 卷，人民出版社 1993 年版，第 240 页。

人口，搞西方的那一套三权鼎立、多党竞选，肯定会天下大乱。"①在构建中国政治发展的模式时，我们一定要从本国的实际出发，充分考虑本国的经济、政治和社会的特色，以及本国民族的文化背景和历史传统。只有植根于中国国情和能够应付各种挑战的政治发展模式，才是有生命力的。

我国的政治制度模式具有鲜明的中国特色。共产党的领导能够保证中国政治发展的社会主义方向，社会主义初级阶段是中国政治发展的国情背景。从人民民主专政制度到人民代表大会制度，无论是共产党领导的多党合作制度和政治协商制度，还是民族区域自治制度以及"一国两制"等，这些都是富有中国特色的独创性的政治文明成果，只能在实践中不断加强和完善，而不能以任何借口加以否定。

2. 借鉴人类政治文明的有益成果

胡锦涛指出，发展社会主义民主政治，要积极借鉴人类政治文明的有益成果，但绝不能照搬照抄别国的政治制度模式。当然，我们拒绝照搬别国的政治制度，并不意味着我们否定一切政治文明成果。社会主义政治文明应该是目前人类历史上最高类型的政治文明，是对人类以往政治文明积极扬弃的结果，实现了人类政治文明的又一次质的飞跃。在建设中国特色社会主义政治文明的历程中，我们要脚踏实地地立足于中国现实，实事求是地确立中国政治发展的目标和实现道路。同时要大胆吸收人类政治文明的有益成果，其中自然也包括发达资本主义国家创造的政治文明成果。邓小平指出："社会主义要赢得与资本主义相比较的优势，就必须大胆吸收和借鉴人类社会创造的一切文明成果。"②中国的政治发展不能无视世界其他文明，而应该放眼全球，认真借鉴世界各国包括资本主义政治文明的积极成果为我所用，吸收人类民主政治的共同价值，包括民主、人权、政治参与、政治合法性、政治权威、政治社会化等概念，使中国政治发展能够通过兼收并蓄、创新进取，充分显示中国特色社会主义政治文明的特色和优势。

西方发达国家的政治制度与意识形态和我们不同，但其民主政治历史悠久，从古希腊雅典的城邦民主制度开始，已经经历了几千年的发展，其中有很多反映民主共性的理论原则、制度设计等是值得我们借鉴。

---

① 江泽民：《江泽民论有中国特色社会主义（专题摘编）》，中央文献出版社 2002 年版，第 302 页。
② 《邓小平文选》第 3 卷，人民出版社 1994 年版，第 373 页。

民主政治并不是资本主义的专有品,社会主义同样要实行更加切实的新型民主政治。

中国绝不机械照搬西方政治制度的模式,但对于适应市场经济体制发展要求的政治文明会积极借鉴;中国绝不实行两党或多党制,但致力于加强党的执政能力建设,充分发扬党内民主和人民民主;中国不搞三权分立,但可以借鉴制约权力的制度文明精神;中国不实行西方式的议会民主,但始终致力于加强和完善人民代表大会制度,使人民行使民主权利更加制度化、规范化、程序化。

社会主义政治文明是对资本主义政治文明的积极扬弃和超越,建设有中国特色的社会主义政治文明要求我们以博大的胸襟、前瞻的视野,借鉴和吸纳全球政治文明的优秀成果,同时要始终坚持独立自主,建设有本国本民族特色的社会主义政治文明。

三、经济方面: 市场经济与社会主义基本制度的结合[①]

在社会主义条件下实行市场经济体制,是中国社会主义实践的独创。十一届三中全会以来,中国全面地总结了本国和其他社会主义国家实行计划经济体制兴衰成败的经验教训,借鉴了发达国家市场经济各种模式的优劣得失,逐步实现了由传统的计划经济体制,向社会主义市场经济体制的深刻转变。经济体制改革的成功带来了经济的持续快速增长和综合国力的不断增强。

中国模式的市场经济就是现代市场经济体制与社会主义基本制度的有机结合,既能够充分发挥社会主义制度宏观调控的优势,从而克服市场的自发性和盲目性,又能够充分发挥市场在资源配置方面的灵活性,从而激发社会主义的制度优势和市场的动力优势,是前无古人的创造性事业。

(一) 以公有制为基础的市场经济

公有制是社会主义经济制度的基础,也是社会主义与资本主义的本质区别。社会主义市场经济也必然是以公有制为基础和前提的市场经济。

1. 公有制与市场经济的有机结合

社会主义市场经济是与公有制实现有机结合的一种经济体制和经

---

① 观点参见阶段性成果——尹倩:《"中国模式"的基本特征》,《兰州学刊》,2010 年第 11 期。

济运行状态。从理论上讲，市场经济是可以与公有制相容的。市场经济
对市场主体的要求是自主经营、自负盈亏，凡是符合这个条件的经济实
体都可以进入市场成为市场主体。而公有制经济是可以有不同实现形式
的。在公有制的条件下，通过公有制实现形式的创新，赋予企业经营自
主权，使企业作为独立的商品生产者和经营者，是可以成为市场主体的，
这与市场经济并不矛盾。

中国尚处于社会主义初级阶段，公有制还很不完善。公有制的各个
环节还要采取市场经济的等价交换的联系形式，因而，公有制经济也要
求市场经济的存在和发展。另外，市场经济已经经历了以资本主义私有
制为基础的阶段，社会化大生产要求其与公有制相结合，进入社会主义
市场经济阶段。

中国模式的市场经济，其建立和完善，开创了通过社会主义公有制
与市场经济的优势结合促进生产力发展的新道路。中国的改革实践有力
地证明了，公有制和市场经济是可以兼容、结合的。这种兼容结合是社
会化大生产的要求。公有制与私有制的根本区别，恰恰在于生产资料的
社会性占有。当然，公有制的社会性占有程度以及实现形式，则会由于
各国国情和经济发展阶段不同而有不同的特点。积极地探索公有制的多
种实现形式，对于中国来说，是社会化大生产和发展市场经济的双重要
求。中国现阶段，股份制作为公有制的一种主要实现形式，是国有企业
改革和不断推进产权主体化的一种思路，为公有制与市场经济的结合提
供了一种现实的可能性，并正在逐步地变成现实。

2. 坚持和完善社会主义初级阶段的基本经济制度

中国社会主义市场经济的制度基础，是以公有制为主体，多种所有
制经济共同发展的所有制结构。作为基本经济制度，它决定着中国的社
会性质，当然也决定了中国市场经济的性质。为了完善社会主义市场经
济体制，十六届三中全会的《中共中央关于完善社会主义市场经济体制
若干问题的决定》提出的主要任务中首先强调的是完善中国社会主义初
级阶段的基本经济制度。这对于社会主义市场经济体制的完善起着关键
性的作用。

当前，中国的基本经济制度已经确立，主要表现为公有制的主体地
位进一步巩固，国有经济的主导作用在不断加强，个体、私营经济等非
公有制经济近年来也发展很快。据财政部统计，"2010 年 1～12 月，全

国国有企业累计实现营业总收入 303253.7 亿元，同比增长 31.1%；累计实现利润 19870.6 亿元，同比增长 37.9%；已交税费 24399.1 亿元，同比增长 20.3%"①。国有经济掌握着国民经济命脉，不仅在总量上占优势，在质上也优于非公有制经济，在整个国民经济中始终处于支配地位。

当前，进一步完善基本经济制度的指导思想，就是党的十六大提出、党的十七大和十八大进一步强调的一个"主体"和两个"毫不动摇"，即"坚持公有制为主体""毫不动摇巩固和发展公有制经济"②和"毫不动摇鼓励、支持和引导非公有制经济发展"③。

第一，坚持公有制为主体。公有制是社会主义制度的经济基础，它决定着我国经济制度的性质和发展方向，也决定着我国政治制度的性质以及劳动人民在政治上和经济上的主人翁地位，还决定了社会主义的分配关系，也是全体劳动者生活水平不断提高的物质基础。只要坚持公有制的主体地位，就等于坚持了社会主义的发展方向，就始终坚持并代表了先进的社会生产力和全体劳动人民的根本利益，社会主义现代化建设就会蓬勃发展。

第二，毫不动摇地巩固和发展公有制经济。要完善基本经济制度，从而能够充分发挥国有经济的主导作用，关键在于深化国有企业改革，消除制约国有企业发展的体制性障碍。国有企业改革的基本要求是：积极探索公有制的多种有效实现形式，使股份制成为公有制的主要实现形式；适应经济市场化不断发展的趋势，大力发展包括国有资本、集体资本和非公有资本等多种所有制主体参股的混合所有制经济；建立归属清晰、权责分明、保护严格、流转顺畅的现代产权制度。

第三，鼓励、支持和引导非公有制经济发展。个体、私营等为代表的非公有制经济是我国市场经济的重要组成部分，也是推动社会生产力发展的重要力量。因此，必须大力支持和积极引导非公有制经济的发展。但是到目前为止，中国对于非公有制经济的发展方面仍然存在着许多观念和认识上的滞后问题、一些体制性和政策性障碍问题，以及政府管理

---

① 中华人民共和国财政部网站：http://qys.mof.gov.cn/zhengwuxinxi/qiyeyunxingdongtai/201101/t20110117_417547.html。
② 胡锦涛：《坚定不移沿着中国特色社会主义道路前进 为全面建成小康社会而奋斗》，人民出版社 2012 年版，第 20 页。
③ 胡锦涛：《坚定不移沿着中国特色社会主义道路前进 为全面建成小康社会而奋斗》，人民出版社 2012 年版，第 21 页。

和服务方面仍存在着越位与缺位等问题。十六届三中全会从消除体制性障碍和完善制度的角度出发，抓住妨碍非公有制经济发展的关键环节，明确提出要"清理和修订限制非公有制经济发展的法律法规和政策，消除体制性障碍。要放宽市场准入……非公有制企业在投融资、税收、土地使用、外贸等方面，与其他企业享受同等待遇"①，这必将为非公有制经济的发展提供更为广阔的发展空间，同时也会为中国经济的整体发展注入新的活力。

（二）国家调控的市场经济

在经济运行方式上，由于中国的社会主义市场经济是以公有制为基础的，所以比资本主义的市场经济有着更加有力、有效的国家宏观调控。资本主义市场经济也有宏观调控和计划，但资本主义私有制决定了它的作用是非常有限的。

中国在社会主义市场经济体制下的宏观调控，指的是以市场在资源配置中起基础作用为前提，国家按照社会化大生产的要求，并在遵循客观经济规律的前提之下，综合运用经济手段、法律手段和必要的行政手段对经济进行调节与控制，从而达到促进经济总量平衡和结构优化的目的。

1. 宏观调控的必要性

社会主义市场经济条件下，政府对国民经济的宏观调控与经济计划化，是保证整个国民经济健康运行的重要手段。充分发挥该手段的积极作用，具有十分重大的现实意义。

首先，市场调节的缺陷决定了进行宏观调控的必要性。在社会主义市场经济条件下，市场经济一方面是高效经济，另一方面市场本身也存在着难以克服的缺陷，即我们通常所说的"市场失灵"。如不能有效抑制经济运行周期性波动引起的不稳定和某些产品价格剧烈升降引起的副作用，不能有效提供公共产品、公共服务和有效解决"外部性问题"，不能有效调节收入分配差距，不能有效消除假冒伪劣商品等。因此，在发挥市场在资源配置中的基础作用的同时，还必须通过必要的国家宏观调控，来弥补市场本身的缺陷。

其次，社会主义市场经济的发展也要求国家对经济的宏观调控。随

---

① 《中共中央关于完善社会主义市场经济体制若干问题的决定》，《光明日报》，2003-10-22（1）。

着社会主义市场经济体制的确立和逐步完善，中国的社会生产力会不断提高，社会分工的范围也会不断扩大，社会各地区、部门、企业以及各生产环节之间的联系也会越来越密切。这就在客观上需要政府进行必要的宏观调控，以保证国民经济的健康运行和协调发展。生产资料公有制作为国家宏观调控的物质基础，能够保证我国市场经济运行的正确方向，使国民经济沿着满足人民日益增长的物质文化需要的方向，持续、快速、健康发展。

再次，中国现阶段的基本国情决定了加强国家宏观调控尤为重要。中国是一个大国，但又是一个贫国，资金和资源严重短缺，各地自然条件也不相同。在这样的国度里进行现代化建设，只有通过政府有效的宏观调控，才能使我们本来有限的资源发挥最大的效益。另外，现阶段中国经济发展中的一些亟须解决的问题，如内需不足问题、经济发展方式问题、经济发展不平衡问题、收入差距过大问题、"三农"问题等，都必须通过政府的宏观调控来逐步加以解决。依靠市场的缓慢发育和自然调节根本无法为中国实现"后来居上"的赶超，政府的合理规划和必要的政策倾斜，成为中国社会主义市场经济条件下宏观调控的鲜明特色。

中国改革开放 30 多年来，经济高速增长，同时也经历了大起大落，这期间是中国由计划经济条件下国家对经济的全面直接控制，到逐步探索、实行宏观调控的过程。我国的宏观调控与传统计划经济的国家管理和资本主义市场经济的宏观调控都有着很大的差别：首先，中国社会主义市场经济条件下的宏观调控是为了促进生产力发展和社会全面进步，最终实现共同富裕。其次，社会主义公有制经济是国家宏观调控的坚实物质基础，使国家可以通过有效的宏观调控集中力量办大事，将人民的当前利益与长远利益，局部利益与整体利益统一起来。这使得我国的宏观调控在范围和力度上必然有别于以私有制为基础的市场经济国家，这也是中国模式社会主义市场经济的特殊性。再次，我国宏观调控除了财政政策和货币政策两大手段之外，还有计划手段。它和财政手段、货币手段并列为经常性宏观调控工具。在这里计划不仅要以市场为基础，而且要引导市场、培育市场、调控市场。

2. 宏观调控体系逐步成熟

中国的宏观调控体系是随着社会主义市场经济体制的发展而不断

趋于完善的。1993 年党的十四届三中全会提出要加强和改善国家对经济的宏观调控，之后经过近 10 年的发展，到 2003 年党的十六届三中全会对完善国家宏观调控体系做出了更为周密的部署。这表明我们党对社会主义市场经济条件下的国家宏观调控问题认识的这一发展过程，是和中国宏观调控实践的发展紧密联系在一起的。

在确立和完善社会主义市场经济的历程中，我们恰当地处理了市场自发调节和政府宏观调控之间的关系，有效实现了宏观经济的稳定。例如，1992 年针对中国经济运行中的一些混乱现象和严重的通货膨胀，国家主要运用经济手段，辅之以必要的法律手段和行政手段来调控经济，经过四年强有力的宏观调控，顺利地实现了经济的"软着陆"。1997 年面对亚洲金融危机的冲击，通过实行积极的财政政策和稳健的货币政策，有效地保证了中国国民经济的平稳快速发展。2008 年金融危机席卷全球，党中央、国务院及时出台扩大内需、促进经济增长的十大政策措施。中国的财政政策由"稳健"转为"积极"，货币政策由"从紧"转为"适度宽松"。保增长、保民生、保稳定，成为中国经济应对冲击的重中之重。通过加大投资，刺激消费，给经济"输血"，帮企业闯关，仅仅一年之后，中国经济就在全球率先回升向好。这一切表明，在社会主义市场经济条件下，政府的宏观调控也尤为重要。中国在重大考验面前，成功的宏观调控实践也充分显示了中国驾驭市场经济的高超能力。经过多年的社会主义市场经济实践，具有中国特色的宏观调控体系日趋成熟。

3. 改革和完善我国的宏观调控

改革开放以来我国宏观调控的实践表明，中国的宏观调控一直把促进经济发展作为调控的重点。无论是国际金融危机，还是特大洪涝、泥石流、大地震等自然灾害，我们始终紧紧围绕发展这个第一要务，适时地调整宏观调控的内容、方式和手段，实施有效的宏观调控政策，中国宏观调控的能力和水平不断提高，取得了很好的成效。

当然，毋庸讳言，中国的宏观调控仍然存在一些问题，未来还会出现一些新问题和新挑战。如，经济发展质量问题、经济发展方式问题、消费不足问题、产能过剩问题等。而且，就宏观调控本身而言，也需要一个改革和完善的过程，如何通过制度创新，使宏观调控突破体制性、制度性障碍，是我们今后面临的一项新课题。当然，改革和完善中国的宏观调控，政府改革才是关键。总体上来讲，是政府的职能转变问题。

政府的职能转变应由原来的微观经济管理转向宏观经济管理,并与此相适应由原来的直接管理转向间接管理,由采用单一的行政手段管理转向综合运用经济、法律和必要的行政手段来管理。

(三)注重效率与公平相统一的市场经济

中国的社会主义市场经济与资本主义制度下的市场经济不同,在遵循市场经济一般规律的同时,始终坚持经济发展的社会主义方向。中国的社会主义市场经济是要通过市场机制,增强整个经济的活力和效率,既合理拉开收入差距,又避免两极分化,先富带后富,最终目的是为了实现共同富裕。注重效率与公平相统一,是中国社会主义市场经济的又一鲜明特点。

1. 按劳分配为主体,按劳分配与按生产要素分配相结合

中国社会主义初级阶段的所有制结构,决定了中国的分配制度是以按劳分配为主体,多种分配方式并存。

第一,按劳分配原则体现的是社会主义性质的分配关系,是对以往一切剥削制度的否定,还没有达到同时也不同于共产主义高级阶段将实行的按需分配。在社会主义市场经济条件下,按劳分配的特点是按劳分配的主体是企业而不是政府;劳动者按劳分配所得收入的多少,不仅取决于个人提供的劳动量,而且取决于企业联合劳动所实现的价值量;按劳分配不是采用劳动券而是借助货币形式进行的。按劳分配的实现排除了凭借生产资料所有权无偿占有他人劳动的可能性,消灭了千百年来人剥削人的制度,有利于巩固和发展社会主义公有制;按劳分配原则能够把劳动者的劳动同他的物质利益直接挂钩,有利于调动劳动者的积极性,提高劳动者的素质,具有巨大的进步作用和历史意义。

第二,实行按劳分配与按生产要素分配相结合。中国处于社会主义初级阶段,生产力落后和市场经济不发达,是这一阶段的基本特征。要通过大力发展生产力,来不断提高广大人民群众的生活水平,就必须充分利用各种资源也就是各种生产要素。因此,按劳分配在社会主义经济中的实现,必然会派生出一系列的收入形式:除了劳动收入之外,还有技术收入、管理收入、资本收入、风险收入等市场要素收入。

2. 从"效率优先,兼顾公平"到"更加注重社会公平"

无论实行的是计划经济还是市场经济,效率与公平始终是一对难以解决的矛盾:要提高效率,就难以兼顾到公平;而要追求公平,似乎又

总是要以牺牲效率为代价。在资本主义市场经济条件下，企业对资本利润最大化的追求，往往会造成严重的分配不公。而在传统的计划经济条件下，各社会主义国家也未能很好地处理公平与效率的关系。苏联模式的计划经济过分强调"平等"，忽视了效率，经济缺乏活力，影响了广大人民群众的生活水平的提高，最终导致了苏东剧变的悲剧。中国在处理效率与公平的关系问题上也走过很多弯路。旧中国积贫积弱，两极分化严重，谈不上效率与公平。而自新中国成立到改革开放前，由于受苏联计划经济模式的影响，我们片面追求公平而在很大程度上牺牲了发展的效率，客观造成了平均主义"大锅饭"，严重挫伤了群众的积极性，反而造成了事实上的分配不公。

改革开放和实行社会主义市场取向的改革后，中国逐渐注重效率，经过十多年，把"兼顾效率与公平"作为经验总结，写进了十四大的决议。十四届三中全会，在分配政策取向的表述上，第一次用"效率优先、兼顾公平"，取代了长期以来一直使用的"兼顾公平与效率"。党的十六大报告进一步提出了"初次分配注重效率，再分配注重公平"，从而深化、完善了这一原则。但多年实践证明，"再分配注重公平"这一设想或由于贯彻力度不够，或由于其他种种制约因素，未能有效地抑制分配不公状况乃至贫富差距扩大的趋势。党的十六届五中全会没有再提"效率优先、兼顾公平"，而是强调"更加注重社会公平"。2011 年 3 月 14 日，第十一届全国人民代表大会第四次会议批准的《中华人民共和国国民经济和社会发展第十二个五年（2011—2015 年）规划纲要》强调"初次分配和再分配都要处理好效率和公平的关系，再分配更加注重公平"。党的十七大、十八大报告重申了这一原则。回顾改革开放 30 多年来，我们先是经历了"兼顾效率与公平"的时期，随后是"效率优先兼顾公平"的时期，如今"社会公平"终于被提到突出的位置。

中国的社会主义市场经济与资本主义市场经济的根本区别在于，坚持效率和公平相统一的原则，既要合理拉开收入差距，又要极力避免两极分化，最终实现共同富裕。注重社会公平，实现共同富裕目标，这是体现社会主义本质的东西。

效率和公平是对立统一的：市场经济强调"效率优先"，能够促进经济增长，从而可以为社会公平奠定坚实的物质基础；收入分配领域追求"社会公平"，有助于保持社会稳定，促进经济持续健康发展。在不同的历史时期,效率和公平的侧重点不同。在社会缺乏动力机制时,可以强调效率;在经济发展到一定程度时,必须重视公平。

在改革开放初期坚持效率优先,符合我国经济发展战略任务的要求。在社会主义初级阶段,中国的根本任务是发展生产力。分配直接关系到生产力的发展。坚持效率优先,就是要在国民收入的初次分配中引入竞争机制,让劳动者的收入分配与他的劳动贡献大小直接相联系,让经营者的收入报酬与他的经营成果直接挂钩,让投资者的收入与他的生产要素投入状况直接相联系,让企业的收入与企业的经营业绩和经济效益挂钩。这样才能最大限度优化资源配置和提高资源利用效率,加快社会生产力的发展。坚持效率优先,在初次分配中拉开收入差距,才能从根本上打破平均主义的分配格局和分配理念。

但是,当经济发展到一定水平的时候,社会公平问题就会再次成为比经济效率更为重要的课题被提上日程。无论是缓和社会矛盾,还是化解社会风险,都离不开社会公平问题的有效解决。而且社会公平的实现还能反过来促进生产力发展,成为提高效率的有效手段。根据国际经验,人均 GDP 从 1000 美元到 3000 美元这一时期,往往是产业结构发生剧烈变化的时期,与此相伴而来的是社会结构的深刻调整以及利益矛盾的凸显,社会不公的问题尤其成为首当其冲、必须解决的问题。经过 30 多年的改革开放,中国已于 2010 年成为世界第二大经济体。经济实力的总体增强为中国有效解决社会公平问题奠定了坚实的物质基础。另一个不可忽视的问题是,随着改革开放的深入发展,中国也出现了程度不同的社会不公平问题,主要就是收入差距问题,包括城乡差距、地区差距和行业差距等,对于这些社会不公平问题必须通过深化改革来解决。社会公平比分配公平范围广得多。2010 年 9 月,国家主席胡锦涛在第五届亚太经合组织人力资源部长级会议上提出了"坚持社会公平正义"的问题,胡锦涛的"社会公平观"第一次对人们普遍关心的社会公平热点难点问题做出了全面、客观、理性、科学的阐述。

3. 不断深化分配制度改革

社会主义市场经济能够充分发挥市场经济讲求效率的优势和社会主义制度保障公平的优势,并能有效地实现这两方面的优势结合,力求实现效率与公平的辩证统一。但是,随着社会主义市场经济的深入发展和体制的不断完善,中国出现了居民收入差距扩大的状况。城乡居民收入差距是衡量收入差距的最主要因素。以城乡居民收入差距为例：1990年中国城乡居民收入差距是 2.2:1，1997 年后开始加速扩大，2001 年扩大到 2.90:1，2002 年扩大到 3.11:1，2003 年扩大到 3.23:1，2004 年为 3.21:1，2005 年为 3.22:1，2006 年为 3.28:1。[①]2010 年中国城镇居民家庭人均可支配收入为 19109 元，农村居民家庭人均可支配收入 5919 元，二者之比是 3.23:1。2013 年中国城镇居民人均可支配收入 26955 元，农村居民人均纯收入 8896 元，二者之比是 3.03:1。[②]中国城乡收入差距比例近几年基本都在 3 以上，而世界上多数国家这一比例在 1.6 以下。

任何一个社会都不可能完全消灭贫富差距，但是却能够将贫富差距控制在一定的范围之内；任何一个社会也不可能消灭公平发展的自然结果，却能够使这种结果不至于无限地扩大。合理且适度的收入差距是贯彻党和国家尊重劳动、尊重知识、尊重人才、尊重创造重大方针的必然要求，是市场经济的必然要求。但如果居民收入差距过分扩大且长期得不到有效的调节，就会直接或间接引发许多经济和社会问题，甚至引发政治危机。在全面建设小康社会和构建社会主义和谐社会的新形势下，必须充分认识和全面把握居民收入差距扩大问题的严重性以及解决这一问题的迫切性和重要性，其中最重要的就是要深化分配制度改革。十六大报告指出："初次分配注重效率，发挥市场的作用，鼓励一部分人通过诚实劳动、合法经营先富起来。再分配注重公平，加强政府对收入分配的调节职能，调节差距过大的收入。"[③]十七大报告进一步指出："初次分配和再分配都要处理好效率和公平的关系，再分配更加注重公平。"[④]党的十八大报告重申了这一分配原则。我们要建立和完善社会主义市场经济体制，就必须注重社会公平，通过一系列相关法律法规的制定和实施来理顺分配关系，如完善税收体系、建立健全社会保障体系，建立健全社会主义市场经济的法律法规体系等，从而正确处理效率与公平的关系。

---

① 2006 年城乡收入比率根据《城乡居民收入 2006 年加速增长》数据计算而来，国研网：http://edu.drcnet.com.cn/DRCnet.common.web/docview.aspx?docid=1455385&leafid=5&Chnid=1012.
②《中华人民共和国 2013 年国民经济和社会发展统计公报》，国家统计局网站：http://www.stats.gov.cn/tjsj/zxfb/201402/t20140224_514970.html.
③ 江泽民：《全面建设小康社会 开创中国特色社会主义事业新局面》，人民出版社 2002 年版，第 28 页。
④ 胡锦涛：《高举中国特色社会主义伟大旗帜，为夺取全面建设小康社会新胜利而奋斗》，人民出版社 2007 年，第 39 页。

（四）劳动者双重身份的市场经济

社会主义市场经济以生产资料公有制为基础，劳动者翻身成为国家和社会的主人。同时，劳动者的劳动力仍然是商品，劳动者具有双重属性。这也是中国社会主义市场经济的一大特征。

1. 劳动者的主人翁地位

社会主义市场经济条件下，劳动者成为国家和社会的主人，生产的目的是为了满足广大人民日益增长的物质文化需要，广大人民的局部利益和整个社会的整体利益是一致的。这是因为首先，社会主义市场经济的经济基础是公有制，即人民群众是生产资料的主人；其次，我国的国家政权性质是人民民主专政，人民群众已经翻身成为国家的主人。否定劳动者的主人翁地位，就不是真正的社会主义市场经济。

社会主义市场经济条件下，劳动者的主人翁地位主要体现在：

第一，经济决策的民主化与科学化。为了使社会主义条件下的市场经济能够维护最广大人民群众的根本利益，而不是少数人甚至利益集团的利益偏好，那么，在制定经济政策和做出经济决策时，就需要有广大人民群众广泛的参与，实现决策的民主化与科学化。

第二，市场关系廉洁化。在社会主义市场经济条件下，政治权力特别是党和政府的权力与市场的关系应该是清晰而透明的，政治权力也必须在法律规定的范围之内行使。政企分离，各司其职，政府是市场规则的制定者与监督者，而不是市场竞争主体，不能参与市场竞争。否则，就会影响市场经济的廉洁。

第三，市场行为规范化。社会主义市场经济要求，所有的商品生产者进行平等竞争，市场行为不能受特权左右，更不能被利益集团支配，必须符合市场经济相关法律法规的规定，只有这样才能建立和保持良好的市场秩序。

第四，亿万农民逐步富裕化。现存社会主义国家都是农民占人口多数的国家。因此，发展市场经济以使人民共同富裕，其重点和难点就是实现农民的富裕问题。如何使广大农民通过市场经济走向富裕，根本在于加大对"三农"问题的重视、支持与财政倾斜力度，实现农村城镇化，不断缩小城乡差距。

2. 劳动力是商品

劳动力是指人的劳动能力，劳动力的载体是有生命的个人。追求人的全面发展和向自由王国的迈进是人类社会的美好理想。但是作为共产主义低级阶段的社会主义社会，在市场经济条件下，由于生产力水平的局限，劳动力仍然具有商品属性。

社会主义条件下的劳动力也是商品。社会主义市场经济条件下的各级劳动者只是社会职业分工不同，无论是企业的厂长、经理等管理人员，还是技术人员或普通工人，由于他们所参与的经济活动都属于商品经济、市场经济，所以他们的劳动力依然是商品。只有这样，同样是商品的劳动产品、物质资料才能和人的劳动力一同，形成统一、连续的资本价值运动。另外，由于劳动者成为国家和社会的主人，所以，劳动力成为商品意味着他们能够按照自己的意愿就业和择业，这并不意味着劳动者社会地位的下降。

这里需要指出的是，劳动力作为商品，并不意味着其社会地位的高低。劳动者作为主人，是从生产关系的角度来讲的。因此，在社会主义条件下，作为商品的劳动力与作为主人的劳动者是统一的，这种统一性可以看作社会主义市场经济的一个重要特点。把劳动者的劳动力作为商品，并不否认劳动者是社会的主人。劳动者的主人翁地位与劳动力的商品属性之间存在着辩证统一的关系，我们既不能把二者混同，也不能把二者对立起来。其实，承认社会主义企业劳动力是商品，不仅不会否定劳动者的主人翁地位，相反还可以更好地保障劳动者的主人翁地位，如确认社会主义企业的劳动力是商品，就必须正确对待劳动者的报酬问题；支付给劳动者的报酬一定要能维持劳动力的再生产和劳动者家庭的繁衍，还要进一步考虑劳动者掌握新的科学技术和文化以及娱乐，等等。

社会主义市场经济条件下，劳动者的主人翁地位在政治领域，体现为劳动者成为国家和社会的主人，能够当家做主，具有管理国家和社会的权利。生产资料公有制的主体地位，为劳动者在政治上的主人翁地位奠定了物质基础。劳动者的主人翁地位在宏观经济领域体现为：在生产资料公有制条件下，劳动者成为生产资料的主人，不再像以往社会形态中那样完全依附于生产资料，生产的目的也是为了满足劳动者的物质文化需求。劳动者对于生产资料的所有权并没有因为承认劳动力的商品属性而丧失。劳动者的主人翁地位在微观经济领域体现为，劳动者个人和企业之间的经济关系是一种等量劳动相交换的关系，劳动者用自己的劳动力与企业进行交换，是运用市场经济原则调节经济利益的结果，并未改变劳动者的主人翁地位，因为在公有制条件下，劳动者也是企业所有者之一，享有监督和管理企业以及分享剩余价值的权利。

需要特别指出的是，社会主义市场经济条件下出现的劳动力商品，与资本主义条件下的劳动力商品有着本质的区别。首先，形成条件不同。在资本主义社会，劳动力成为商品需要具备两个条件，一是工人是自由人，二是自由得一无所有。社会主义社会的劳动者具有人身自由，但不是一无所有。其次，所有制基础不同。资本主义社会的劳动力商品，是同私有制相联系的普遍现象，反映的是资产者和无产者之间的对立关系；社会主义社会的劳动力商品，是以公有制为前提的，反映的是劳动者和企业之间等价交换劳动的经济关系。再次，目的不同。资本主义社会的劳动力商品，是为了满足资产阶级的利益和资本增殖的需要；社会主义社会的劳动力商品，服从于满足全体劳动者日益增长的物质文化需要这个根本目的。

中国社会主义市场经济的确立、发展和完善，是社会主义发展史上的一个伟大创举，是社会主义发展的一个新的里程碑。我国市场经济历史发展的轨迹，印证了党和人民不断进行理论创新、制度创新的开拓进取精神。完善中国模式的市场经济要进一步解放思想，大胆探索，实事求是，积极稳妥地进行。

四、文化方面：以社会主义核心价值体系为根本，弘扬中华民族精神

经济全球化时代，文化多元化成为一种历史趋势。世界上不同文明和文化之间的交流交融更加频繁，文化即国力，文化即实力的观念已经深入人心。国与国之间的竞争已经从经济、军事和科技等硬实力领域的竞争，逐渐转向文化、价值观等软实力之间的较量。文化日益成为一种特殊的生产力，成为经济发展的硬支撑，直接反映着一个国家的核心竞争力。

"北京共识"之所以引人注目，就是因为它强调要将本民族的优秀传统文化和国家现代化相结合。"中国模式"的"中国特色"与"中国密码"恰恰在于：在中国的社会发展道路中，凝聚着中国精神；在中国的发展理念中，渗透着中华文化。而这些精神和理念，正是推动"中国模式"取得成功的精神力量。在文化建设方面，"中国模式"以社会主义

核心价值体系为根本，大力弘扬中华文化，努力建设社会主义文化强国。

马克思主义的指导思想，中国特色社会主义共同理想，以爱国主义为核心的民族精神和以改革创新为核心的时代精神，社会主义荣辱观，构成社会主义核心价值体系的基本内容。社会主义核心价值体系，集中反映了社会主义意识形态的本质，在所有社会主义价值观中处于支配地位。

"民族精神是对一个民族在长期的社会历史发展进程中沉淀和形成并渗透和体现在其思维方式、价值观念、性格特征、心理结构、道德体系、风俗习惯、语言文字等多方面的共同的精神风貌和思想特征的总体概括，是民族行为和实践的精神反映。"[①]人类社会的发展历史告诉我们：世界上任何一个伟大的民族必然都会有一种优秀的民族精神作为支撑。否则，这个民族就没有灵魂，就会缺乏凝聚力、创造力和生命力，不可能成为一个强大的民族，更难以自立于世界民族之林。对当代国际社会进行理性的审视，不难发现全球化这一时代特征下更加突出的国家民族性。可以说，当今世界不仅发展中国家，而且发达国家都在积极维护自己的民族性，提升民族精神。在人类社会发展史上，不同民族在探寻本国发展道路的历程中，形成了不同的发展理念，同时也塑造了不同的民族精神，有代表性的如美国精神、日耳曼精神、法兰西精神等。

中华民族拥有五千多年的文明史，中华民族精神可谓源远流长。在漫长的历史发展中，中华民族形成了以爱国主义为核心的团结统一、爱好和平、勤劳勇敢、自强不息的伟大民族精神。中华民族精神根植于中国的优秀传统文化，是社会主义核心价值体系之精髓，也是中华文化之魂，更是"中国模式"能够取得成功的精神动力。千百年来，中华民族精神薪火相传，成为全国各族人民团结统一的精神纽带、中华民族生存与发展的精神支柱；是推动中华民族繁荣与发展的精神动力，也是促进中华民族艰苦奋斗、战胜各种困难的力量源泉。我们党领导全国各族人民在实践中不断结合时代特征和社会发展进步的要求，丰富着中华民族精神的内涵。革命战争年代曾经有井冈山精神、长征精神、西柏坡精神等，社会主义建设时期又有"两弹一星"精神、抗洪救灾精神、抗震救灾精神、载人航天精神等等。

---

① 宇文利：《科学发展观与当代中华民族精神的弘扬和培育》，《毛泽东邓小平理论研究》，2006年第6期。

（一）热爱祖国、团结统一的爱国主义精神

爱国主义是指一个国家的人民对自己祖国忠诚和热爱的深厚情感，是一个国家实现民族整合的精神力量。"爱国主义是中华民族最深厚的思想传统，最能感召中华儿女团结奋斗"①，爱国主义作为中华民族的光荣传统，也是中华民族精神的本质与核心。

中华民族的爱国主义传统源于中国传统文化中的整体精神。整体精神是中国伦理道德区别于西方的重要特点和优点，中华民族素以重视整体利益、鄙弃极端个人主义而著称于世，并在此基础上形成了天下为公、克己奉公的美德。"大道之行天下为公"，这种"公"的精神就是对社会、对民族的历史感、责任感，要求一切从国家和整体利益的原则出发，"见利思义""先义后利"，反对"见利忘义"。在中华民族五千多年的历史兴衰中，天下为公的整体精神，凝聚成为中国的爱国主义传统。中国传统文化中的"国而忘家，公而忘私""精忠报国"，主张"天下一统"等都是爱国主义的表现。

传统文化中的爱国奉献精神在中国历史上产生了深远的影响。正是由于这种重国家和民族利益以及追求国家团结统一的爱国主义思想的长期熏陶，造就了许多志士仁人和民族英雄，成为爱国主义的典范。司马迁"常思奋不顾身，而殉国家之急"的担当，霍去病"匈奴未灭，何以家为"的气魄，宋代范仲淹"先天下之忧而忧，后天下之乐而乐"的胸怀，文天祥的"人生自古谁无死，留取丹心照汗青"的气节，顾炎武"天下兴亡，匹夫有责"的精神，郑成功收复台湾，林则徐虎门销烟……他们忧国忧民、精忠报国，维护团结统一、反对分裂，为中华民族大业鞠躬尽瘁，死而后已，他们是中华民族的脊梁。

爱国主义是鼓舞全国各族人民维护祖国统一和民族团结的一面精神旗帜，在抵抗外敌入侵和推动社会发展中起着非常重要的作用。几千年来，中国各族人民就是以爱国主义为精神纽带团结奋斗，生生不息。主要表现在保卫和美化祖国大好河山，创造并弘扬灿烂的中华文明；反抗民族压迫，抵抗外来侵略，捍卫国家主权和领土完整；维护国家团结统一，反对民族分裂；革除弊政，励精图治。近代以来，中国的爱国主义主要体现为反对帝国主义列强的侵略和掠夺，以维护民族独立和国家

①《中共中央关于深化文化体制改革推动社会主义文化大发展大繁荣若干重大问题的决定》，《人民日报》2011-10-26（5）。

主权；反对腐朽的封建统治，以救国图强。中华民族为此进行了艰苦卓绝的抗争。中华民族在漫长的历史发展过程中，形成了追求独立与自由，维护国家主权与民族尊严的光荣传统。极度痛恨外来侵略者、无比鄙视卖国败类和十分敬仰爱国志士，成为中华民族最为鲜明的民族性格。

团结统一是爱国主义精神体现在协调民族内部的兄弟民族之间关系的基本原则。在中国历史上，自秦汉以来，中国就一直是一个统一的多民族国家，维护国家的团结统一成为全国各民族的共识。无论是三国魏晋南北朝的分裂，还是唐末五代十国的短期割据，都不能改变团结统一的历史主流。抗日战争时期，在国土沦丧、民族危亡的时刻，全国各族人民空前团结，国共两党尽释前嫌，互相配合；海外华侨积极募捐，为国效力，中国最终取得了抗战的胜利。抗日战争成为发扬团结统一的中华民族精神的历史经典。

中国共产党作为中国工人阶级的先锋队，也是坚持和弘扬团结统一的民族精神的领导力量。中国共产党从成立的那一天起，就主动肩负起民族复兴和国家团结统一的重任。中国共产党领导和团结全国各族人民取得了新民主主义革命的胜利并顺利完成社会主义改造，开始了社会主义新时代。在长期的实践中，中国形成了团结友爱、互助合作的新型民族关系。我国独有的民族区域自治制度和"一国两制"的基本国策，就是我们党弘扬团结统一的中华民族精神的最好体现，各民族的空前团结和共同繁荣以及香港、澳门的顺利回归和平稳过渡就是绝好的证明。

邓小平指出："中国人民有自己的民族自尊心和自豪感，以热爱祖国、贡献全部力量建设社会主义祖国为最大光荣，以损害社会主义祖国利益、尊严和荣誉为最大耻辱。"① 在当代中国，爱国主义与爱社会主义是统一的，它主要表现为热爱社会主义祖国，始终不渝地坚持和拥护中国共产党的领导，自觉投身于社会主义建设事业。国外学者普遍认为，"中国模式"与印度模式和俄罗斯模式相比其优势在于，中国有着得天独厚的条件，那就是广大海外华人的投资，为中国经济建设提供了大量的资金和先进的技术，这是其他几种发展模式无法比拟的。在这其中，爱国主义的民族精神起着凝聚和纽带作用。作为中华儿女，龙的传人，为祖国的现代化事业做贡献是义不容辞的民族责任。

---

① 《邓小平文选》第 3 卷，人民出版社 1993 年版，第 3 页。

（二）积极进取、自强不息的奋斗精神

历经磨难的中华民族在战胜艰难的自然环境和改造复杂的社会环境的过程中，逐渐形成了独立自主、积极进取的精神风貌，凝练为"自强不息"的民族精神。"自强不息"一说，来源于《周易》中"天行健，君子以自强不息"，指的是，上天在按照自己的规律刚健有力地运行着，君子也应该发愤图强，永不停步。儒家文化传统中的奋发自强思想对于培育中华民族的这种自强不息精神起了积极的推动作用。孔子的"发愤忘食，乐以忘忧，不知老之将至"（《论语·述而》）、荀子的"制天命而用之"（《荀子·天论》）的思想，都充分表现了儒家积极进取、自强不息的精神实质。

"自强"指的是不依赖他人，自尊、自主、自立。"不息"指的是持之以恒，永不懈怠。中华民族自强不息的精神其内涵包括：一是知难而进、百折不挠的精神，如"盘古开天辟地""女娲补天""夸父逐日""愚公移山""精卫填海"等所展现的中华儿女的毅力与执着。二是坚韧不拔的精神，《史记·太史公自序》中记载的"西伯拘而演《周易》；仲尼厄而做《春秋》；屈原放逐，乃赋《离骚》；左丘失明，厥有《国语》；孙子膑脚，兵法修列"的故事描述了逆境中崛起，愈挫愈勇的精神。三是革故鼎新，与时俱进的精神。历史上中国多次向周边国家学习经验，也多次变法实行新政，从商鞅变法到两汉的文化建国运动，再从王安石变法到康有为、梁启超的维新变法，革除弊政、自强不息的思想深入人心，为全社会所接受。

自强不息是中华民族精神的脊梁，是中华民族生生不息和自立于世界民族之林的直接动力。在五千多年的历史发展中，中华民族久经磨难而不垮，几经奴役而不屈，历经历史沉浮，依然巍然屹立于世界的东方，正是因为有自强不息的伟大民族精神作为支撑。洋务运动、戊戌维新运动、辛亥革命、抗日战争、解放战争、改革开放等都是中华民族自强不息精神的历史见证。在不同历史时期，中国共产党将中华民族自强不息的民族精神时代化，不断发扬光大。革命时期有"井冈山精神""长征精神""南泥湾精神"等，新中国成立后有抗美援朝精神、大庆精神等，当代又有抗震救灾精神、载人航天精神等，这些都是自强不息的民族精神的时代体现。

自强不息的民族精神，在"中国模式"上首先表现为独立自主地选

择适合本国国情的发展道路和发展模式，而不是屈服于外来的压力，采取西方的发展道路和社会制度的模式，这也是"中国模式"给发展中国家最重要的启示。前苏联政治改革采用西方的政治制度和意识形态导致亡党亡国，俄罗斯采用新自由主义的"休克疗法"使得经济深陷困境；拉美作为西方"华盛顿共识"的试验场，深陷"拉美化"陷阱。相比之下，中国在"文化大革命"的十年灾难过后，认真总结经验教训，在极其艰难的条件下，从本国国情出发，独立自主地探索中国特色的社会主义道路；在东欧剧变、苏联解体，国际共产主义运动处于低潮的情况下，中国顶住了西方的和平演变和孤立、封锁、制裁，平息了国内的政治风波，坚定不移地走社会主义道路，成为社会主义的中坚力量；在 1998 年抗洪、2003 年抗击"非典"斗争、2008 年汶川大地震等重大考验面前，中国人民团结一心，众志成城，战胜了自然灾害，取得了空前的胜利。改革开放以后，中国取得了举世瞩目的成就，人民生活达到了小康水平。所有这一切，靠的就是中华民族独立自主、顽强拼搏的自强不息的民族精神。正如邓小平所指出的那样，"中国的事情要按照中国的情况来办，要依靠中国人自己的力量来办。独立自主、自力更生，无论过去、现在和将来，都是我们的立足点"①。

自强不息的民族精神，在"中国模式"上还表现为勇于创新，大胆试验的与时俱进的进取精神。这也是美国学者雷默在《北京共识》中总结的"中国模式"的三个定理中的第一个定理。"第一个定理使创新的价值重新定位。"②雷默认为："'北京共识'的灵魂是创新、大胆试验、坚决捍卫国家利益。"③中国传统文化中提倡的"日新"精神，就是鼓励创新，与时俱进。《礼记·大学》有"苟日新，日日新，又日新"之说。《易传·杂卦》中说："革，去故也；鼎，取新也。""日新"指的就是革故鼎新、开拓进取、锐意创新的精神。自强不息的民族精神，对于今天我们的社会主义现代化建设依然是一种重要的精神动力。改革开放以来，在以邓小平为核心的党中央领导下，中国突破了把市场经济等同于资本主义，而把计划经济等同于社会主义的传统观念，将社会主义基本制度与现代市场经济结合起来，走社会主义市场经济之路，这是人类历

---

　　①《邓小平文选》第 3 卷，人民出版社 1993 年版，第 3 页。
　　②　雷默：《北京共识》，英国伦敦外交政策中心，http://fpc.org.uk/fsblob/244.pdf。
　　③　"北京共识"与中国和平崛起——专访美国高盛公司咨询顾问雷默》，《参考消息》，2004-06-10（15）。

史上的一个伟大创举，是理论创新和社会主义模式创新的典范。农村的联产承包责任制是中国农民的独创，经济特区和沿海开放城市从试点到逐步推广，这都是勇于创新、大胆试验的自强不息精神的当代体现。

在经济全球化、政治多极化和文化多元化的时代条件下，面对日趋激烈的国际竞争，我们只有继续弘扬自强不息的民族精神，积极进取，与时俱进，才能实现中华民族伟大复兴的中国梦。

（三）从实际出发、实事求是的务实精神

中华民族是一个富有求实精神的民族，"实事求是"正是对这一精神的概称。中国传统文化历来有重视现实、实事求是的传统。东汉史学家班固在《汉书·河间献王德传》中提出"修学好古，实事求是"。这反映出中华文化传统中很早就具有求真务实精神。中国古代哲学家信奉"大人不华，君子务实"（王符《潜夫论·叙录》），以此反对浮华，追求务实。王充重实事、疾虚妄，孔子主张学以致用，明清时期讲究经世致用，我国古典文学中的现实主义传统，等等，都体现了中国人讲求实用而轻浮华，贬空谈而鄙玄虚的精神品质。中国传统文化中经世致用的实践精神，使求真务实成为中华民族精神的重要元素。中国人历来重视实际，强调通过社会实践去实现人生理想。

我们所提倡的"实事求是""一切从实际出发"的思想路线，是在继承中国传统文化中的务实精神的基础上，经过科学的提炼和提升，成为指导人们实践的基本哲学原则。正是这种求真务实、实事求是的民族精神推动了马克思主义中国化的历史进程。

以毛泽东为代表的中国共产党人结合中国革命实践，对"实事求是"做出了科学的理论解释。毛泽东指出："'实事'就是客观存在着的一切事物，'是'就是客观事物的内部联系，即规律性，'求'就是我们去研究。"[1]实事求是就是探求客观事物内部的规律性，使主观与客观相符合。这一科学解释，揭示了实事求是的哲学内涵和时代要求，并最终使之上升为中国共产党的思想路线。

但可悲的是"文化大革命"前后，党内"左"倾错误严重，浮夸之风盛行，实事求是的精神受到严重冲击。邓小平以巨大的理论勇气，冲破了"两个凡是"的错误，重新恢复了党实事求是的思想路线。他语重

---

[1]《毛泽东选集》第3卷，人民出版社1991年版，第801页。

心长地指出："一个党，一个国家，一个民族，如果一切从本本出发，思想僵化，迷信盛行，那它就不能前进，它的生机就停止了，就要亡党亡国。……只有解放思想，坚持实事求是，一切从实际出发，理论联系实际，我们的社会主义现代化建设才能顺利进行，我们党的马列主义、毛泽东思想的理论也才能顺利发展。"①在邓小平的大力倡导下，解放思想、实事求是成为中国改革开放时期的时代主旋律，获得了广泛的民族认同，解放思想赋予了实事求是以开放与开拓精神，丰富了求真务实的民族精神的内涵，是中华民族的宝贵精神财富。

求真务实精神体现在"中国模式"上，就是一切从中国的国情和历史文化传统出发，当前从社会主义初级阶段的这个最大的实际出发，而不能超越阶段，也不能不顾中国国情而照搬照抄他国的发展模式。我们曾经因为照搬苏联模式而走了很多弯路，我们也因为没有采用新自由主义的改革方案，走有本国特色的改革之路而取得重大成功。我国从社会主义初级阶段生产力不发达和发展不平衡的实际出发，制定了社会主义初级阶段的基本经济制度。我们从中国的现实状况和历史文化传统出发，采取了渐进式的改革方式。事实证明，这是符合我国国情的正确的历史选择。

今天，传统的求真务实精神经过科学提炼和概括，"一切从实际出发""实事求是"不仅是我们党的思想路线，而且是中华民族精神的精华所在。

（四）热爱和平、崇尚中和的和谐精神

中华民族是一个以汉族为主体的多民族国家，在多民族长期共同生活的过程中，形成了各民族之间友好相处、爱好和平的民族精神。这种精神已经融入了中国人的国民性格和社会价值理念之中，成为中华民族精神非常重要的组成部分。

中国人民爱好和平的民族精神，可以通过中国传统文化中的"贵和"思想体现出来。中国人自古以来就主张以和为贵，追求和谐。"贵和执中""协和万邦"就是这种思想的集中体现。"和谐"是中国人一贯向往和追求的目标。中国古代各种思想派别虽然各自主张有很大差别，但都有"和"与"协"的文化观念，都追求天人协调、协和万邦。从孔子的

---

① 《邓小平文选》第 2 卷，人民出版社 1994 年版，第 143 页。

"和为贵" 主张到孟子的 "非战" 反对 "霸道" 思想，再从墨子的 "兼爱" "非攻" 思想到老子的 "无为" 思想，那种 "虽有甲兵无所陈之" 的美好社会理想，都是中华民族爱好和平传统的反映。在处理各种关系，无论是人际关系，还是人与自然的关系、国家关系上，坚持 "和谐" 始终是一个重要的精神理念。在人际关系方面，儒家主张谦和礼让，认为 "礼之用，和为贵"；在人与自然的关系上，儒家主张天人和谐，节约自然，不能 "竭泽而渔"；在国家关系上，中国传统文化中也有着协和宽容、和睦共处的和合思想。

中华民族历来是一个热爱和平的民族，"和为贵" "和睦相处" "家和万事兴" 以及 "和而不同" 始终是中国人民追求的价值目标。中国人民在 "四海之内皆兄弟" "和平统一" 的价值理念基础上，积极发展与世界各国的友好往来，为世界和平事业做出了重大贡献。正因如此，中国一直是举世闻名的礼仪之邦。历史上张骞出使西域、郑和七下西洋、玄奘印度取经、鉴真东渡传经、"丝绸之路" 等，都见证了中国人民致力于同世界各国友好往来的优良传统，是中华民族热爱和平的民族精神的充分体现。新中国成立后，这一优良传统得到继承与弘扬，衍生为我国在国际交往中的 "和平共处" 五项原则。新中国正是在这五项原则的基础上发展与世界各国的友好交往的。中国始终高举反对霸权主义和强权政治的大旗，积极主张用和平方式解决各种国际争端，成为维护世界和平的一支重要力量。当今，中国学者在提到 "中国模式" 的国际特征时，都强调 "中国模式" 是一种和平发展模式，以驳斥西方国家鼓吹的 "中国威胁论" 和 "中国崩溃论"。走和平发展道路是中国人民始终不渝的历史抉择，同样也体现了中华民族爱好和平的民族精神。中国的发展对于世界各国来说，不是威胁，而是福祉。

在当代中国，和谐思想的体现之一就是科学发展观和构建社会主义和谐社会。贵和尚合、天人合一的和谐精神虽然在内涵上远不如科学发展观丰富而深刻，但其中所渗透的崇尚和睦以及倡导协调发展的理念，无疑为科学发展观奠定了深刻的文化思想基础。

需要指出的是，中国的和谐思想是辩证的，包含着 "和而不同" 的内涵。"和而不同" 指的是在处理国家和民族间关系问题上，要首先承认特殊性，承认差别，在此基础上再进行彼此间的沟通，这种宽容精神显然是非常有利于世界和平的。邓小平所提出的 "和平统一、一国两制"

的伟大战略构想，就是"和而不同"这种中华民族传统智慧的集中体现。

（五）以人为本、共同富裕的人本精神

在中国传统文化中，重民、贵民和以民为本的思想古已有之。早在《尚书·大禹谟》就有"德惟善政，政在养民"的说法，《国语·周语》中说"民之所欲天必从之"，周公旦则主张"敬德"以"保民"。以上这些民本思想，后来成为传统儒学的重要内容。孔子提倡"爱民"，孟子主张"民为贵，社稷次之，君为轻"（《孟子·尽心下》），荀子认为"君为舟，民为水"，宋明时期有"惠民"思想，等等。因此，朴素的民本思想一直是中华传统文化的重要内容之一。同时，中国传统文化中还蕴含着强烈的人本观念，强调"人者，天地之心也"（《礼记·礼运》）。中国古代的思想家都重视"利民""惠民"，主张把百姓丰衣足食作为执政者追求的目标之一。这些民本思想对后来的中国历史产生了深远的影响。从孙中山倡导的"三民主义"，到中国共产党的"三个代表"重要思想，都是对"以人为本"的中华民族精神的弘扬与丰富。

民本思想在中国的当代体现之一就是科学发展观，科学发展观的本质和核心是"以人为本"，也就是以人民群众的根本利益为本。这就要求中国的社会发展目的是为了广大人民，发展必须依靠人民、发展的成果应该由人民群众共享。诚然，封建帝王统治下的民本思想，与中国共产党的立党为公、执政为民，有着本质区别。但中华民族"重民"精神中的思想意识，有不少是值得我们今天加以继承和发扬的。我们要充分汲取中华文化中的"爱民""惠民"等思想精华，超越和提升传统民本思想和人本观念，培育现代的"以人为本"精神，致力于实现好、维护好广大人民群众的根本利益，以此来践行科学发展观。只有这样才能充分体现我们党的立党宗旨，保持和发展我们党的先进性。

民本思想在"中国模式"的另一体现就是共同富裕思想。以邓小平为核心的党的第二代中央领导集体，解放思想，实事求是，勇于突破传统社会主义观念和模式，重新发扬中国传统民本思想中的合理观点，提出了"贫穷不是社会主义"的新命题。改革开放以后，我们打破了平均主义大锅饭，明确提出社会主义的最终目的就是要实现共同富裕，富民被提升到社会主义本质的高度。"北京共识"的提出者雷默在接受《参考消息》记者的采访时指出："'华盛顿共识'的目标是帮助银行家，而

'北京共识'的目标是帮助普通人民。"①这道出了"中国模式"与其他发展模式造成的两极分化的重要区别，其中体现着"中国模式"以人为本，重民、利民、富民的人本精神。

中华民族精神根植于中华民族悠久的历史文化传统，借鉴了人类文明发展的优秀成果，融入了时代精神的精华，是维系中华民族凝聚力的精神纽带，也是激励中国人民发展进步的动力源泉。大力弘扬中华民族精神是社会主义核心价值体系建设的重要内容，也是建设社会主义文化强国的迫切要求。

党的十七届六中全会指出："物质贫乏不是社会主义，精神空虚也不是社会主义，没有社会主义文化繁荣发展，就没有社会主义现代化。"②当前国际社会普遍关注"中国模式"，世界各国渴望了解中国成功的奥秘，这正是增强我国文化软实力的良好契机。我们要以社会主义核心价值体系凝聚社会共识，以中华民族精神鼓舞社会力量，大力弘扬中华文化，努力建设社会主义文化强国，从而更加彰显"中国模式"的中国特色。③

五、社会建设方面：以保障和改善民生为重点

党的十八大报告明确指出："加强社会建设，是社会和谐稳定的重要保证。"④一般来说，狭义的社会建设，指的是中国特色社会主义经济、政治、文化、社会以及生态文明建设"五位一体"战略总布局中的一部分。广义的社会建设，指的是整个社会大系统的建设。社会建设的任务，就是不断建立和完善各种社会机制，从而实现社会的公共部门、企业、社会组织及其公民之间的良性互动。

"中国模式"的社会建设，是中国社会主义建设五元框架中的重要一元，表明我们对中国社会主义现代化建设规律的认识更加深入。"中国模式"表现在社会建设上，就是始终坚持以人为本，把民生问题放在

---

① 《"北京共识"与中国和平崛起——专访美国高盛公司咨询顾问雷默》，《参考消息》，2004-06-10（15）。

② 《中共中央关于深化文化体制改革推动社会主义文化大发展大繁荣若干重大问题的决定》，《人民日报》，2011-10-26（1）。

③ 观点参见阶段性成果——尹倩：《"中国模式"的基本内涵》，《高校理论战线》，2011 年第 1 期。

④ 胡锦涛：《坚定不移沿着中国特色社会主义道路前进 为全面建成小康社会而奋斗》，人民出版社 2012 年版，第 34 页。

社会建设的首位，构筑适合社会主义市场经济体制的政府、市场和民间组织良性互动、协调配合的多元化社会体制，从而化解社会矛盾，协调社会关系，构建社会主义和谐社会。

（一）问题的提出：从"三位一体"到"五位一体"

新中国成立以后，在一个相当长的时期内，中国的社会主义现代化建设，主要围绕政治、经济、文化三个方面展开，社会建设并没有成为一个相对独立的发展领域。改革开放 30 多年来，社会主义市场经济体制为中国经济注入了新的活力，中国经济建设成就巨大。但是，在社会建设方面却出现了不少的问题，社会问题和社会矛盾频发。人们日益认识到，经济增长并不意味着社会问题的同步解决，社会政策的长期缺失带来了社会矛盾的积累，加强社会建设的问题已经刻不容缓。

在这样的历史背景之下，2004 年党的十六届四中全会，首次提出了"和谐社会"和"社会建设"的概念。2006 年 10 月，党的十六届六中全会，在全面阐述社会主义和谐社会建设的目标和任务的基础上，要求实现社会建设与包括经济、政治和文化在内的其他三方面建设的协调发展。这已经有了"四位一体"的轮廓。在此基础上，2007 年党的十七大在社会主义建设事业总体布局中加入了"社会建设"，并写入了党章，确认了"四位一体"的总布局。2012 年党的十八大，又在"四位一体"的基础上加入了生态文明建设，这样，中国特色社会主义建设的战略总布局就被拓展为"五位一体"。在社会建设方面，党的十八大首次提出了"在改善民生和创新管理中加强社会建设"的总方向，把社会建设提到了一个前所未有的高度。

从"三位一体"到"五位一体"的社会主义建设总布局的演变可以看出，社会建设这一目标和任务的提出乃至确立，反映了我们党对中国特色社会主义事业的认识在不断深化，它确认了非经济因素对于中国社会发展的重要作用。把社会建设作为中国社会主义建设战略总布局中的重要组成部分这一地位的确认，表明"中国模式"的社会主义，是一个全面发展和进步的社会，除了要发展高度的物质文明、政治文明、精神文明、生态文明之外，还需要文明而和谐的社会关系。五大建设有机统一、相互影响、相互促进，全面推进中国特色社会主义事业的发展。其中，社会建设在中国特色社会主义建设的总格局和平衡发展中举足轻重。

（二）社会建设的成就与问题

改革开放以来，随着中国经济体制改革和其他各项改革的顺利推进，我们对中国特色社会主义建设规律的认识越来越深刻，社会建设也取得了很大的成就。尤其是在民生建设方面，改革开放以来，随着中国经济的持续快速增长，人民群众的生活水平得到了很大的提高。

1. 和谐社会，共建共享

近些年来，我们党和政府把保障和改善民生作为社会建设的根本出发点和落脚点，取得了明显成效。在实践中，我们党把社会建设落实到党和国家全部工作之中，同时又着力解决人民群众最关心、最现实的利益问题，主要表现为在教育、就业、收入分配、社会保障等方面先后推出了一系列重要举措，力求使改革发展成果能够更多地惠及全体人民。

党和国家先后通过实施西部大开发、振兴东北老工业基地以及中部崛起等战略以缩小地区差距；党和国家高度重视"三农"问题，十多年来每年的"一号文件"都着力解决"三农"问题，特别是 2006 年农业税的取消，大大减轻了广大农民的负担，促进了城乡社会公平，社会主义新农村建设蒸蒸日上。

党中央、国务院不断深化收入分配制度改革，努力实现人民收入水平提高与经济增长同步，力求兼顾效率和公平，确保城乡居民收入都有较大幅度的增长。从最低工资标准到个人所得税起征点，再到国家扶贫标准，近年来都有较大幅度提高，城乡居民收入差距扩大问题也在逐步改观。

党中央、国务院积极推进社会保障事业建设。新型农村合作医疗保险制度以及城镇居民基本医疗保险制度的建立和完善，解决了城乡群众最迫切的看病贵问题；城乡居民最低生活保障制度和其他的社会救助及救济制度也在不断完善，截至目前，我国已基本建成覆盖城乡的社会保障体系。

党中央、国务院不断加大教育投入力度，大力促进教育公平。中国的教育投入不断增加，全面实现了九年免费义务教育，惠及 1.6 亿多适龄儿童。农民工随迁子女的义务教育问题也初步得到了解决。

2. 和谐社会，任重而道远

当然，随着中国经济体制改革的深入发展，中国的社会结构也发生了很大变化，相应地亦带来利益格局的不断调整，这导致了中国经济社会发展中，社会矛盾明显增多。同时，矛盾的对抗程度也明显增强，我们的确在经历着"发展之痛"。如在农村土地征用、城镇房屋拆迁、司法等领域，还有劳资纠纷、医患纠纷、非法集资等引发的矛盾和社会问题均明显增多，由此引发的群众上访和群体性事件也明显增多，已经成为影响社会和谐与稳定的重要因素。

可以说，中国目前的大多数群体性事件主要是由于普通民众缺乏话语权、诉求渠道狭窄，利益协调不公、问题长期得不到有效解决而引发的。这就对我们的社会管理体制提出了新的要求。当前，中国由于加快转变经济发展方式导致了经济和社会结构的快速变动，社会管理面临的新情况新问题不可忽视。这具体表现为：

首先，从社会管理体制的角度讲，一是社会管理的越位，即政府的社会管理超出了其本身该管辖的合理的职能范围，通俗地说就是政府管了很多不该管、管不了也管不好的事情；二是社会管理的缺位，即政府没有履行其应尽的社会责任；三是社会管理的成本过高，即社会管理投入多产出少，整体效率不高，导致社会资源浪费严重。

其次，从提供公共服务的角度看，当前最突出的仍然是供给不足的问题。中国社会保障体系覆盖面窄、保障水平低，出现了"上学难、看病难、住房难、养老难"等问题。特别是一些特殊困难群体，如农民工、城市无业人员以及残疾人等的基本生活保障问题还没有得到有效解决。另外，中国公共服务资源配置严重不均衡，城乡之间、地区之间、不同社会群体之间享受的公共服务差别很大，这说明中国要实现基本公共服务均等化还将有很长的路要走。

最后，从社会管理的方式角度看，传统的带有计划经济特征的社会管理手段与方式，很难有效化解复杂的社会矛盾。改革开放后，政府的经济职能已经由直接的计划干预转变为市场调节和必要的宏观调控，然而在社会管理领域却仍然带有很强的计划经济色彩。各级政府部门习惯性地采取行政化的社会管理方式，深度行政干预仍然是政府管理基层自治组织以及其他社会组织的主要方式，这与社会主义市场经济对社会发展的要求不相适应。面对群体性事件、公共安全事件的频发，各类社会自治组织由于自身发育不良，难以发挥应有的功能。

（三）以民生为重点加强社会建设

关于中国特色的社会建设的基本任务和主要内容，党的十七大提出要以民生为重点加快社会建设，党的十八大报告在此基础上将其深化扩展为"两个必须"：一是必须以保障和改善民生为重点，二是必须加快推进社会体制改革。把社会体制改革与改善民生并列为当前中国社会建设的两项重要内容，表明我们党对社会建设问题的认识更加深刻，对社会建设规律的把握也更加自觉。

1. 加强社会建设必须以保障和改善民生为重点

十八大报告指出：社会建设以民生为重点，"要多谋民生之利，多解民生之忧，解决好人民最关心最直接最现实的利益问题，在学有所教、劳有所得、病有所医、老有所养、住有所居上持续取得新进展，努力让人民过上更好生活"①。中国社会主义现代化建设几十年的实践证明，无论是以经济建设为中心，还是创新社会管理，其最终目的都是为了广大人民群众能过上更好的生活，这也符合中国共产党全心全意为人民服务的立党宗旨，是新中国成立以来党治国理政的经验总结。抓好民生改善这个社会建设的战略重点，从理念上看就是始终坚持"以人为本"，坚持人民主体地位，把人民的意志和意愿作为社会建设的出发点和落脚点，把人民满意不满意，人民高兴不高兴，作为衡量社会建设成败的首要标准。

把改善民生作为社会建设的首要价值取向，就是要彻底摒弃"唯GDP论"的 GDP 崇拜观念，实现从"GDP 至上"到"民生至上"的转变，着力解决民生领域的突出问题，尽可能使我国的改革与发展成果能够更多、更公平地惠及最大多数人民群众。为此，首先必须坚持教育立国，办好人民满意的教育，建设人力资源强国；必须着力抓好就业这个民生之本，千方百计扩大就业；必须理顺收入分配关系，在居民收入不断增加的基础上不断缩小收入差距；加快推进建立健全覆盖全民的社会保障体系建设；加快医疗卫生事业的改革发展，使人民群众病有所医；积极推进住房保障体系建设，使人民群众住有所居；通过建立和完善社会保障和服务体系，维护老年人、妇女儿童和残疾人等弱势群体的合法权益，使改革发展成果能够更好地惠及全体人民。

---

① 胡锦涛：《坚定不移沿着中国特色社会主义道路前进 为全面建成小康社会而奋斗》，人民出版社 2012 年版，第 34 页。

2. 社会体制改革是社会建设能否成功的关键

党的十八大要求把加快推进社会体制改革、加强和创新社会管理，作为当前和今后我国社会建设的根本任务和主要内容。社会体制指的是规范社会事务管理的制度与政策，它主要包括教育制度、就业制度、分配制度、社会保障制度以及医疗卫生体制等，它们是保障和改善民生的制度保证。因此，加强以民生为重点的社会建设必然要求改革原有的社会体制。而中国目前处于社会转型期，利益结构面临深刻调整，社会新矛盾新问题层出不穷，加大了整个社会运行的风险，这对政府的社会管理能力是一个很大的挑战。如何加强和创新社会管理，提高社会组织的自治能力是社会管理的新课题。为此，要着力加强以下几方面：

一是加强社会管理的法治保障。实践证明，法治是维护社会公平正义的最重要的屏障，对于社会和谐至关重要。十六大以来，从 2004 年"国家尊重和保障人权"载入《宪法》，到 2007 年的《物权法》，从 2009 年的《侵权责任法》，到 2010 年的《社会保险法》，再到 2012 年"保障人权"首次写入《刑事诉讼法》，法治为构建和谐社会提供了强大保障。今后，在社会建设中要加快立法，完善法规政策，用法治保障社会建设的已有成果，用法治为社会建设营造良好的制度环境。

二是加快完善社会参与体系。社会组织是社会参与体系的主体，对于社会参与体系的良性运行至关重要。要充分发挥社会组织的积极作用，就必然要求提高社会组织自身的各项能力，激发社会组织活力，使政府与社会平等合作，共同管理社会事务。同时，要适应社会主义市场经济体制的要求，重新设计社会参与体系，尝试通过政府职能转移、购买服务、民主协商等多种形式，让社会组织能够真正参与到社会管理和公共事务中去。

三是实现公共服务供给主体的多元化。随着中国经济的快速发展，人民群众对公共服务的要求不断提升，多样化、个性化的趋势不断加强，出现了大量社会性、公益性的公共事务，这些公共事务的管理政府无力全部承担，必须充分调动各种社会资源的积极性，增强整个社会的发展活力。这就要求我们在推进社会体制改革的过程中，以政府作用为主导，同时建立多元化的主体参与机制，着力培育居民、各种社会组织以及民间资本参与公共事务管理的能力。

四是大力提高基层组织的自治能力。社会体制改革关键是要过"自治关",特别是实现社区自治、村民自治和社会组织自我管理、自主发展。改革开放以来,中国社会的组织结构发生了深刻的变化,尤其是"单位人"逐渐加速向"社会人"转变,社会管理逐渐拓展到了社区、村(居)委会等最基层的社会组织。大力提高这些基层组织的自治能力,实现政府管理与群众自治的良性互动,是今后创新社会管理的必然要求。

多年来,中国在社会建设方面积累了很多宝贵经验,主要是始终坚持以民为本、竭诚为民,始终坚持政府主导、社会参与。中国社会大局稳定,社会形势总体上是好的。我们要坚持和运用好这些经验,在社会建设中多谋民生之利、多解民生之忧,为全面建设小康社会、不断完善"中国模式"做出新的更大贡献。

六、生态文明建设方面:以科学发展观为指导,建设美丽中国

党的十八大在报告中首次提出"建设美丽中国"的新概念,同时"生态文明建设"被正式列入了中国社会主义现代化建设的战略总布局之中,由原来的政治、经济、文化和社会建设"四位一体",拓展为"五位一体"。会议要求将生态文明的价值理念和生态文明观贯穿于现代化建设的全过程和各个方面。"中国模式"表现在生态文明建设上,就是以科学发展观为指导,建设美丽中国。

(一)生态文明建设问题的提出

中国共产党对生态问题的认识有一个随着社会主义现代化建设进程逐步加深的过程。生态文明问题的提出反映了其对于生态建设战略地位问题认识的不断提高,也表明中国共产党对社会主义建设规律和人类社会发展规律的认识更加深入。

早在20世纪80年代,中国共产党就吸取了西方发达资本主义国家工业化的经验教训,认识到中国绝不能再走西方那样的"先污染,后治理"的老路。1983年环境保护被确定为中国的基本国策,1994年可持续发展战略又被纳入中国的经济社会发展规划之中。这表明,中国在经济发展过程中,不断借鉴国际新鲜经验,顺应时代潮流,开始逐步把环保和生态的先进理念融入社会主义建设事业中去。

2002年党的十六大提出的"走新型工业化道路",其中就包含了生态良好的特征;2003年党的十六届三中全会提出了科学发展观,其中的一个统筹就是"统筹人与自然的和谐发展",而协调人与自然关系就

是环境或生态问题。

2007 年党的十七大,"建设生态文明"成为中国全面建设小康社会的五大目标之一,"人与自然和谐"首次被写入了党章;2010 年 10 月,党的十七届五中全会提出了要把"提高生态文明水平"作为"十二五"时期的重要战略任务。2011 年 3 月,我国"十二五"规划纲要正式纳入该任务。

2012 年党的十八大正式把"生态文明建设"纳入中国现代化建设"五位一体"总体布局,报告专题阐述了当前加强生态文明建设的必要性、基本要求和主要途径。自此,生态文明建设被提升到一个新的战略高度。

生态文明建设战略地位的不断提升,乃至作为社会主义事业重要组成部分的战略地位的确立,充分反映了中国共产党与时俱进的思想,其对社会主义建设规律的认识从探索、深化到趋于完善,而今,达到了这样一个新的高度。这也标志着中国共产党对中国特色社会主义的本质内涵从理论与思维上有了更为精准的理解与把握。"生态文明"的概念虽然不是中国共产党首创,但不断丰富其内涵并把它提升到国家战略的高度,则是前无古人的伟大创举。

(二)生态文明的基本内涵

要加强生态文明建设,首先要准确把握生态文明的基本内涵。"生态"一词起源于古希腊,本意是指生物生存的环境,到了现代其含义引申为生物的生存状态,其中涵盖了各类生物物种之间以及它们与环境之间的相互关系。"文明"一词则是用来描述人类社会的进步状态,反映的是人类物质生活不断丰富、精神领域持续进步的状态与过程。

生态文明指的是人类社会在改造自然的过程中所取得一切成果的总和,其中既包括物质成果,也包括精神成果还有制度成果,它反映的是人与自然关系的一种进步状态。生态文明的价值指向是人与自然协调发展,永续生存与持续繁荣。因此,生态文明包含的内容十分丰富,既包括环保意识、生态观念,也包括与环境有关的法律法规、制度、政策,还包括与此相关的科学技术、组织机构和行为活动等。生态文明建设,就是要通过转变生产方式和生活方式来保护自然环境,实现社会可持续发展的实践过程。

结合生态文明的概念和我国社会主义建设实践,对于生态文明的基本内涵可以从以下几个方面去理解：

1. 生态文明是对工业文明的反思与超越

生态文明与其他文明形态一样也是一个历史范畴，也经历了一个由低级阶段向高级阶段逐步演变的历史进程。人类社会在漫长的历史发展进程中，根据人与自然关系的差别来划分，曾经经历过三种文明形态：绝对依附于自然的原始文明（又称绿色文明）、利用又保护自然的农业文明、以征服自然为目的的工业文明。在原始文明和农业文明时代，生产力水平尤其是科学技术水平较低，人类对自然的影响十分有限，虽然生态文明发展的程度较低，但生态破坏的规模和程度也很小。而"人类中心主义"的工业文明则不同，它不仅创造了罕见的经济奇迹，比过去一切文明创造的财富都要多，同时也造成了对生态环境的极大破坏。工业文明所导致的资源枯竭、生态失衡等问题已经危及人类社会本身的生存与发展，这就迫使人类重新审视人与自然的关系，以解决生态危机，实现人类社会的可持续发展。生态文明这一新的文明形态正是在人们反思工业文明所造成的生态危机的基础上而产生的，是对工业文明的一种超越。

2. 生态文明与中华文明具有内在的一致性

泱泱五千年的历史长河中，中华民族孕育了博大精深的生态文化，成为我国生态文明建设深厚的思想渊源。儒家主张"天人合一"，孟子有"不违农时，谷不可胜食也；数罟不入洿池，鱼鳖不可胜食也；斧斤以时入山林，材木不可胜用也"的说法。道家主张"道法自然"，老庄追求的是"物我合一"的物化境界。佛家则主张众生平等，等等。可见，中华文明尊重自然、崇尚自然的基本精神与现代生态文明实现人与自然协调发展的基本理念高度契合。中华文明中所蕴含着的丰富而深刻的生态智慧，为中国生态文明建设奠定了坚实的哲学基础，同时也为国际社会解决生态危机提供了文化背景。

3. 社会主义生态文明建设是超越资本主义工业文明的现实选择

人类社会的发展史告诉我们，社会制度的变迁总是与某种文明的兴衰相伴随。农业文明与封建的农耕生产方式紧密地联系在一起，工业文明是伴随着资本主义的兴起而繁荣起来的，而生态文明则是对工业文明的一种超越。

资本主义推动的工业文明给人类带来了严重的生态危机。当今资本主义国家特别是西方发达资本主义国家的生态文明建设,可以说取得了很大成就,但他们总体上走的依然是"先污染、后治理"的路子。况且资本主义国家由于采用了大力发展环保产业、传统产业优化升级或者向发展中国家转移污染等方式,已经局部性地解决了生态问题,所以缺乏从工业文明转向生态文明的动力。最为关键的是,资本主义制度的本质决定了其生产目的是为了追求高额利润,对利润的无限制追求导致他们对生态环境进行掠夺式的开发利用,于是生态危机在资本主义制度下愈演愈烈,绝不可能得到根本解决。而且,资本主义的生态殖民主义已经造成了全球性的生态危机。

社会主义的制度性优势在于:以公有制为主体,劳动者共同占有生产资料,国家能够通过有效的宏观调控,对整个生产进行整体的、自觉的控制,这就为保护生态环境奠定了制度基础。而且社会主义生产的目的是为了满足人民群众的物质文化生活需要,而不是追求利润最大化。全面协调可持续发展是社会主义的根本目标,人的自由全面发展是其崇高理想。所以,社会主义的本质与生态文明的要求是一致的,社会主义制度的建立,为生态问题的解决提供了前提条件。

4. 中国生态文明建设的目标是建设美丽中国

党的十八大提出了建设"美丽中国"的新观念,反映了新时期中国共产党的执政理念的提升。"美丽中国"的建设目标是,经济实现持续健康发展,政治上人民享有的民主权利充分而切实,中华文化影响力与国家文化软实力不断增强,整个社会实现公平正义和谐,生态环境优美宜居,人民幸福感不断增强。也就是说,"美丽中国"不仅仅是天蓝、地绿、水净,不仅仅要求生态环境良好,更是物质丰富、人民民主、文化繁荣、社会和谐的中国。"美丽中国"的目标把环境保护融入社会整体发展总目标,这是中国生态文明建设追求的更高境界,这对于进一步增强中华民族的凝聚力,增强民族自尊心、自豪感具有重大的现实意义。

(三)我国加强生态文明建设的必然性

当前加强生态文明建设既是中国顺应世界文明发展潮流的必然选择,也是中国转变发展方式,不断满足广大人民日益增长的物质文化生活需要的内在要求。

1. 加强生态文明建设是顺应世界文明发展潮流的必然选择

18 世纪以来,人类迈进了具有两重性的工业文明社会。工业文明一方面创造了前所未有的巨大物质财富，另一方面给人类带来了深重灾难：自然资源面临枯竭，自然环境日趋恶化，生态系统严重失衡，人类面临着生态危机的威胁，人与自然的矛盾越来越尖锐。

20 世纪 60 年代末 70 年代初，西方发达国家爆发了风起云涌的生态运动。这场新社会运动，唤醒了人们的环保意识，产生了巨大的国际影响。美国生物学家卡尔逊《寂静的春天》的发表、1968 年意大利"罗马俱乐部"的成立、1972 年美国教授梅多斯《增长的极限》一书的出版，都从不同侧面标志着国际社会环保意识的觉醒。在这种情况下，世界各国对工业文明进行了全面而深刻的反思，得出了发展经济绝不能以牺牲环境为代价的结论，产生了重新选择一种新的发展方式的迫切要求。在这种情况下，一些环境学家和生态学家提出了可持续发展的问题，并产生了巨大的国际反响。1987 年世界环境与发展委员会做出的《我们共同的未来》的报告、1992 年世界环境与发展大会通过的《21 世纪行动议程》和《里约热内卢宣言》等文件、2012 年联合国可持续发展大会达成的《我们憧憬的未来》的成果文件，都吸收了"可持续发展"的生态文明理念。这充分表明可持续发展已成为当今世界的一种时代潮流。

放眼当今世界，生态文明的理念逐渐深入人心；绿色文明、低碳经济、清洁发展，业已成为一种国际化潮流；节约资源能源、保护生态环境、实现可持续发展，越来越成为全人类的共识。世界发展潮流的新变化给中国今后的经济社会发展带来了很大的挑战：一方面是伴随着全球资源短缺的日趋加剧，国际上的生态摩擦、环境争端问题逐渐增多，相应地，国际贸易中各种附加条件和非关税贸易壁垒将会更多，尤其是有关生态问题的如绿色附加税、绿色补贴等，这对中国的对外贸易是很大的挑战；另一方面，随着中国工业化和现代化进程的不断推进，中国对各种能源资源的需求会呈现不断增长的趋势，于是一些别有用心的西方国家炮制的所谓"中国环境威胁论"又开始甚嚣尘上。面对以上严峻挑战，中国共产党主动顺应世界文明的发展大势，科学把握人类文明发展的客观规律，把生态文明建设提高到了前所未有的高度。

2. 加强生态文明建设是转变经济发展方式的必然选择

新中国成立以后，为了加快发展生产力，缩小与发达资本主义国家之间的差距，中国选择的是一条高消耗、高投入的粗放型发展道路。改革开放 30 多年来，伴随着经济的快速增长，中国的环境问题也日趋严重，如资源瓶颈约束日趋紧张、生态环境恶化，等等。许多发达国家工业化时期曾经出现的问题也摆在了我们面前。

中国在发展过程中高度依赖于各种能源资源。据统计，中国能源年消耗量占全球能源消耗总量的将近 20%，其中半数的石油消费依靠从国外进口而来。另外，我国能源利用效率很低，单位产值的能耗属于世界上最高的国家之一。我国能源消费强度不仅远远高于发达国家水平，而且比世界平均水平也高出很多。

中国粗放的发展方式也对环境造成了很大程度的污染：全国有四分之一的人口饮用的是不合格的水；空气污染更严重，2013 年 1 月灰霾面积达 130 万平方公里；一些地区由于生态环境严重恶化，甚至出现了远走他乡的生态灾民。环境问题还与政治社会问题，甚至与国际问题叠加，在更广的社会层面引发了连锁反应，发生了四川什邡事件、江苏启东事件等。近年来，中国的环境群体性事件呈现不断上升的趋势。

严酷的事实说明，环境问题已经严重威胁到了中国的社会发展，必须转变经济发展方式，加快生态文明建设，才能尽快扭转中国生态环境恶化的趋势，为社会主义建设提供良好的环境保障，促进社会的全面进步。

3. 加强生态文明建设是不断满足人民群众日益增长的物质文化需要的内在要求

社会主义现代化建设的目的，是为了不断提高广大人民的物质文化生活水平，而人民群众的物质文化需求是随着时代的变化而不断变化的。尤其是改革开放以来，人民的物质文化需求随着收入水平的提高而不断升级，不仅有对工农业产品和服务的需求，还出现了对生态产品的需求。人民群众不再仅仅"求温饱"更是"盼环保"，不仅要"谋生计"更注重"要生态"。同时，人民群众的生态期盼也开始日益凸显。在城市，食品安全问题频发，空气污染和水污染严重，居住环境堪忧；在农村，环境脏乱差、饮水困难等问题比较突出。要解决这些问题，满足人民对清洁空气、洁净饮水以及优美环境等的新要求、新期盼，必须加强生态文明建设。

（四）加强生态文明建设的战略举措

生态文明建设是一个系统工程，它在社会主义现代化建设中处于基础地位，为其他各方面的建设提供环境条件。因此，我们必须高度重视生态文明建设，将其融入"五位一体"总布局的各方面和全过程，实现人与自然的协调发展，经济发展与生态效益的双丰收。为此，要把转变经济发展方式、倡导文明生活方式、注重科技创新和加强制度建设等几方面作为着力点，持之以恒，扎实推进。

1. 加快转变经济发展方式，协调经济发展与生态文明的关系

如前所述，原有的粗放型发展模式使中国的资源环境问题凸显，转变经济发展方式是中国加强生态文明建设的重中之重。为此，必须转变落后观念，树立尊重自然、保护自然的生态新理念，紧跟时代潮流，推动经济社会向绿色发展、循环发展、低碳发展的方向迈进。具体来讲：一是要继续调整产业结构。坚决抑制高能耗、低产出行业的快速增长；有序转移过剩产能，加快淘汰落后产能；大力发展战略性新兴产业，继续提高服务业的比重。二是合理利用资源。为破解资源瓶颈约束，必须加强资源的节约和综合利用，提高资源利用效率；要加强新能源和可再生能源的开发利用，保障国家能源安全。三是转变生产方式。各行各业都要向绿色循环低碳的生产方式转变：工业生产要持续推动节能减排，倡导清洁生产，积极发展循环经济；农业生产要大力发展生态农业、有机农业，确保国家的粮食安全。

2. 合理引导消费，形成文明生活方式

环境问题无小事，消费行为和生活方式也会对资源环境产生直接影响，累积起来会成为全社会的大问题。要倡导每个公民从我做起，保护我们赖以生存的资源环境。因此，一要树立环保理念和生态意识。通过各种途径进行生态文化教育和宣传，积极培育和加强国民的环保理念和生态意识，在全社会形成节约资源和保护环境的新风尚。二要倡导合理的消费行为。引导人们绿色消费、理性消费，形成节俭办事、有益健康的生活方式。引导居民扩大对低碳、环保的绿色产品的消费，倡导居民绿色居住和出行。三是创造整洁的生活环境。大力支持绿色交通出行，提倡使用清洁能源，实行垃圾分类回收和循环利用，以美化我们的生活环境。尤其是广大农村地区，要不断改善农村环境，建设"居住集中化、环境生态化、服务功能化"的农村新社区。

3. 通过科技创新，推动生态文明

科技创新对生态文明建设至关重要，无论是提高资源利用效率，还

是控制和监测污染物排放，还有废弃物资源的回收再利用，最终都要靠先进的生产和治理技术来实现，靠科技进步来推动。经过新中国成立以来多年的发展，中国已经在生态科技方面取得了很大成就，包括环境工程技术、循环经济技术、生物技术、再利用技术、新材料技术等等，这些技术的发展为中国的生态文明建设奠定了科学技术基础。但是，中国在生态相关的高新技术方面与发达国家相比还有很大差距，主要体现为中国的能源资源利用效率还很低。因此，今后一是要继续加强重点技术攻关与创新。要及时了解国际新技术的新进展，组织优秀的科研团队加强技术攻关，重点要在新材料技术、循环经济技术、节能技术方面取得突破，力求尽快占领国际新技术的制高点。二是积极促进先进技术的推广应用。建立以企业为主体，包括高校和科研机构在内的产学研合作机制，实现技术创新与推广应用的有效衔接。采用各种政策措施淘汰落后的产能技术，支持和鼓励节能环保产业等绿色产业发展，使这些产业能从技术进步中获利，充分发挥科技进步带来的生态效益。

4. 加强制度建设，完善生态文明制度

中国生态文明建设依然任重而道远，需要一个稳定的制度环境来保证生态建设的成果，只有这样才能形成"硬约束"的长效机制。改革开放以后，中国逐步加快了环境保护相关的法律、法规和政策等制度体系建设的步伐。中国分别在 2005 年和 2006 年颁布施行了《国家突发环境事件应急预案》和《环境影响评价公众参与暂行办法》。迄今为止，我国发布的环保类法律法规已达 107 件，相关文件及司法解释 159 件，涵盖了以环境保护、资源节约为核心的方方面面。这对于防止生态严重污染、保障自然资源合理利用、维护生态平衡起了重要作用。

今后我们加强生态文明的制度建设，必须继续建立健全有利于生态文明建设的体制机制——包括生态环保的考核评价体系、综合管理体制、责任追究制度和环境损害赔偿制度以及相关的配套政策。另外，还要重点加强生态产品和生态服务交易市场制度等重要制度建设；尽快建立操作性强的资源有偿使用制度，深化资源性产品价格和税费改革，以制度保障生态文明建设的全面落实和深入发展。

在科学发展观的指导下，加强生态文明建设，实现人与自然、经济与环境和谐发展，向着"美丽中国"的目标迈进，必将推动中国的社会主义事业不断迈上新的台阶。

七、外交方面：走和平发展道路，共建和谐世界

始终不渝地走和平发展道路，是中国在新世纪新阶段提出的外交战略，是对中国传统的和平外交政策的新发展，也是中国对整个国际社会的承诺。和平发展道路就是利用和平的国际环境来发展自己，同时通过自己的发展来进一步促进世界和平，从而实现全世界共同繁荣的道路。

中国历来是一个爱好和平的国家。在中国传统文化的积淀中，和合精神已经深入人心。新中国成立以来，中国在对外关系中一直致力于维护世界和平。新中国成立初期，我们实行和平共处五项原则；改革开放初期，邓小平提出了"韬光养晦，有所作为"的外交策略；胡锦涛提出了建设和谐世界的主张，这些都反映了中国和平发展的历程。

"中国模式"最重要的特征之一就是它是一种和平发展模式。这是"中国模式"与美国模式、日本模式和欧洲模式等世界主流发展模式最重要的区别之一。在中国走向繁荣富强的道路上，和平发展是中国对本国国际形象的定位。

（一）从"和平崛起"到"和平发展"

中国改革开放 30 多年来经济的持续快速增长创造了世界经济奇迹，国际社会普遍关注中国。他们关注的不仅仅是中国发展的原因，也就是"中国模式"是什么的问题，他们更加担忧中国这样一个大国的发展对整个世界会产生什么样的影响。对于这个问题的回答有两种倾向，一种是积极客观的，一种是消极否定的。当然，世界上多数国家是支持中国发展的，对中国的发展持肯定和赞同的态度，认为中国的发展有利于世界的和平与发展事业。但也有一些国家对中国的发展充满了疑虑，有些国家甚至别有用心地炮制了"中国威胁论""中国崩溃论"等妖魔化中国的论调。为了反击以上论调，回应国际社会的担忧与疑虑，中国政府向世界庄严承诺，中国将坚定不移地走和平发展道路。2011 年 9 月，在中国共产党成立 90 周年之际，中国政府发表了《中国的和平发展》白皮书，再次向世界郑重宣告，和平发展是中国实现现代化和富民强国、促进世界共同繁荣的战略抉择。中国将始终不渝地走和平发展道路。

和平发展战略的确立经历了从"和平崛起"到"和平发展"这样一个说法逐渐替换的过程。

1. "和平崛起"概念的提出

"和平崛起"最初是由中国改革开放论坛理事长郑必坚提出的。2003年11月3日，他在博鳌亚洲论坛年会上发表了《中国和平崛起新道路和亚洲的未来》的演讲，在该演讲中，他最先提出了"中国和平崛起"的新命题，这一提法立刻在国内外产生了巨大反响，①之后不久，2003年11月28日，原中国外经贸部部长、中国加入世贸谈判首席代表龙永图，在武汉大学发表的演讲中强调：中国的崛起是和平崛起，绝不是对世界的威胁。这是中国学者比较早地对中国和平崛起的问题进行论述。

从2003年底开始，中国领导层开始正式地集中论述中国的和平崛起问题。2003年底先后出访国外的胡锦涛与温家宝代表中国政府向国际社会庄重承诺："中国走和平崛起的道路"，从而以最高领导人的名义向世界昭示了中国的国家意志、战略抉择及在国际社会的角色定位。

2003年12月10日，温家宝总理出访美国，他在哈佛大学发表的演讲中说："今天的中国，是一个改革开放与和平崛起的大国。"②他专门论述了和平崛起的要义，认为和平崛起就是中国的发展要独立自主、自力更生，主要依靠本国的力量，依靠对外开放、体制创新和科技进步来解决中国的发展问题，而不能依赖外国。

2003年12月26日，中共中央举行纪念毛泽东诞辰110周年座谈会，胡锦涛在会上发表的讲话中论述了和平崛起道路在对外关系方面坚持的基本原则。他指出，坚持中国特色社会主义道路，就要坚持和平崛起的道路，坚持与世界各国友好相处，平等互利。③

2004年3月14日，在十届人大二次会议闭幕后举行的记者招待会上，温家宝总理从五个方面进一步阐释了和平崛起的思想。

2. "和平发展"的提法取代"和平崛起"

中国和平崛起这一新概念提出之后，在国内外、党内外引起了广泛的关注和讨论，很多人不同意这样的提法，认为在目前国际局势下用"崛起"这个词，容易刺激其他大国和周边国家，引起它们的误解和疑虑，因此不宜使用"崛起"这个词。美国前助理国防部长、国家情报委员会主席约瑟夫·奈在新加坡《海峡时报》（2005年3月18日）发表题为

---

① 郑必坚：《中国和平崛起新道路和亚洲的未来》，《文汇报》，2003-11-3（3）。
② 温家宝：《把目光投向中国（在美国哈佛大学的演讲）》，《人民日报》，2003-12-11（3）。
③ 胡锦涛：《纪念毛泽东同志诞辰110周年的讲话》，《人民日报》，2003-12-27（1）。

《中国使人意识到和平的可贵》的文章中写道，"中国崛起"一词使用不当，更准确的说法应该是"复兴"。他认为。在 20 年里，中国国民生产总值增加了两倍，但"中国仍有很长一段路要走，而且前面的道路困难重重"。笔者基本上同意约瑟夫·奈的分析和预测。

"发展"（英文"Development"）一般经历很长的过程，而"崛起"（英文"Rise"或"upsurge"），是突起、兴起的意思，即在较短期内经济形态发生质的变化，综合国力迅速全面增强。一般来说，一个国家特别是一个大国，只有在发生了革命或重大改革、科学技术取得巨大突破、综合国力全面提升的情况下，才能称之为崛起。中国难以像美国、德国和日本那样在短期内"崛起"，坚持走和平发展的道路是非常正确的选择。

党和国家领导人认真听取了多方面的不同意见，中国学者和专家再次深入研究了中国和平崛起道路问题，在综合分析和反复权衡的基础上，中国最终确定了和平发展道路的新概念。因此，从 2004 年开始，"和平崛起"一词逐渐淡出，在主流媒体和国家政要讲话中开始替换为"和平发展"，这是一种较为低调的提法。

2004 年 4 月 24 日，在博鳌亚洲论坛的开幕式上，胡锦涛发表演讲指出："中国将坚持和平发展的道路，高举和平、发展、合作的旗帜，同亚洲各国共创亚洲振兴的新局面，努力为人类和平与发展的崇高事业做出更大的贡献。"[①]

2005 年 3 月 5 日，在十届人大三次会议上，温家宝在政府工作报告中首次全面、完整地阐述了"和平发展"思想，标志着和平发展正式成为中国的国家发展战略，具有重要意义。

2005 年 9 月 15 日，在联合国成立 60 周年首脑会议上，胡锦涛发表讲话再次重申，中国将坚定不移地走和平发展道路。同年 12 月，国务院新闻办首次发表了《中国的和平发展道路》白皮书。和平发展道路已经正式成为我国今后的国际战略和外交方针的基本原则。

无论是"和平崛起"还是"和平发展"，虽然提法有所不同，但大意是一样的。和平一直是中国历史的主流，也是中华民族的价值追求，只不过"和平发展"字眼较为温和，不易引起外界误解。"和平发展"

---

① 胡锦涛：《中国的发展，亚洲的机遇——在博鳌亚洲论坛 2004 年年会上的演讲》，《人民日报》，2004-4-25（1）。

概念的提出，有力地驳斥了所谓的"中国威胁论""中国崩溃论"等论调，对中国未来国际地位与作用做出了定位，是对中国国际战略的理论与实践创新，体现了中国一贯的不称霸思想。

（二）和平发展是中国的必然选择

一个国家发展道路的选择，是由多种因素共同决定的。中国之所以选择和平发展道路是由中国的社会主义制度、历史文化传统、本国的现实国情以及一贯的对外政策所决定的，是对弱肉强食发展范式和西方强权政治理论的根本扬弃，是马克思主义外交理论与时俱进的成果。中国的和平发展道路是把和平与发展有机地统一起来，在和平中求发展，以发展促和平。中国将始终高举和平、发展、合作的大旗，主动把握发展机遇，积极创造有利条件，妥善处理各种关系，努力化解矛盾、摩擦。不仅我们这一代人，而且我们的子子孙孙都要坚定不移地走和平发展道路。

1. 透视大国兴衰历史的明智选择

纵观世界历史，我们可以发现这样的现象，无论是一个强大王朝的出现，还是某个大国的崛起，几乎都是靠武力扩张或侵略和战争手段掠夺他人实现的，每一个国家的强盛，都是伴随着战争的爆发和暴力、掠夺的行为，这似乎已经成为一个发展规律。

翻开世界历史，上古时代有盛极一时的古埃及和古希腊、罗马帝国，中古时代有强大的奥斯曼帝国和葡萄牙、西班牙，到了近现代则有坚船利炮的英、法、美等西方列强，而这些国家的崛起，无一例外走的都是一条穷兵黩武、侵略扩张的道路。罗马经历了长达 200 多年的对外征战，不断进行侵略扩张，才最终成为一个横跨亚欧大陆的大帝国。西班牙也是靠对殖民地的疯狂掠夺，血腥积累了大量的财富，才进入世界强国之列。英国被称为"日不落"帝国，无论是其"世界工厂"地位的奠定，还是确立其世界霸权，主要途径依然是通过殖民战争，建立遍布于世界各地的殖民地。另外，法国拿破仑帝国之所以成为当时欧洲大陆的霸主，德国之所以能从一个四分五裂的国家一跃而成为世界强国，日本之所以能从一个落后的封建岛国迅速成为东亚地区的强国，主要依靠的仍然是武力。我们再看看美国，是一个更加典型的例子。作为一个移民国家，美国独立战争时期只有十三个州，后来疆域能够逐渐扩展到横跨太平洋和大西洋，能够从一个后起的资本主义国家跃升为世界首富，根本原因是美国通过两次世界大战大发横财，积累了大量财富，为其实现强国梦想奠定了坚实的物质基础。冷战时期美国是两个超级大国之一，而今是世界上唯一的超级大国。一超独大，便能够打着人道主义旗号，肆无忌惮地修理和指责所谓的"无赖国家""邪恶轴心"等，其背后依靠的仍然是强大的武力这个后盾。

换言之，近代大的战争几乎都是大国武力崛起导致的。16、17 世纪，为了争夺海上霸权，英国与西班牙、荷兰爆发多次战争；18、19世纪，为了在世界各地争夺殖民地并夺取欧洲霸权，英、法、俄等欧洲列强也是战争不断；到了 20 世纪，先是德国的迅速崛起导致第一次世界大战，之后是德、日两国的崛起又导致了第二次世界大战。第二次世界大战结束之后，世界也并不太平，美苏两个超级大国为了争夺世界霸权，又导致长达半个世纪的冷战。显而易见，历史上几乎所有大国的崛起都与残酷血腥的战争相联系，大国崛起的旧式道路给整个人类社会带来了巨大的灾难。

为了避免一国崛起导致多国灾难这样的悲剧重演，中国吸取了历史上大国兴衰的历史教训，坚决摒弃以武力和战争实现崛起的旧道路，走和平发展新道路，以和平手段实现自身发展。中国的这一历史抉择符合世界历史发展的潮流，当然也符合中国和亚洲乃至全世界人民的根本利益。

2. 中国历史和文化传统的现实体现

文化是民族的血脉，反映着一个民族的性格，同时也对这个国家或民族的政策取向有着很大的影响。所以，一个国家选择什么样的发展道路与该国的历史文化传统也有着非常密切的联系。

如果对西方大国崛起的历史进行全面考察，就可以发现其文化传统的基因都有一些相似之处，那就是对财富的强烈追求传统和狂热的宗教信仰传统，正是这些传统导致西方大国的崛起往往伴随着殖民侵略、掠夺和战争。而中国的历史文化传统与之有很大不同，由于受儒家思想影响很深，几千年来，"和为贵"始终是贯穿中国传统文化的主基调；"己所不欲，勿施于人"的观念始终是中国人民处世的基本价值取向；"和而不同""厚德载物"则反映了中华民族胸怀宽广的美德。爱好和平，追求和谐，成为中华民族独有的精神特质，已经融入中国人民的血液中。

这些都为我们坚持走和平发展道路奠定了深厚的思想文化基础。①

中华文化是一种和平文化,对外侵略扩张与中国的历史文化传统格格不入。历史上,中国曾经有 2000 多年的强盛时期,但中国也没有对外侵略扩张,至多就是向属国提供一些军事保护,向异域传播中华文明。中国唐代有"贞观之治",清代有"乾隆盛世",在当时可以说是世界强国了,但是也没有进行武力扩张,而是通过睦邻友好政策,推动彼此进行商贸交流。中国开通了著名的丝绸之路,也只是为了输送丝绸,而没有沿路去侵略征服;中国发明了火药,却只是用于制造烟火庆祝节日,而非制造枪炮侵略别国;中国发明了罗盘,也没有用它指引兵船去远洋称霸;郑和七下西洋,主要也是为了结交友邦,宣示和平,而不是去征服邻国,掠夺财富。

但是近代以来,一向热爱和平的中华民族却屡遭外敌入侵,中国人民饱受强权压迫和欺凌,深知和平之珍贵,发展之重要。今天的中国人民极其憎恨侵略扩张的霸权行为,强烈渴望和平的国际环境与和谐的国际关系,倍加珍惜来之不易的世界和平和国家繁荣富强。中国人民深知,中国今天的发展和进步是与宽松、和谐的国际环境密不可分的。因此,中国在制定对外政策时,总是倾向于和平合作,摒弃诉诸武力的做法。中国选择和平发展道路,根本目的乃在于实现中国 13 亿人口之根本利益,唯有和平,人民才能安居乐业;唯有发展,人民才能丰衣足食。

3. 和平与发展的时代主题的必然要求

对于时代主题的准确把握,是一个国家正确选择发展道路的重要前提。和平与发展依然是当今时代的主题,这已被第二次世界大战以来的无数事实所证明。在和平与发展的时代主题之下,国际局势的基本特征是:世界是总体和平的,但局部战争也时有发生;世界形势总体是缓和的,但也有一些局部的紧张因素;国际格局总体是稳定的,但也有一些地区局势动荡不安。从总体上来说,大国之间爆发全面战争的可能性很小。对于中国来说,我们面临大规模外敌入侵威胁以及卷入大规模战争的可能性也越来越小。在这样的国际大背景之下,维护世界和平,促进国家发展,推动社会进步,是世界各国人民的共同愿望。绝大多数国家,都希望能在和平而宽松的国际环境中来发展自己,都希望能够通过对话

---

① 人民日报评论员:《坚定不移地走和平发展的道路》,《人民日报》,2005-09-01（1）。

或者协商谈判的方式来解决矛盾与争端。霸权主义和强权政治越来越不得人心。在这样的时代潮流之下，任何一个国家妄图通过侵略扩张来实现本国崛起，都是与时代潮流背道而驰的，必然会遭到世界各国人民的共同反对。

同时，经济全球化条件下，世界各国相互融合的程度进一步加强，人类面临的全球性问题和共同利益也在明显增多，国家间的相互依存程度也在不断加深，整个世界形成了一种你中有我、我中有你、共存共荣的局面，加强各国间的协调和合作是世界和平和发展的重要基础。特别是全球化条件下，世界范围内的非传统安全威胁在不断加大，并呈现出跨国性、不确定性和协作性等特征，如恐怖主义、毒品走私、疾病蔓延以及信息安全等。对于这些威胁，任何一个国家包括超级大国，都无法仅仅依靠本国力量独自应对。因此，积极寻求国际合作共同应对非传统安全威胁，就成为全球化时代各国的必然选择。而且，中国改革开放以后，积极参与经济全球化，要获得本国所必需的国际资源，完全可以通过和平方式，即通过全球生产要素的合理的市场化流动来实现。中国根本没有必要也绝不会通过战争方式去掠夺别国资源。

无论是一个国家，还是一个政党，要想保持自己的生机与活力，要想推动历史进步，关键在于能否遵循历史发展规律，能否顺应时代潮流。中国选择和平发展，正是顺应了和平与发展的时代潮流。中国的和平发展就是要充分利用和平的国际环境和新科技革命带来的机遇，高举和平与发展的大旗，始终坚持独立自主的和平外交政策，在平等互利的基础上积极发展同世界各国的友好合作，充分发挥后发优势，积极参与国际合作与竞争，充分利用国内和国际两种资源、两个市场，实现中华民族伟大复兴的中国梦。正如党的十七大报告所指出的："中国将始终不渝走和平发展道路。这是中国政府和人民根据时代发展潮流和自身根本利益做出的战略抉择。"①

4 社会主义制度的本质要求和中国国情的现实需要

爱好和平是人类美好的追求，也是全世界人民的共同愿望，其本身没有制度和意识形态之分。但是当其与一定的社会制度和意识形态相结合，就发生了根本性的变化。资本主义制度的本质，决定了西方资本主

---

① 胡锦涛：《高举中国特色社会主义伟大旗帜，为夺取全面建设小康社会新胜利而奋斗》，人民出版社2007年版，第47页。

义国家的崛起必然要通过侵略扩张的方式来实现，也就必然会充满血腥和暴力。中国是社会主义国家，社会主义的最终目的是为了实现全人类的解放，国家性质决定了中国绝不能走侵略扩张的老路，只能走和平发展道路。

马克思、恩格斯早在 19 世纪中后期就指出，和平是社会主义、共产主义社会的国际原则。①他们提出了制止战争、不惜一切代价争取和平的主张。邓小平发展了马克思和恩格斯的和平思想，他在 1989 年 10 月会见泰国总理时指出："我们搞的是有中国特色的社会主义，是不断发展社会生产力的社会主义，是主张和平的社会主义。"②"主张和平的社会主义"这种新理念，第一次把和平作为社会主义中国外交政策的主线，并且揭示了和平与社会主义的内在联系，把和平提升为社会主义的核心价值之一。"和平的社会主义"，揭示的是中国特色社会主义的性质是和平的；"主张和平"，指的是中国的政策主张和价值取向是和平。

也就是说，中国选择了社会主义制度，也就意味着选择了和平发展。"主张和平的社会主义"新理念，打破了传统的社会主义观念，实现了社会主义观念由"战争与革命"到"和平与发展"的深刻转变，是对科学社会主义理论的进一步丰富和发展。③所以在中国建设中国特色社会主义，实质上就是坚定不移地走和平发展的道路。当代中国的社会主义，就是保持"和平与发展"新时代鲜活特色的科学社会主义，其与传统的僵化的"苏联模式"划清了界限。

多年来，这种"和平与发展的社会主义"新观念，成为中国共产党和国家的外交指导思想，不仅推动着中国的和平发展，更深刻地影响着整个世界。纵观新中国成立 60 多年来的发展，社会主义中国始终高举和平的旗帜，成为维护世界和平的一支重要力量。中国的内政外交实践一再向世界表明，中国过去没有称霸，现在不称霸，将来强大了也不会称霸，中国绝不会依靠侵略别国来发展自己。中国在和平中实现发展的事实，恰恰已经证明并将继续证明社会主义制度的无比优越性和无穷魅力。

---

① 《马克思恩格斯选集》第 2 卷，人民出版社 1995 年版，第 19 页。
② 《邓小平文选》第 3 卷，人民出版社 1993 年版，第 328 页。
③ 李德田：《多视角探析中国和平崛起的发展道路》，《党政干部学刊》，2006 年第 3 期。

（三）中国走和平发展道路是实现现代化的一条全新道路

"和平发展道路"的确立，反映了中国共产党对社会主义发展规律认识的进一步深化和升华，表明其对中国国情和世界发展大势的把握更加理性，"和平发展"的理念从自在层面被提升到了自为层面，它标志着和平发展已经正式成为中国的国家战略。"和平发展"的战略思维将在今后中国的发展之路上规范着中国的内政、外交乃至军事方向，意义十分深远。

中国的和平发展道路，作为顺应人类文明进步要求的发展新模式，其内涵十分丰富。中国的和平发展，不仅符合中国人民的根本利益，而且也完全符合世界各国人民的共同利益。这是一种与资本主义传统大国发展模式完全不同的模式，是维护和平、互利共赢的发展模式。中国的和平发展道路从逻辑关系来说包括三个层面，即和平中发展、和平地发展以及和平的发展，亦就是发展道路的环境、发展道路的手段和发展道路的目的三个维度与和平的关联性。第一，用和平手段而非战争的方式来发展，要有更高的战略能力，不仅要有打赢战争的能力，而且要有遏制战争的能力；第二，要有独立自主、自我创新的能力，不是靠与其他国家争夺战略资源和与其他国家结盟来发展；第三，要有很强的国际协调能力，与其他国家和平共处，取长补短，互利互惠，实现双赢。具体来讲，和平发展的内涵可以从以下几方面理解：

1. 坚持通过和平的方式来发展自己

如前所述，在世界历史上，大国的崛起往往会引起世界格局和国际秩序的急剧变动，有些时候甚至会引起世界大战。中国选择的是一条在和平中求发展，以发展促和平的新道路。中国既没有挑战现有国际体系的企图，也没有另建一个体系进行对抗的想法。在和平与发展的时代潮流之下，任何国家都不可能再通过侵略战争的手段称霸世界，而只能靠科技、经济等综合实力实现强国梦想。中国的和平发展战略，不仅是我国治国理政的新理念，也是中国对世界的郑重承诺，其实质是要向全世界表明中国发展的和平特质，这与历史上大国崛起旧模式的性质完全不同。和平发展是中国人民的整体诉求，也是中华民族对人类文明进步的贡献。中国谋求本国发展之时，一贯反对霸权主义和强权政治，标示中国是保持亚洲乃至世界和平稳定的积极因素，为消除"中国威胁论"的消极影响提供了有力的理论武器。中国的和平发展给整个世界带来的绝不是威胁，而是机遇。

2. 坚持独立自主，利用世界和平的环境来实现自身发展

全球化时代，任何国家的发展都不能脱离时代背景和国际环境。中国的和平发展也是如此。和平与发展仍然是当今世界的主题，冷战结束以后，世界经济全球化和政治多极化的趋势继续在曲折中深入发展，新科技革命方兴未艾，中国的和平发展面临着难得的历史机遇。

中国的和平发展道路，其精髓在于，要充分利用当今世界总体上的和平、稳定、缓和的大好形势，通过全民族的自力更生、艰苦创业，实现中华民族的伟大复兴。中国作为一个发展中的社会主义大国，不可能依赖他国实现自身发展，必须把发展的基点放在主要依靠自己的力量上。我们有先进的社会主义制度为依托，有统一而广阔的国内市场、丰富的人力资源等可以利用，只要始终坚持改革开放的基本国策，依靠全国各族人民的勤劳勇敢和艰苦奋斗精神，一定能实现自身的又快又好发展。历史证明，中国的发展问题要靠中国自己来解决，靠掠夺别国、转嫁矛盾给别国的方式来发展自己是完全行不通的。

3. 坚持和平与发展的辩证统一

坚持走和平发展道路的前提，在于能否正确地认识与处理和平与发展二者之间的关系。中国所主张的发展应该既是和平发展，同时又是开放发展、合作发展。中国一方面主张充分利用世界的和平环境所带来的大好机遇来发展自己，另一方面只有中国发展起来才能够更好地维护世界和平，促进世界共同繁荣。和平与发展相互依存，不可分离。以发展促和平，和平才有保障；以和平保发展，发展才可持续。充分把握和平与发展之间的辩证关系，就能深刻领会和平发展道路的要义：首先，和平发展新道路，指的是中国发展的方式是和平方式，中国发展的目的和结果是促进世界和平；其次，中国的发展需要稳定的周边环境和和平的国际环境，中国的发展对于促进周边稳定和世界和平是有利因素；最后，中国的和平发展，绝不会损害邻国以及其他国家的利益，而是为世界各国的发展带来更好的机遇，实现互利共赢。

为此，中国政府不止一次地向整个世界庄严宣示：中国致力于利用和平的国际环境、以和平的方式发展自己，中国的发展意味着世界和平因素的增长，意味着世界和平力量的壮大。中国人民感悟到，和平不能建筑在一张白纸之上，必须通过自身发展奠定和平的物质基础，使和平

的力量变得非常强大，才有能力、有精力去维护世界和平，世界和平才会真正地有保障。

4. 对内和谐，对外和平，共建和谐世界

中国和平发展既是一个对内建设和谐社会、促进最广大的人民利益实现和满足的发展过程，又是一个通过"睦邻、安邻、友邻"的外交思维来推动世界和平与和谐实现的过程，体现了社会主义的价值诉求和人类共同的美好理想。2005 年 9 月，胡锦涛在联合国成立 60 周年首脑会议上，首次倡导要建设一个持久和平、共同繁荣的和谐世界。这充分表达了中国政府和中国人民关于世界未来发展的新主张，是对中国独立自主和平外交政策的进一步升华。和谐世界必然是共同繁荣的世界、民主平等的世界、团结合作的世界、相互包容的世界、持久和平的世界。作为正从人口和地理大国向经济和政治大国转化的中国，"对内坚持和谐发展，对外坚持和平发展，这两方面是一个密切联系、有机统一的整体，都有利于推动建设一个持久和平、共同繁荣的和谐世界"[1]。

和平发展道路，是中国共产党顺应历史发展趋势，准确判断当前的国际形势，立足于中国现实国情而提出的一项国家战略目标。它表明中国希望在既不冲击现有国际秩序，也不侵犯他国利益的情况下实现本国发展的愿望。这是一条和平发展、自主发展、开放式发展和共赢共享之路。中国的发展是世界的机遇。

（四）中国的和平发展是世界和平发展的强劲动力

新中国成立以来，中国一直秉承中华传统文化中的和平基因，实行独立自主的和平外交政策，为世界和平与发展的进步事业做出了巨大贡献。促进并维护世界和平、谋求平等互利的合作、实现共同繁荣发展，是中国外交的主线。近年来，在重大国际问题上，中国始终坚持劝和促谈：中国积极推动"朝核六方会谈"，为朝鲜半岛核问题的和平解决提供最佳平台；中国支持通过协商对话解决伊朗核问题；中国致力于推动所有地区热点问题的降温与和平解决。中国执行联合国决议，多次参加联合国维和行动，安理会五个常任理事国中，中国是派出维和人员最多的国家。在承担国际责任方面，中国受到世界各国的广泛赞扬。

但是，中国的和平发展道路也并非一帆风顺，存在着许多影响和平

---

① 胡锦涛：《加强互利合作 实现共同发展——在德国经济亚太委员会举行的晚宴上的演讲》，《人民日报》，2005-11-12（3）。

与发展的不稳定因素。首先是霸权主义的威胁。在和平与发展的时代主题之下，世界并不太平，霸权主义与强权政治依然存在，国际垄断资本依然占很大优势。中国作为一个发展中的社会主义大国，发展必然会受到少数垄断资本主义的极力阻挠，"中国威胁论"与"中国崩溃论"的产生不是偶然的，其根本目的就是为了打压中国、遏制中国发展。其次是政治意识形态的压力。虽然中国主张在对外交往中不以社会制度和意识形态来划限，但社会主义作为资本主义的对立物产生，必然会遭到资本主义想方设法的遏制与演变，两种社会制度的较量和斗争仍然将是长期而复杂的。中国是世界上最大的社会主义国家，是社会主义的中流砥柱，面临的意识形态挑战将更为严峻。再次是民族分裂势力的危害和威胁。当前中国的分裂势力主要有台独、藏独和疆独。这些内部分裂势力和国外的反华势力相互勾结，处心积虑地破坏中国的民族团结，对我国的和平发展和国家安全的危害与威胁很大。另外，能源问题、生态环境问题、发展不平衡问题、恐怖主义问题等，都是影响中国和平发展的消极因素。

中国的和平发展道路打破了"国强必霸"的大国崛起传统模式，和平发展是"中国模式"最重要的特性之一。我们必须抓住机遇，迎接挑战，克服和平发展道路上的重重障碍，以科学发展观为指导，为建设社会主义和谐社会和建设和谐世界而努力。作为一个拥有 13 亿人口的发展中的社会主义大国，中国的和平发展必将为世界的和平发展事业做出更大的贡献。

第四章 "中国模式"的国际比较

如前所述，模式是反映事物本质的抽象化样式，并借此反映不同事物之间的区别。为了更加清楚地了解"中国模式"的基本特征，彰显"中国模式"的中国特征和中国气派，我们选取了同样是从传统的计划经济向市场经济转轨并受苏联模式影响的俄罗斯模式，近年来作为发展中国家中发展态势很好、历史文化和国情与中国有很大相似性的印度模式，以及发展中国家中按照西方"华盛顿共识"的药方发展、最终成为"华盛顿共识"重灾区的拉美模式进行比较，以求通过比较，更加深刻地认识中国按照自己国情，走自己的发展道路的历史意义。希望能够总结经验，不断完善"中国模式"，使之沿着更加健康的轨道发展，成为经济、政治和文化都全面发展的比较成熟的模式。

一、"中国模式"与俄罗斯模式：走出"苏联模式"

社会主义国家的产生、发展壮大乃至遭受挫折，是 20 世纪人类历史上最为震撼的历史事件。苏联作为世界上第一个社会主义国家，对于如何建设社会主义无任何经验可借鉴，只能根据自己对马克思列宁主义经典著作关于社会主义制度的预见的理解以及对社会主义性质的认识，探索本国建设社会主义的道路，进而形成了以高度集权为特征的"苏联模式"，或称之为"斯大林模式"。第二次世界大战后，欧亚一系列社会主义国家的建立形成了强大的社会主义阵营，由于种种历史原因，苏联模式也随之扩展到所有社会主义国家。中华人民共和国成立以后，也基本上照搬了苏联模式。传统体制在社会主义国家建立初期，曾经对当时的经济建设发挥了积极的作用。但随着时代的变迁，这种体制固有的弊端更加突出地暴露出来，严重阻碍了经济、社会的进一步发展。于是，改革原有的僵化模式，成为社会主义各国共同的历史性课题。

　　中国和俄罗斯（前苏联主要继承国）是欧亚大陆的两个大国，两国虽然在国情和历史文化传统方面差异很大，但相似之处也有许多：中俄两国曾经都是社会主义大国，都曾经建立了社会主义制度并实行高度集中的计划经济体制。两国在现代化建设实践中都逐渐认识到，要推动经济、社会的进一步发展，就必须实现由传统计划经济体制向现代市场经济体制的转变，这是两国改革需要完成的共同任务。中国从十一届三中全会以后，俄罗斯在苏联解体后，都实行了以市场化为基本取向的改革，但由于两国改革的战略和目标选择不同，就获得了迥然不同的结果，形成了不同的发展模式。由于经济发展对于政治和社会其他方面发展的基础作用，我们重点比较两国在向市场经济转轨中的一些差异。事实上，社会发展模式的差别是一个综合性的概念，绝不是经济一个方面所能简单涵盖的。

　　而今，无论是在中国还是在俄罗斯，计划经济已经成为历史，中俄两国都开始了新的历史征程，但是两国的改革任务都尚未完成。分析和比较"中国模式"和俄罗斯模式，无论是对于"中国模式"的发展和完善，还是对于社会主义国家或前社会主义国家摆脱传统社会主义模式的影响，选择适合自己的发展模式，都会提供许多有益的启示。

（一）中俄改革的初始条件比较

　　中国与俄罗斯在改革前有许多共同之处：中俄两国都建立了社会主义制度，都实行计划经济体制；理论上两国都认为社会主义就等同于计划经济，资本主义就等同于市场经济；两国都实行公有制为主体和按劳分配为原则的基本经济制度；两国在革命前都是经济文化比较落后的国家，革命后在经济社会发展方面取得了很大成就。从 20 世纪 60 年代开始，面对新科技革命浪潮，两国的经济与发达资本主义国家在内涵上的差距逐渐拉大，高度集中的计划经济体制严重阻碍了生产力的发展。打破传统体制，向社会主义市场经济体制转变，是两国面临的共同改革任务。

1. 工业化程度和经济发展的整体水平不同

　　总体而言，因为俄罗斯的前身是社会主义苏联，是当时世界上唯一能与美国抗衡的超级大国，经过多年的社会主义建设，工业比较发达，科学技术水平位居世界前列；相比之下，中国是一个经济文化落后的发展中的农业大国，工业十分落后，人民生活水平居世界后列。

从工业化程度来讲，俄罗斯作为前苏联的继承国，在改革前已基本实现了工业化，90%的劳动力就业于国有部门，即使农庄的社员也能享受国家的各种福利。这就决定了几乎社会上的每个成员都在旧的体制内存在一份既得利益，旧体制的影响很深、束缚很大，所以改革的阻力大，推行困难。而中国则不同，其工业化程度远远比不上苏联，要落后得多。中国在改革之前是一个相当落后的农业经济大国，1978 年，71%的人口从事农业，15%从事工业。而在 1985 年，苏联只有 14%的劳动人口从事农业，32%的劳动人口从事工业。中国有约 80%的人口生活在农村，以农户为单位的自然经济生产方式影响很大，特别是占人口绝大多数的广大农民的生活水平很低，通过改革摆脱贫困的要求也比较强烈，因而中国的改革也就相对容易，阻力小。

就经济发展总体水平而言，虽然与西方国家相比，苏联人民的生活水平是比较低的，但在社会主义阵营中却属于高收入国家。而中国人口众多，经济发展水平较低，人民群众的生活水平远远低于苏联，以 1985 年为例，中国的人均 GDP 只有 292 美元，仅为苏联的 8.8%；1989 年苏联人均 GDP 为 2711 美元，而当时中国仅有 403 美元。即使在 2001 年，中国经济已经数年持续高速增长，而俄罗斯经济已经持续衰退的情况下，俄罗斯的人均 GDP 仍然还有 1528 美元，而中国为 1042 美元。更不用说，苏联还有比中国更加完善的社会福利体系了。据此看来，苏联改革的物质条件比中国要优越很多。而且，中国历经"文革"十年浩劫之痛，经济面临崩溃边缘，百废待兴，居民迫切要求通过改革改变现状。首先解决人民群众的生计问题，中国的改革就自然而然地选择从经济领域而非政治领域开始。

2. 计划经济实践程度不同

虽然说中、苏两国原先都实行高度集中的计划经济体制，但计划经济的实现程度却不尽相同，计划覆盖的广度和影响的深度也不同。苏联是计划经济体制的最先实践者，从 20 世纪 30 年代到 80 年代时间长达半个世纪多，而且计划经济体制已经渗透到了其日常的生产和生活的方方面面，指令性计划是其管理国民经济的基本手段。在苏联，企业的计划由全苏国家计委直接管辖，地方共和国并不参与，而且所有计划都具有非常严格的强制性。在苏联，计划是刚性的，"计划就是法律"，必须严格执行，绝不能越雷池一步。

中国从苏联学习了计划经济体制，但中国的经济发展远远落后于苏联，到处是分散的农业和小手工业，虽然指令性计划的触角也延伸到了这些产业，但其作用还是有限的。与苏联相比，中国的计划经济体制又有所不同，采用的是统一计划、分级管理的体制模式，计划是留有余地的，强制性是在一定限度内的。相对而言，中国的计划经济体制不如苏联那样刻板、僵硬。在中国，商品交换、商品流通的范围相对宽松，即使在计划经济体制最强化的时期，具有商品性质的经济活动也以各种形式存在。比如对商业的管理，一直到 1958 年"大跃进"时期，才真正地把以合作商店、合作小组形式存在的小商贩、个体零售商业网点变为国营商业，最终形成了主要用行政手段管理商业的体制。后来，在严重的经济困难时期，国家又不得不放宽了对商品流通的一些限制，一些商品的购销渠道有所松动，集市贸易也不同程度地存在，即使是在"文化大革命"时期也未完全消失。

因此，就计划经济的实践而言，中国的计划体制相对宽松一些，所以中国实行国有企业的放权让利改革时，市场关系恢复发展得很快；而苏联受计划束缚太紧，虽然经历了几十年的改革，市场关系还是没有能够发展起来。

3. 公有制实现程度不同

在所有制方面，片面追求"一大二公三纯"，是中国和俄罗斯两国原有体制的共同特征。但在公有制的实现程度方面两国却有所差别。

就农村而言，两国公有制实现形式与实现程度都有所不同。到 1991 年底为止，俄罗斯国有经济实现全覆盖，几乎囊括了城市和农村的所有领域。作为其农村公有制的实现形式，苏联时期的集体农庄，虽然在名义上称为集体所有制，实际上却没有任何自主权，集体农庄受国家指令性计划的严格控制，带有明显的国有经济特征。而在中国，农村的公有制实现形式是人民公社，虽然在 1958 年人民公社运动刚刚开始时搞过了头，曾出现过诸如刮"共产风"、吃公共食堂等现象，但经过后来的调整，农村集体经济被定位为"三级所有，队为基础"。而且中国城乡差别和地区差别都很大，以供销社、信用社为代表的集体所有制有很大生存空间，还存在少量的流动手工业户。农民也在集体经济中能够稍许保留一点"小自由"，农村集市贸易也起起落落，却并未销声匿迹。

就城市而言，中俄两国公有制的实现程度也差别很大。俄罗斯转轨之前，它的国有企业雇用了整个劳动力队伍的 90%，民营经济在整个 GDP 中只占 5%，而我们的国有企业在最高峰的时候其雇员人数也只有 7500 万人，现在只有 3000 多万人，占整个劳动力队伍不到 4%。俄罗斯当时真正是国有企业一统天下，所以它没有回旋的余地；而中国工业化比俄罗斯落后得多，我们可以有乡镇企业，有私营企业。

4. 经济改革和政治改革的顺序不同

从世界范围来看，俄罗斯的前身苏联实行计划经济的时间最长、计划影响的范围最广、受计划控制的程度最深，计划经济体制的影响自然也就最大。但比较之下，社会主义苏联 70 多年历史中高度集权的政治体制和强权政治所累积的政治问题比经济问题要多很多，而且政治问题比经济问题更严重、更尖锐、更复杂，解决政治问题也更具迫切性，人民群众要求革除政治弊端、进行政治改革的愿望更强烈。所以苏联的改革始于政治领域，其推行戈尔巴乔夫式的新思维，批评乃至否定苏联和苏共过去的历史，社会主义和共产党被抹黑，给反对党派以合法地位，各加盟共和国总统实行西方式的直接选举。

而中国从 1949 年新中国成立，到 1978 年党的十一届三中全会召开以后开始经济体制改革，之间也经历了有 29 年。在这期间，中国的政治问题和经济问题都累积了不少。政治上有"反右"扩大化和"文化大革命"等错误，以阶级斗争为纲，政治运动不断；经济上的"大跃进"和人民公社化运动，违背了经济规律，生产力不发达，人民生活水平很低，大部分中国人的温饱问题都没有解决。因此，1978 年改革之前的中国，经济问题比政治问题更具紧迫性和严重性。党和国家领导人充分认识到，只有首先解决了经济问题，也就是解决了几亿中国人的温饱问题或生存问题，才能为解决意识形态和政治问题奠定物质基础。因此，1978 年中国的改革始于经济领域，是因为经济问题的解决更具紧迫性。

5. 党和政府的凝聚力不同

中国的改革有着稳定的社会政治环境，有中国共产党的坚强有力领导。虽然在 20 世纪 80 年代末，中国改革也受国际共产主义大气候影响，出现了严重的困难，但执政的中国共产党仍然牢牢地掌握着政权，仍能坚持改革的社会主义方向。这样就在政治体制上、在整个社会架构上保持了一个连续性。俄罗斯的改革是在整个政治体制解体的情况下进行的，当时的苏联共产党拒绝改革，也没有能力来领导改革。在戈尔巴乔夫的"民主化"和"公开性"思维指导下，政治体制的急剧变动与经济体制快速转轨同时进行，党和政府已经失去了对整个社会政治和经济的有效领导与控制，在社会政治动荡与宏观经济失控的状况之下，改革困难重重。俄罗斯政府在出售国有资产的时候，它的政治地位要比中国政府弱得多，就是很好的例证。

6. 外部资金条件和改革时机不同

中国拥有数量众多的海外华侨，由于几千年来传统中华文化的影响，中国的经济体制改革得到了包括香港同胞、台湾同胞和海外华侨从物质到道义上的大力支持。在中国的所有外来投资中，75%～80%是世界各地的华人提供的，这是宝贵的知识和投资来源。他们以报效祖国的真诚愿望积极为中国的改革献力献策，对中国经济走向世界起到了重要的桥梁作用，而这似乎是俄罗斯所不具备的一种天然资源。

此外中国是在国民经济尚有一定的增长潜力之时，就致力于改革。而俄罗斯是在 1991 年经济已经陷入全面危机之中，出现零增长、负增长的时候，才开始致力于从根本上改革原有的高度集中的计划经济体制。

（二）"中国模式"与俄罗斯模式的不同之处

中国与俄罗斯的经济改革的模式，是传统的社会主义国家在转轨时期所采取的模式当中最具典型特征的两种，但两种模式却具有很大的差异性。虽然两国都进行的是以市场为取向的改革，但两国改革的道路截然不同。在改革目标上，中国坚持社会主义取向的改革，把社会主义制度优势与市场经济结合起来；而俄罗斯则要建立新自由主义的资本主义自由市场经济，实现私有化。在改革方式上，中国进行的是"摸着石头过河"的渐进式的改革，而俄罗斯是激进式的"休克疗法"；在改革内容上，中国通过公有制实现形式多样化来实现公有制和市场经济的结合，俄罗斯是全面私有化。此外，领导力量不同。俄罗斯自改革伊始就取消了苏共的领导地位，各党派纷争不断，形成一种"没有执政党的多党制"的混乱局面；中国则始终坚持中国共产党的领导，始终维护中央政府的权威，中国改革的领导权始终牢牢掌握在党和政府手中。战略重点不同。俄罗斯是政治改革优先，各政治派别之间的权力斗争超越了经济改革；中国则是经济改革优先，政治改革与经济改革相互配合、相互促进。

1. 改革的性质不同

中国和俄罗斯两国的经济改革的方向基本一致,都要向市场经济过渡。但在改革的性质和体制目标模式上,中俄两国却存在着根本区别。

中国改革的性质是社会主义制度的自我完善、自我发展,它是在坚持社会主义根本制度的前提下,采取渐进式的改革方式,过渡到社会主义市场经济。1992 年党的十四大,中国正式确立了经济体制改革的目标,就是建立社会主义市场经济体制。这其中包含两层要义:一是制度约束性,即改革必须要坚持社会主义方向;二是市场经济取向,即用市场经济体制取代传统的计划经济体制。这种体制的优势在于,既能充分发挥市场经济的优势,又能坚持社会主义社会制度的连续性,在保持社会稳定的前提下推进改革。对传统的计划经济体制必须进行根本性变革才能推动生产力的发展,而这必须从本国国情出发。改革必须坚持四项基本原则,必须始终坚持社会主义方向,也就是改革而不改向。社会主义市场经济体制,力求兼顾效率与公平,实现了社会主义与市场经济二者的优势结合。因此,中国的改革始终保持改革的社会主义性质,是真正意义上的体制改革。

俄罗斯的改革是为了彻底"告别过去",就是要放弃苏联时期的政治经济模式,彻底放弃原来的社会主义经济制度,完全过渡到资本主义的自由市场经济,建立西方式的资本主义制度。他们认为传统计划经济体制的弊端完全是社会主义制度带来的,于是全盘否定社会主义,转而接受资本主义意识形态。俄罗斯前总理盖达尔宣称,要在发达的资本主义制度下生活,"休克疗法"的目的在于复辟资本主义。所以俄罗斯的经济体制改革,就不仅是要以市场体制代替计划体制那么简单,更为重要的还在于以私有制取代公有制,其要建立的市场经济是以私有制为基础的。当然,俄罗斯之所以选择西方的自由市场经济模式,是有深刻原因的:一方面,1992 年改革之初的俄罗斯爆发了全面的经济危机,在经济困境面前不得已只能求助于西方国家,且受国际金融组织援助和外国投资的诱惑,只好简单照搬和借用外来经验。西方也趁机为俄罗斯精心设计西方式的改革方案并制定相关的法律法规,"休克疗法"的创始人萨克斯就被聘请为叶利钦的总统顾问。另一方面,最为关键的原因是苏联解体,苏共亡党,社会主义已被连根拔起,新掌权的政治精英们会不惜一切代价巩固手中的政权,保护自己的既得利益,以求真正地达到所谓"不可逆转点"。

1991 年苏联解体之后，叶利钦在政治上完全取消社会主义制度，取缔苏共的领导与执政地位，指导思想上完全否定马列主义，致力于培植其资本主义政权的政治基础；经济上积极推动全面私有化进程，使官僚垄断资本主义经济处于支配地位，以奠定其政权的经济基础。上述事实充分说明，俄罗斯改革以私有化为目标，以西方的价值观、社会制度为改革内容的转轨，走上了回归资本主义生产方式的变革道路。俄罗斯经济体制改革的实质在于，在向市场经济的过渡中完全抛弃了社会主义制度，回归资本主义制度。俄罗斯虽然通过"休克疗法"快速转变为资本主义的自由市场经济模式，但同时也改掉了社会制度，就社会制度的性质而言，已经完全脱离了原来的社会主义轨道。因此，俄罗斯的经济改革不是真正意义上的体制改革，而是社会制度的根本变革，把经济体制的变迁同社会制度的变化联结在一起。

当然，中国与俄罗斯两国改革的目标和性质完全不同，在这方面已不可同日而语。但在从传统的计划经济体制向市场经济体制转轨过程中，两国都处于社会转型期，自然会面临较为类似的问题，改革的一些经验与做法仍然可以相互借鉴。

2. 改革的方式不同

如前所述，中国与俄罗斯两国制度变迁的路径依赖是完全不同的，中国的改革从经济领域开始，而俄罗斯的前身苏联的改革却从政治领域开始。单从经济改革来说，两国的改革方式也截然不同：中国采用的是渐进式的方式，逐步推进改革；而俄罗斯采用的是激进式的改革方式，被称为"休克疗法"。这两种改革方式迥然不同，绩效各异，当然支付的改革成本也有所不同。

中国的改革是在中国共产党和中央政府的坚强领导下，有步骤、分阶段地进行的，采取了一种俗称"摸着石头过河"的渐进式的改革方式。中国的渐进式改革坚持一切从实际出发的唯物主义基本原则，从易到难、由浅入深、循序渐进地推进改革。这种改革方式可以有效地把改革推进的力度、经济社会发展的速度和整个社会对改革能够接受的程度三者有机地协调统一起来，在保持政局稳定、避免社会动荡的前提下进行改革。自 1978 年改革开放以来，中国总是从那些改革的阻力最小、改革成本低、改革收益大的领域入手进行改革。例如，从产业看，中国的制度变迁是先农村后城市，先是农业后为轻、重工业，渐次推进，而非全面开花；就价格改革而言，没有迅速而全面地放开价格，而是先调后放，调放结合，采用"双轨并存、逐步过渡"的方式，实现与国际市场的价格接轨；在政府宏观调控上，政府逐渐从直接调控向间接调控转变；从改革的突破口来看，中国的经济制度变迁是先易后难，先外围后中心，先增量后存量，先是非国有经济后为国有企业，顺序逐渐推进改革；从市场体系的形成来说，先发展的是一般商品市场，然后再发展生产要素市场；从地域推进方式来看，从经济特区到沿海开放城市，再到内陆地区，逐渐实现全方位改革与开放，等等。总体来看，中国的渐进式改革，先试验后推广，逐渐培育和发展新体制的要素；通过不断试错，逐步推进改革向纵深发展，为最终确立社会主义市场经济体制不断创造条件。实践证明，这种改革方式是符合中国国情的。

俄罗斯采用西方发达国家现有模式进行改革，实行激进改革的方针，先破再立，实行推倒重来。从政治心理学的角度看，在一个高度集权的体制崩溃后，最初的政治改革者在政治压力释放后的危机感和紧迫感，往往可能导致激进的思维。因此，苏联解体后，其继承者俄罗斯必然采用激进式的"休克疗法"，对整个社会实施大的手术，力求使走向资本主义制度的改革方向变得不可逆转，根本不会考虑社会发展链条的继承性和社会的承受能力。例如，在所有制改革方面，从旧体制的核心国有企业开始，以先改变存量的方式入手，进行所有制转换。这种方式造成了极其严重的不良后果：国有企业既不能迅速私有化，又由于受旧体制影响很深而难以很快适应新体制，造成大量的国有资产长期处于闲置和亏损状态，严重浪费了资源；激进式改革迅速破坏了旧体制，但新体制很难在短期内建立，于是整个社会处于瘫痪状态，出现了钻法律空子的既得利益集团，加剧了社会的两极分化，引起了社会的急剧动荡。在市场形成上，完全破坏了国家原有的宏观调控机制，由于缺乏国家对经济的有效干预，光靠市场调节只能使经济运行处于无序状态。再从价格改革来看，一次性放开价格是俄罗斯激进式改革的最突出表现之一。俄罗斯把一次性放开价格作为其经济转轨的"先导性措施"。但是，由于苏联农轻重比例严重失调，轻工业发展严重滞后，导致商品极度短缺，最终造成了物价飞涨、恶性通货膨胀爆发的经济混乱局面。居民多年的积蓄被通胀吞噬，人民群众生活水平急剧下降，企业的生产和再生产能力也急剧萎缩。因此，俄罗斯按照西方开出的"华盛顿共识"药方进行改革的结果是，不仅没有带来预期的经济发展奇迹，反而付出了经济"失去十年"和社会动荡的巨大代价。

3. 改革内容不同

中俄两国由于改革的性质与方式截然不同，决定了改革的内容也大不相同。俄罗斯按照新自由主义的"华盛顿共识"药方，推行以私有化、自由化、市场化作为主要内容的改革；而中国则始终坚持公有制、政府宏观调控和市场化改革的统一。可以看出，两国改革的主要内容的不同主要体现在，一是所有制不同，二是政府的作用不同。

从所有制改革方面来说，中国要建立的是社会主义市场经济体制，进行市场化改革的基本前提就是必须坚持社会主义制度，即必须坚持公有制的主体地位，坚决否定私有化。中国对所有制结构的调整也是渐进推进的：一方面，通过积极探索公有制的多种实现形式、增强国有企业的生机与活力，来实现公有制与市场经济的有机结合，并未根本改变原来国家所有制的地位；另一方面，通过支持和鼓励各种非公有制经济的发展，使非公有制成为中国社会主义市场经济的重要组成部分，为国民经济增长做出新的贡献。可以看出，在迈向市场经济的历史进程中，中国坚决不放弃公有制的主体地位，国有经济、集体经济及合作经济等公有制始终占据主体地位，以保证市场化改革的社会主义方向，并且公有产权与市场经济实现了有机结合。中国社会主义市场经济体制的确立并不断完善有力地证明，市场经济绝不是私有制所专有，公有制条件下也可以实行市场经济。

与中国截然不同，苏联解体后，俄罗斯存在这样一种根深蒂固的认识，即只有取消公有制，才能彻底消除计划经济的各种弊端；而要真正实行市场经济体制，必须全盘私有化。俄罗斯经济改革的"核心"就是推行私有化，这也成为中俄经济改革的最本质区别。俄罗斯的政治家普遍认为，只有实行私有化才能与计划经济决裂，才能与社会主义决裂，才能与苏联决裂。而自由派改革者们也一贯热衷于通过私有化改革，建立他们所向往的资本主义制度。叶利钦就曾公开宣称"我们需要上百万个私有者"。在他的主导下，从 1991 年起，俄罗斯出台了一系列的私有化文件，诸如《关于国有企业和地方企业私有化法》《俄罗斯 1992 年国有企业和地方企业私有化的国家纲要》《关于调节俄罗斯土地关系和发展土地改革的命令》《俄罗斯联邦国有资产私有化和市政资产私有化原则法》等，这些私有化文件为俄罗斯的私有化进程提供了法律依据，同时俄罗斯的私有化进程被界定为，变原有的生产资料公有制为私人所有制。于是，俄罗斯从城乡到各产业部门都大规模地加速进行生产要素的私有化。迄今为止，俄罗斯尽管依然存在着为数不多的政府所有制经济和合作经济，但它们只是混合所有制结构中的组成部分之一，并不占支配地位，私有制已经占据主体地位。而今，俄罗斯的私有化程度已高达70%，但俄罗斯经济的复苏却依然遥遥无期。私有化造成国有资产大量流失，并造就了一批新贵族，少数当权官僚从中获利，而广大居民手中的私有化证券却一文不值，大多数俄罗斯人民的生活依然贫困。

　　俄罗斯改革的另一项主要内容为：变传统的、高度集中的计划经济为西方式的资本主义自由市场经济模式，即自由化改革。这种自由化改革的关键是建立自由放任的制度体系，彻底削弱国家的宏观调控，经济的有效运行完全依靠市场的自我调节，市场关系能够自我诞生。最为关键的是，这种自由市场经济模式，要把国家的"有害"影响彻底清除出去，消除市场外部力量的影响，完全由市场来调节经济运行。可以发现，俄罗斯改革的主要思想反映了新自由主义的市场乌托邦和市场崇拜，认为自由放任的市场经济是高效率的。这主要表现在价格方面实行价格自由化，迅速而全面地放开价格。从 1992 年 1 月起，俄罗斯宣布实行"休克疗法"。俄罗斯政府决定，从 1992 年 1 月 2 日起，在俄罗斯境内生产的所有产品、工程和劳务都将实行自由定价。之后，95%的消费品和 80%的生产资料的价格被彻底放开。结果是商品价格飞涨，恶性通货膨胀爆发，1992 年俄通货膨胀率达到 2600%。由于卢布贬值，黑市贸易猖獗，生产滑坡，人民生活水平下滑，整个宏观经济处于严重失衡状态。

　　相比之下，中国改革要建立的社会主义市场经济体制，是政府主导型的市场经济，在充分发挥市场基础作用的同时，政府对经济实行有效的宏观调控，以应对市场失灵，保证国民经济的持续健康发展。公有制的主体地位，能够为政府的宏观调控提供坚实的物质基础。在价格改革方面是先调后放，分阶段地调整和理顺价格关系。同时，中国政府在积极推动金融体制改革的同时，利用宏观调控强有力地维护着金融秩序，始终保持人民币的汇率稳定。2008 年国际金融危机爆发之后，中国经济能够率先实现回升向好，政府的宏观调控功不可没。

（三）中俄两国整体发展状况比较

中国改革开放、实行社会主义市场经济以来，经济与社会发展成就巨大：经济多年保持持续快速增长，产业结构实现了优化升级，人民生活水平显著提高。相比之下，俄罗斯奉行西方新自由主义的"华盛顿共识"，实行激进的"休克疗法"，经济持续衰退，恶性通货膨胀频发。中俄两国改革的绩效差距显而易见。

中国经济自改革以来增长势头始终良好，社会生产力和国家的综合实力有了持续提升，人民的生活水平有了很大提高。据中国国家统计局提供的资料，改革开放刚刚起步的 1978 年，中国的国内生产总值仅为 3624 亿元，到 2003 年达到 116694 亿元，全世界排名第 7 位。2005 年为 182321 亿元，按可比价格计算，比上年增长 9.9%，略低于上年 10.1% 的增长速度。2010 年为 397983 亿元，比上年增长 10.3%，中国已经超过日本成为世界第二大经济体。2013 年为 568845 亿元，比上年增长 7.7%。改革开放 30 多年来，中国经济的年均增长率达到了 9.5%，是新中国成立以来经济发展最快的时期。中国经济成为世界经济增长的新引擎，就这 30 多年的年均经济增长率而言，中国比世界经济高 6.5%，比发达国家高出 7.3%，比发展中国家高出 4.8%。而与俄罗斯相比，中国则优势更为明显。

苏联解体后，俄罗斯奉行西方主流经济学所推崇的"休克疗法"，实行激进式改革，但结果与预想的完全相反，快速的市场化和自由化，给俄罗斯经济带来的是灾难性的后果。价格突然完全放开，加上苏联多年的生产停滞和下降，物质短缺，供给矛盾突出，通货膨胀严重。1992 年俄罗斯的通货膨胀率高达 2600%，居民多年的积蓄瞬间化为乌有，70% 的人跌落到了贫困线以下。另外，为抑制通货膨胀，又实行紧缩的财政政策，投资和生产也急剧萎缩，结果是反而加剧了通货膨胀，整个经济形成了恶性循环。1992 年形势最为严峻，当年俄罗斯生产萎缩了 18.5%，GDP 下降 19%，是多年来降幅最大的一年。苏联解体后，俄罗斯经济持续 9 年衰退，1990～1998 年，除 1997 年有 0.8% 的增长外，其他各年都是下降，平均每年下降 6.40%，1992 年和 1994 年下降幅度达到两位数，分别为 -14.50% 和 -12.70%。1998 年比 1989 年下降 50% 以上。

俄罗斯经济经历了 1998 年的危机之后，从 1999 年开始进入增长期，时间持续 10 年左右，2007 年经济增长达到最高峰，达 8.1%。这段时期，俄罗斯经济逐渐恢复，居民收入显著提高，综合国力大幅提升，国际地位也明显提高。但 2008 年下半年以来，受国际金融危机的影响，外部资本投入急剧减少，而俄罗斯本国资本却大量外流，再加上受国际能源和原材料价格不断大幅下跌的重创，俄罗斯经济再次陷入深度衰退。2009 年俄国内生产总值下降了 7.9%，这与前面十年的经济高增长相比，落差极大。从 2009 下半年起，由于世界经济形势逐渐好转，最关键的是油价的提升，俄罗斯经济开始走出谷底，2010 年又开始呈现总体复苏的态势。[1]俄罗斯联邦国家统计局公布的数据显示，2010 年俄罗斯 GDP 同比增长 4.5%，超出了预期；2011 年俄罗斯 GDP 同比增长 4.3%，2012 年为 3.4%。但 2013 年，俄罗斯经济迎来了国际金融危机以来最低水平。2013 年俄国内生产总值较上一年仅增长 1.4%，不仅低于预期，且不及 2012 年增速的一半。2014 年马航 MH317 事件加上乌克兰危机，进一步摧毁了俄罗斯经济复苏的最后希望。

　　瑞士的洛桑国际管理学院（IMD），有一个对世界各国国际竞争力的评价体系，在全球影响很大。从 1996 年开始，俄罗斯被正式列入排名，排到了第 48 名，不仅落后于所有的工业发达国家，也落后于所有的新兴工业化国家。这种状况持续多年，即使是在经济增长的十年间，排名也依然落后。甚至在 2007 年俄经济增长最高峰时期，俄罗斯也仅仅是从第 46 位升至第 43 位。在 2010 年 IMD 的《国际竞争力报告》中，俄罗斯排名滑落到了第 51 位，即使在"金砖四国"中也是排名末位；同期中国排在第 18 位，印度位居第 31 位，即使是巴西也排第 38 位。[2]

　　2005 年上半年，俄罗斯科学院社会综合问题研究所（其前身是苏共中央马列主义研究院）由所长米·戈尔什科夫和该所社会政治问题分析室主任弗·别图霍夫主持，在全国范围内以"20 年后俄罗斯人眼中的改革"为题，展开了一次大范围的社会调查，赞成在俄罗斯采取渐进改革方式的人占 59%，而主张对俄罗斯进行激进改革的人只有 13%，另有 28%的人感觉这个问题不好回答。[3]这就不难看出，俄罗斯激进式改革所取得的成效是显而易见的。

---

　　① 徐向梅：《俄罗斯经济：增长、衰退与不稳定的复苏》，《中国党政干部论坛》，2011 年第 1 期。
　　② 关雪凌、刘可佳：《俄罗斯经济现代化：背景、布局与困境》，《俄罗斯中亚东欧研究》，2011 年第 1 期。
　　③《渴望自由——20 年后对改革的思考》，2005 年莫斯科版，第 374～412 页。

（四）"中国模式"与俄罗斯模式比较的结论与启示

俄罗斯作为前苏联的继承国，它和中国一样，力求通过改革实现从计划经济向市场经济的转型。但在相似的制度背景和相同的改革方向之下，两国选择的却是两种大相径庭的改革道路，中俄两国也分别成为渐进式改革与激进式改革方式的典型。通过上文的分析，我们很容易看出，中俄两国改革的整体成效差别很大。但是，笔者认为仅仅据此就得出结论，认为俄罗斯的改革是失败的，那样也显得过于草率，毕竟改革与转型都是充满艰辛而需长期探索的过程，不确定因素很多，需要深入思考，辩证分析。

1. "中国模式"与俄罗斯模式比较的结论

实现从计划经济向市场经济的转变，必然是一个复杂而长期的过程，采用什么样的改革方式，需要具体问题具体分析。如果我们把改革带来的好处称为"改革收益"，而把改革要付出的代价称为"改革成本"，那么，通过对改革收益与改革成本的比较，可以很容易得出结论：最佳的改革道路应该是改革成本最小而收益最大。依此推断，显而易见，渐进式改革比激进式改革的摩擦成本更小些，因而更具有优越性和可行性。但是，简单地说某种改革方式优于另外一种是不科学的。对于任何理论及其实践效果的评价，都要坚持全面客观、一分为二地看待。简单地把目前的成功定义为最终的胜利，是不符合辩证唯物主义的。

俄罗斯的改革总体来看是失败多于成就，经过十多年来的反复折腾和社会动荡，有着昔日超级大国光环的俄罗斯已元气大伤，累积的旧问题积重难返，新难题还层出不穷。当然俄罗斯改革也有优势，激进式的改革由于采用完全推倒重来的方式，全面抛弃了原有体制，对旧体制的割舍比较彻底，改革过程中问题的暴露也更彻底些，执政者如果能正确总结经验，有效解决问题，会为后来的发展留下较大的空间。因为，激进式改革也不无优点：由于新体制能够快速建立，"双轨制"现象可以有效避免，自然就减少了新旧体制之间的摩擦成本。新体制一旦建立，就能够较快发挥作用并产生效益。

中国的改革已经历经 30 多年，所取得的成效也明显优于俄罗斯。但毋庸讳言，在这 30 多年期间，我们也经历了巨大的改革之痛，潜伏的问题很多，解决起来也极为棘手，留下了一系列严重的体制硬核问题。由于采取渐进式的改革方式，有些矛盾未能充分暴露，当然就难以彻底解决；传统旧体制观念的影响很深，观念更新就会相对滞后，这些都增加了中国后期改革的难度。如前所述，中国的渐进式改革与俄罗斯完全不同，改革由易到难，不破除旧体制，这样虽然改革成本较小，也避免了大的社会震荡，但也累积了大量的矛盾，原计划体制内的诸多核心难题即使积累到最后，依然必须加以解决，因此改革后期的难度会越来越大。

历史是一个过程。评价历史事件必须将其放到一个更加宽广的历史视野中去，才能做到评价客观公正。因此，现在就得出俄罗斯的经济改革完全失败的结论是草率而不恰当的。我们只能说，俄罗斯改革付出的代价是巨大而沉重的。值得庆幸的是，在经历了苏联解体之后近十年的政治动荡和经济衰退之后，在 21 世纪之初，从普京接任总统开始，俄罗斯的总体形势开始好转，国民经济开始恢复增长，市场经济体制已经初具规模。虽然俄罗斯的经济与社会发展还不稳定，还有很大的不确定性，但不可否认的是，20 世纪 90 年代的改革所付出的高额成本开始有了一些滞后的收益，这恰恰是俄罗斯经济能够恢复增长的重要因素之一。

我们不能仅仅从数据比较来说明问题，而且一定时期的发展状况不一定具有全面的代表性，未来的俄罗斯模式和"中国模式"的发展前景如何、改革的最终成效如何，还要通过实践来检验。例如，尽管俄罗斯的国内生产总值比中国要少得多，但从人均占有量来说，俄罗斯却远远超过中国。因此，我们不能由于中国的改革曾经取得了一些成就，就判定中国经济已经全面地超越了俄罗斯。俄罗斯的未来发展依然有很多不确定因素，而且俄罗斯作为曾经的超级大国苏联的继承者，本身就具备许多有利于其发展的先天条件。与中国相比，俄罗斯拥有得天独厚的自然资源和人力资源条件，如俄罗斯的森林资源占世界总量的 40%，石油资源占世界总量的 40%，天然气资源占世界的 45%，无论是人均国土面积还是人均耕地面积都居世界首位，而且，俄罗斯的国民素质很高，有80%以上的成年人受过中高等教育，在科学技术的很多领域中俄罗斯均居世界领先地位。另外，俄罗斯的科技队伍强大，学术水平世界一流，这都是其未来发展的绝对优势。

而今，叶利钦时代已经成为历史，俄罗斯已经步入了崭新的普京与梅德韦杰夫时代。在苏联解体后的近十年里，面对俄罗斯社会政治动荡、经济下滑、居民生活水平急剧下降的严峻形势，我们在为之痛心疾首的同时，也不敢断言俄罗斯选择了一条错误的改革之路。即使在普京对改革政策进行了全面调整之后，俄罗斯经济获得良好增长势头的时期，我们仍然不能断定，俄罗斯的改革之路一定是顺风顺水、前途光明。这一切都需要实践和时间来检验。当然对俄罗斯改革之路进行认真研究和深刻反思，对于我们今后的改革无疑是大有裨益的。

2. "中国模式"与俄罗斯模式比较的启示

如前所述，从改革的初始条件来说，中国在总体上要优于俄罗斯，如传统体制的影响、党的凝聚力以及外部条件等，但仅把这些归结为中俄两国改革成效差异的原因，也未免过于简单。因为，各国国情不同，发展模式自然会不同。但中俄两国都曾是共产党领导的国家，都实行过计划经济体制，都是多民族的社会主义大国，从这些方面来看，中国与俄罗斯的相似之处也不少。但是，综合来看，俄罗斯的改革情况远比中国要复杂，当然我们也不能以此为借口，认为中俄之间不具可比性。关键在于，我们能从中俄两国发展模式的比较中，得到一些对两国今后发展有益的启示。

首先，发展模式的选择必须适合本国国情，不能照抄照搬他国发展模式。经济改革、经济发展没有普遍适用的现成的模式可循。一个国家在进行改革的过程中，应该充分考虑本国的历史文化传统和现实国情，同时要顺应时代与世界发展趋势，以此为依据来决定本国的改革战略与具体政策，机械地照搬照抄他国模式必然不会成功。俄罗斯完全照搬西方模式，给整个国家带来灾难性后果。俄罗斯的激进式改革之所以未能取得成功，根本原因就是脱离本国国情。苏联是世界上第一个社会主义国家，新生的社会主义制度在西方的武装干涉和包围封锁下，能够屹立不倒，社会主义建设取得巨大成就，为世界社会主义事业做出了重大贡献。但其在 20 世纪 80 年代末 90 年代初，却在西方的和平演变攻势和经济诱惑下，亡党亡国，令世人扼腕叹息。美国哈佛大学俄国研究中心的马歇尔·戈德曼认为：俄罗斯实行"休克疗法"本身就是个错误，"休克疗法"本来就不是为从计划经济过渡到市场经济而设计的方案。然而事实却是，俄罗斯以西方新自由主义的主流价值观为理论依据，盲目照搬西方模式。他们并未考虑到俄罗斯的前身苏联，传统计划经济体制实行时间长、影响也持久深远，"休克疗法"根本不适合俄罗斯国情。因此，他们专注于"告别过去"，完全倒向西方资本主义，最终造成了悲剧性的后果，其中的教训十分深刻。因此，套用他国的成功模式来模塑本国实践，注定不能成功。中国的成功改革，应该感谢邓小平，他反复告诫我们，照抄照搬别国模式从来不会获得成功，必须走自己的路，即中国特色的社会主义道路。就中国而言，要实现经济的增长与发展，就必须在立足于中国实际的基础上，对于外国模式、外国的经验和做法有选择地学习、有批判地吸收、有发展地应用，开辟中国特色的改革与发展新道路。

其次，必须在稳定的环境或条件下推进改革。只有保持政治与社会稳定，才能保证改革的顺利进行。1991 年，苏联刚刚解体，其继任者俄罗斯便急于向市场经济转轨。可是旧的计划经济体制已经被打破，新的市场体制却尚未建立；政治上，三权分立的政治体制尚不完善，没有任何力量能够代替原苏联共产党的领导，工程浩大的经济改革缺乏坚强的领导核心。政治斗争导致社会动荡，使得经济转轨无法正常进行；而对于经济改革认识上的分歧与矛盾，又加剧了政治纷争，反过来又会干扰经济改革的顺利进行，如此形成了一种不良循环。普京执政以来，进行过一系列政治与经济政策的调整，使得俄社会与政局基本上恢复了稳定，在此基础上，俄罗斯经济也开始恢复增长。他采取强有力的措施，打击民族分裂势力和国际恐怖活动，维护国家统一和社会安全。同时，尽最大努力改善民生，化解各种社会矛盾、防止社会冲突，重新树立政府的权威；注意控制垄断寡头势力和特权集团的发展蔓延，以平息人们的不满情绪。而中国的改革始终强调稳定压倒一切，能够正确处理改革、发展与稳定的相互关系，党和中央政府始终强有力地领导改革，以保证改革的顺利进行。俄罗斯也逐渐开始关注中国的改革，重视中国的经验。普京就提出要建立"中国式的俄罗斯"，原因在于中国政局稳定、社会稳定，这对于国际投资者有着很大的吸引力。2003 年 9 月，俄共领导人久加诺夫提出了这样的问题：为什么中国能够得到 500 亿美元的外国投资，而民主的俄罗斯却一无所得？普京政府的答复是，国内外投资者更愿意与政局稳定的政府做生意，因为这样的政府其行为可以预知，不确定因素会少些，能够保证投资安全。

最后，正确认识社会主义，坚持改革的正确方向。列宁认为，所谓社会主义不是一个一成不变的东西，而应该和任何其他事物一样，是一个经常变化和改革的社会。因此，社会主义要发展，就必须改革与生产力发展不相适应的经济体制。苏联解体前，社会主义国家的历次改革都没有完全突破传统的社会主义模式，表现为只是小修小补地对过去的僵化体制进行改革。有史以来还没有过从计划经济向市场经济过渡的先例，我们需要在认识社会主义本质的基础上不断地探索和创新，但改革必须坚持社会主义方向。中国共产党自十一届三中全会以来，对传统社会主义模式进行了全面、客观的再认识，并在全党全国达成了共识，这为之后的改革开放奠定了思想基础。中国共产党把改革的性质，定义为对社会主义制度的自我完善和发展，而不是要改掉社会主义制度。因此改革始终坚持四项基本原则，目标是发展本国的生产力，改善人民生活，充分显示社会主义制度的优越性。俄罗斯的改革是要与过去彻底决裂，完全按照西方模式，走资本主义道路。他们把社会主义曾经出现的问题都归罪于社会主义制度，归罪于共产党的领导和马克思主义的指导，全盘否定社会主义的历史，导致历史虚无主义。于是俄罗斯在改革中首先抛弃了社会主义制度，转向民主社会主义，向资本主义过渡，最终造成国家解体、政局动荡、经济衰退的后果，其中的教训十分深刻。

二、"中国模式"与印度模式：发展中国家发展模式的典型比较[①]

中国和印度是邻国，分别是世界上的第一和第二人口大国。两国有着相同或相近的历史，均为历史悠久的东方文明古国，都有着灿烂辉煌的民族传统文化，也都经历过殖民地或半殖民地国家备受欺凌的苦难历史。在 20 世纪，印度和中国都致力于改革，改革的时间也大致相同。中印两国虽然政治制度完全不同，但通过几十年的改革，它们的经济发展成就都备受世人关注，被称为"印度象"和"中国龙"。更为重要的在于，中印两国都属发展中国家，都属于"金砖"国家，也是发展中国家经济发展的领头羊。作为发展中大国，中印同样面临着相似的问题与挑战。两国在发展过程中都深受环境污染与破坏、艾滋病扩散、贫困与分配差距拉大、金融问题以及人口压力等一系列问题的困扰。在诸多方面，印度无疑是与中国最具有可比性的国家。

---

① 参见前期研究成果——尹倩：《中国模式与印度模式之比较》，《理论与现代化》，2006 年第 4 期。

2004 年以来，"中国模式"和"北京共识"成为举世关注的热点话题。中国和印度是亚洲经济发展的新引擎，它们选择的却是两种完全不同的发展模式，互补性很强，共同之处也值得关注。对"中国模式"与印度模式加以客观比较，不仅有利于两种模式的相互借鉴，更为重要的是，对"中国模式"的未来发展与完善意义重大。

（一）中国与印度的经济发展的整体状况比较

中国和印度两国的人口之和，占世界人口总数的 38%，其经济发展关系到事关世界三分之一有余人口的生存与发展。中印两国都希冀通过改革早日走上现代化之路，实现国家富强和民族复兴。

从 20 世纪 50 年代初到 70 年代末，在长达 30 年的时间里，印度经济的年均增长率仅为 3.5%，被称为"印度教徒增长率"（Hindu growth rate）；从 20 世纪 90 年代开始，印度致力于全面经济改革，经济增速明显加快，年均经济增长迅速提升为 7% 左右，又被称为"新印度教徒增长率"，以区别以前的经济低增长。印度的国内生产总值 1991 年为 1518 亿美元，2010 年则增加到了 16245.52 亿美元。中国自 1978 年改革开放以来，经济持续快速增长，年均增速达 10% 左右，国内生产总值 1978 年仅为 2307 亿美元，到 2010 年已经增加到 58786 亿美元，经济总量仅次于美国，位居世界第二，占全球 GDP 总量的 8.5%。进出口总额 1978 年仅为 206 亿美元，到 2010 年达 29727.6 亿美元。[①]

中国和印度都是世界人口大国，以 2009 年为例，中国人口总量为 13.458 亿，而印度总人口为 11.98 亿（世界人口基金会数据）。从国内生产总值来看，2009 年，中国的 GDP 为 49090 亿美元（按当前价格计算），人均 3678 美元；而同期印度的 GDP 则为 12360 亿美元，人均仅为 1031 美元。因此，无论是国内生产总值，还是人均国内生产总值，印度均不及中国的三分之一，中国是远远高于印度的。从占世界的经济份额来看，2009 年中国的 GDP 占世界总额的 12.52%，而印度为 5.06%（按 PPP 计算），中国份额远高于印度。在世界经济论坛的排名，中国也比印度靠前，2007～2008 年，中国排名第 34 位，2010～2011 年就已经提高到了第 27 位；而印度基本上在 50 位左右徘徊，2010～2011 年排名第 51 位。[②]难怪有印度人认为，印度仅在人口增长率上领先于中国。

① 张雷：《中国与印度经济改革比较及启示》，《理论界》，2011 年第 5 期。
② 赵建军、车娇：《中印国际竞争力比较》，《南亚研究》，2010 年第 4 期。

总体而言，中国的经济实力要比印度强很多。

中国与印度两国的经济各有特色，中国经济发展速度快，是世界制造业大国，有着较为完善的基础设施，对外贸易优势很大。印度的知名企业和名牌产品则较多，服务业比较发达，尤其是软件产业发展较快，整个金融体制运转良好，法律体系比较完善，国际化的人才数量众多。两种发展模式各有利弊，必须全面地进行比较认识，深刻思考，综合评价。

（二）中国与印度两种模式的相似之处

中国的改革始于 20 世纪 70 年代末，而印度改革则从 20 世纪 80 年代开始，两国在大致相同的时间段里进行的改革，都取得了好的绩效。两种发展模式有着共同的特征：在始终保持政治稳定的前提之下，立足于本国国情，充分发挥自身优势，顺应世界发展潮流，抓住机遇发展自己。实践证明，中国和印度的渐进式改革，远比所谓"华盛顿共识"倍加推崇的激进式改革，更为适合两国国情。

1. 都推行以市场为取向的改革

印度虽然不是社会主义国家，但是却是世界上非社会主义国家中计划性最强的国家。无论是在中国还是印度，多年的经济建设实践证明，以计划经济为特征的原有体制，都存在着严重的弊端，已经不再适应两国经济进一步发展的需要。因而，中印两国都把"市场化"作为经济体制改革的方向。中国在 20 世纪 80 年代初，印度在 20 世纪 90 年代初都选择了以市场为导向的经济改革，以完成将各自国家建设为现代化强国的历史任务。

对于市场经济体制，中国实现从认识到接受的思想转变和观念更新，经历了一个较长的过程；实践中市场经济体制取代传统的高度集中的计划经济体制，也经历了一个逐步过渡的过程。经过十几年改革经验的不断积累，1992 年党的十四大把我国经济体制改革的目标，正式确立为建立社会主义市场经济体制。2002 年党的十六大指出，我国的社会主义市场经济体制已经初步建立，需要进一步完善。2003 年党的十六届三中全会通过了《中共中央关于完善社会主义市场经济体制若干问题的决定》，全面深入地专题讨论完善社会主义市场经济体制的问题。2007 年党的十七大，把进一步完善社会主义市场经济体制，作为实现我国未来经济发展目标的关键任务之一。中国对市场经济的认识随改革实践不断深化，市场体系也在不断健全。

1991 年开始，印度加快了经济自由化和市场化取向的改革步伐，改革的主要内容是减少政府干预，取消原来的许可证制度，转向自由竞争的市场体制。1991 年，刚刚上台的拉奥政府，以自由化、市场化和全球化为目标，通过在经济领域各部门引进自由竞争机制，来充分发挥市场对经济的自发调节作用；通过改革原有的外贸体制，促进印度经济与世界接轨，逐步参与全球化。2003 年 12 月，国际货币基金组织公布的一份报告指出，印度经济的自由化改革目标已经实现，其积极作用十分明显，能够有效化解经济发展中的不利因素，促进印度经济的稳步快速增长。

由于实行的社会制度不同，中印两国改革的总体目标也不尽相同。印度经济改革的目标为实现"四化"，即自由化、市场化、私有化和全球化，实质上就是把原来计划与市场兼有的混合体制，转变为资本主义市场经济。中国经济体制改革的目标则是变传统的计划经济体制，为社会主义市场经济体制，实现公有制与市场经济二者的有机结合。

2. 都鼓励私营经济的发展

中国的改革采用的是渐进式推进的方式，先体制外后体制内，所以中国的市场化改革是先发展非国有经济，其中包括农村的集体经济、私营经济以及中外合营经济。中国共产党第十五次代表大会，特别强调了非公有制经济的地位，是社会主义市场经济的重要组成部分；公有制为主体、多种所有制经济共同发展是中国的基本经济制度。非公有制经济的地位比以往得到了很大的提升。党的十六大强调了"两个毫不动摇"，其中之一是毫不动摇地巩固公有制经济；其次就是必须毫不动摇地鼓励、支持和引导非公有制经济发展，公有制与非公有制经济之间是统一而非对立的关系，表明了中国积极鼓励非公有制经济发展的政策取向。党的十七大再次强调、党的十八大又重申了这"两个毫不动摇"。中国与印度一样，都在为私营经济的发展创造良好的市场环境，营造良好的政策环境。

印度为了充分发挥私营经济的作用，使之也能够参与到全国的重要经济活动中来，政府扩大了向私人投资开放的部门，而公营企业专营的部门，已经由 17 个减少到了 6 个。过去对于基础设施部门，政府是禁止私人投资进入的，现在则反过来鼓励私营企业参与诸如电力、采矿等能源资源以及交通、通信行业等关键部门和领域的发展。当前，继续保留的公营企业专营部门仅限于国防和国家战略的相关工业。另外印度政府为了鼓励竞争，取消了已经实行多年的、印度特有的工业投资许可证制度，这种制度多年来成为私营企业发展的障碍。除了为国防、生态等相关的关键领域保留的 14 种工业之外，以后任何企业的投资都不再需要获得政府颁发的许可证。

需要指出的是，无论是改革前还是改革后，中国的所有制机构，都与印度的"混合"经济结构大大不同。印度的"混合"经济中占主体地位的是资本主义性质的所有制。印度的公有制经济，就其本质而言，是属于国家资本主义性质的。印度公有制经济虽然占据着国民经济的"制高点"，但却始终不占主体地位。20 世纪 90 年代，印度甚至直接提出了"私有化"的口号，主要目的是要缩小公营经济规模。中国从社会主义制度正式确立至今，在所有制结构中，公有制经济始终占主体地位。改革开放以后，虽然我们鼓励多种经济成分的发展，改变了原来单一的公有制，所有制结构变为公有制为主体多种所有制经济并存，但公有制的主体地位并未改变。

3. 都实行对外开放

中国和印度两国都在改革的过程中打开了长期封闭的国门，实行对外开放政策，通过积极参与经济全球化来主动融入世界经济。中印两国的对外开放都采用渐进式推进的方式，实行全方位的对外开放，并且对外开放都有国内改革配套进行。因此，实行对外开放是中印两国推动发展的共同经验，这是中印发展模式比较所必不可少的因素。

1978 年党的十一届三中全会以后，中国对于外部世界的认识发生了根本性的转变。中国开始清楚地意识到，要想加快发展本国经济，不断缩小与发达资本主义国家的发展差距，就必须要大胆吸收和借鉴包括资本主义在内的整个人类社会所创造的一切文明成果。据此，我国制定了要充分利用国内与国际两个市场和两种资源的方针。1992 年邓小平发表南方讲话之后，中国的对外开放又进入了一个新的阶段。

印度改变了以往把自力更生等同于自给自足的陈旧观念，为自力更生赋予了新的内涵。1991 年以来，印度开始通过多种方式鼓励外商投资，不断改善本国投资环境，例如简化审批手续、加快批复外商投资申请等。对于向 48 类优先发展工业的外商投资，印度政府给予自动批准待遇，最高参股率也大幅提高，由 40%变为 51%。1996 年 12 月开始，印度又宣布，外商对 9 种工业投资的参股率提高到了 74%，而且依然可获得自动批准，印度的外资政策变得越来越宽松。另外，印度对本国资本市场也开始减少限制，逐步放开，政府已经将股票和证券市场向本国侨民、外国机构投资者等开放。[①]

（三）中国和印度两种模式的不同之处

中国和印度两国虽然共同点很多，但国情差异还是比较大，两国各有优势，也各有自身的不足之处，采取的发展模式也大不相同。

1. 中国以制造业，印度以服务业为发展的重点

就产业结构而言，中国和印度两国发展的重点截然不同：中国制造业发达，制造业是主导产业，对国民经济的增长起主要的推动作用，我们可以称之为"硬件"领先模式。印度服务业发达，特别是被称为服务业龙头产业的软件产业闻名世界，是推动印度经济增长的主力，我们可以称之为"软件"领先模式。针对这种差异，有人形象地认为，中国可以说是"世界加工厂"，印度则为"世界办公室"。

中国改革开放起步比印度早，走的依然是传统的工业化道路：首先建立强大的工业部门，这样就能给占人口绝大多数的农业人口提供大量的就业机会。中国的制造业已经占整个国民经济的 54%，中国的工业品行销世界各地。之所以如此，其中是有深刻原因的：20 世纪 80 年代，中国经济起飞时，以信息技术为标志的新经济尚未兴起；当时中国教育不发达，严重制约了劳动力素质的提高，不符合现代服务业对劳动力的要求；当时中国无论是城市化水平还是居民收入水平都还很低下，这使得第三产业缺乏足够的市场空间；中国制造业本身的落后状况，也同样制约了第三产业的市场发展空间；而新中国成立初期，我国按照苏联模式优先发展重工业，生活消费品极度短缺，轻工业产品自然有着巨大的市场空间。以上条件决定了，改革开放后要发展中国经济，从劳动密集的轻工业产品起步比较合适。之后，东南亚国家和地区开始进行产业升级，一些产业被转移到中国，也带动了中国制造业的发展。再加上中国城市化进程和大量基础设施建设的启动，带动了诸如建筑业以及原材料制造业等第二产业的发展。以上多种因素的综合作用，决定了改革开放

---

① 孙士海：《中国与印度的经济改革比较》，《南亚研究》，1998 年第 1 期。

以来，第二产业成为中国经济增长的火车头。

　　而印度与中国完全不同，在产业构成方面，它重点发展的是服务行业。这与印度进行经济改革的国内外条件密切相关。20 世纪 90 年代，印度开始经济改革之时，在全球范围内信息产业开始兴起，印度有着发达的高等教育，官方语言又是英语，这些都为软件业的发展提供了得天独厚的条件。于是信息产业，特别是软件业成为印度的优势产业，是印度最具有国际竞争力的产业。近几年来，印度软件业始终保持着 50%以上的年均增长率，而该产业同期的世界年均增长率则为 20%。印度的软件开发和特种软件业加起来，已经占到世界市场份额的近 20%。[①]按美元计算，2004～2005 年印度软件及其相关服务行业的产值达到了 205亿美元，比 2003～2004 年增长了 28.9%；其中出口 170 亿美元，增长35% 以上；内销 42 亿美元，增长 23.5%。[②]此外，印度还充分利用计算机和互联网技术发展了一些新的智能产业，如办公室终端服务、技术服务、信息服务以及其他各类远程服务。迄今为止，全球近 150 家国际巨头都在印度设有研发中心。而美国《商业周刊》在 2004 年评选的全球1000 强企业当中，却只有 33 家在中国设有研发中心。难怪有这样的流行说法："中国是世界加工厂，印度是世界办公室，而欧美则是董事会。"在服务业，尤其是软件业方面，印度与中国相比，已经占绝对优势。

　　但是，印度在重点发展服务业的同时，却忽视了制造业的发展。与中国的服务业情况比较类似，从 1990 年到 2003 年，印度制造业比重仅停滞在 27.2%，而同期中国制造业比重是 52.3%。如果说，印度是全球研发中心，那么中国就是当之无愧的世界制造业基地。中国发展制造业能够为多数人提供就业机会，而印度只是为少数精英阶层创造了机会。

　　2. 印度的私营企业比中国发达，国际竞争力也更强

　　任何一国的经济发展主要都得靠企业来推动，因此衡量一个国家的经济实力和经济发展前景的基本状况，主要就是看这个国家企业的实力与国际竞争力如何。中印两国都既有国有企业又有私营企业，由于国有企业的经营状况普遍不容乐观，因而要增强经济发展的活力，推动本国经济发展，私营企业的作用显得十分重要。

　　1949 年新中国成立以后，中国通过社会主义改造，以建立纯而又

① 陈东山：《简论 21 世纪印度的发展》，《广东青年干部学院学报》，2002 年第 1 期。
② 孙培钧、华碧云：《印度当前经济形势与面临的问题》，《南亚研究》，2005 年第 1 期。

纯的公有制为目标，私营经济几乎完全被消灭了，当然也就不存在私营企业了。直到 1978 年改革开放以后，私营经济才又逐渐开始建立和发展起来。但即便如此，经过多年的发展，中国私营经济的整体规模还不是很大，其整体经济实力也十分有限，国际竞争力不强，能与享誉世界的大型跨国公司相竞争的中国私营企业几乎没有。

印度则与中国完全不同，印度在独立前其私营经济就已经有了一定程度的发展，1991 年经济改革之前，印度的私营经济已经占据主导地位。从尼赫鲁时代开始，印度就奉行"费边社会主义"，推行计划经济，但它与中国和苏联等社会主义国家的计划经济完全不同，它保留了私有产权。在这种条件下，经过多年的发展，印度的私营企业资金充足，实力雄厚，在实践中也积累了丰富的跨国经营的经验。20 世纪 90 年代印度实行经济改革以后，又兴起了一大批私营企业或私人财团，它们很快进入全球化经营，主要从事的是信息技术产业、电力产业、电子通信产业、石油化学工业、制药工业等行业。由于印度的这些私营企业或私人财团由印度的精英阶层所主导，因此人的素质普遍较高，这就使得印度成功地培育出了大批世界顶级的公司，它们具有与当今欧美实力最强的公司竞争的实力。而且这些公司大多处于最尖端的高科技行业中，如软件业巨头信息系统公司和维普罗公司，制药和生物技术方面则以兰巴克西公司和雷迪博士实验室等为代表。"据统计，1997～1998 年，在印度的私营财团中，资产额在 130 亿卢比以上和年销售额在 100 亿卢比以上的就有 30 家。2002 年美国《福布斯》杂志评出了全世界 200 家实力最强的小公司，其中印度就有 13 家，而中国却只有 4 家，而且全部分布在香港特区，中国大陆企业榜上无名。"①

3. 印度的金融和法律制度发达，中国的基础设施建设优于印度

对于现代经济而言，金融和法律体系等属于软件基础设施，而交通、通信、电力等属于硬件基础设施。在这个意义上可以说，中国是"硬件"出色，印度是以"软件"取胜。1994 年 2 月，时任印度总理拉奥在瑞士达沃斯论坛上说，"中国模式"是以"硬"为特色的，即基础设施建设和制造业的发展，推动了中国经济的增长；"印度模式"则以"软"为特色，完善的金融与法律制度和企业家精神成就了印度今天的发展。

---

① 参见文富德：《印度经济增长速度有可能赶上中国》，《南亚研究季刊》，2004 年第 4 期。

简言之，中国的经济实力是硬的，看得见摸得着；而印度的经济实力则是软的，是它的一种内在潜力。

印度之所以能成为世界第二大软件出口国，之所以被誉为"世界办公室"，主要原因在于，经过多年的改革与发展，印度已经建立了运转良好的金融体制，并拥有健全的法律体系，这些软的制度环境使印度受益匪浅。首先，由于曾为英属殖民地，印度直接继承了英国经济立法的主体内容，其法律体系较为健全，且与欧美法系更为兼容；同时，20世纪90年代印度推行经济改革以来，为积极参与经济全球化，顺应知识经济发展潮流，印度重点完善了以知识产权法和电子商务法等为重点的民事领域的立法。印度完善的法律体系和居民逐渐增强的法律意识，能够有效保证其社会经济发展的稳定。其次，印度的资本市场效率较高，且较具透明度，为其私营企业的发展营造了良好的市场环境。印度的金融体系同样是延续了英国人的金融体系，其银行体系的历史长达130年，且民营银行较多；由于银行体制较为健全而且运转良好，印度银行的坏账率很低，国际信誉较好。以证券市场为例，"印度股票市场历史悠久，长达130多年，中国却只有24年；印度有23个股票市场，中国只有2个；印度上市公司数量10000多家，中国仅1300家；股票日均交易量，印度约合400亿人民币，中国为140亿；印度股票市场实现市场化准入，中国实际仍为行政审批"①。同时，印度政府对股票市场有着较为丰富的管理经验，股票市场发育较成熟，能够为企业筹集更多的海内外资金。2003年，印度获得的国外证券投资就达70亿美元。

中国方面，党的十四大正式确立了建立社会主义市场经济体制的目标，但目前与市场经济相配套的金融体制和法律体系还很不完善。中国加入世界贸易组织后，会更加深入地参与经济全球化进程，以实现和世界经济的接轨，但不完善的金融与经济体系软环境，不可避免地会成为制约中国经济进一步发展的瓶颈。这主要体现在：一是资金利用率低。"印度的储蓄率仅为中国的一半，外国直接投资也比中国少90%，而其经济增长率比中国低约20%，这表明印度的资本利用效率比中国高。"②有专家形象地比喻，中国是投入40美元只挣了7美元，而印度则是投

---

① 权衡：《"世界加工厂"与"世界办公室"——中印经济增长模式之比较》，《科学决策月刊》，2006年第12期。

② 张贵洪：《印度对中国崛起的看法和反应》，《南亚研究》，2005年第1期。

入 24 美元就能挣 6 美元。二是金融监管滞后，呆坏账多。中国银行的坏账率在 20% 以上，印度银行则比中国要低一半。三是与市场经济相配套的法律体系还不完善，未能充分保证市场经济的顺利运转。

但是，印度人也不得不承认，在公路、铁路、航空以及能源等方面印度和中国的差距很大。印度的薄弱环节在于基础设施建设滞后，严重影响了其综合国力的提高。中国经过改革开放 30 多年的发展，电力、交通、通信等基础设施比较完善，近几年还有大批诸如水利、能源和环保等新的基础设施工程上马，这对推动中国的经济发展无疑又是重大利好。再来看印度，"公路状况极差，高速公路很少，港口与机场设施很陈旧，交通运输极端落后，能源尤其是石油严重短缺。落后的基础设施建设恶化了其投资环境，也制约了印度经济的进一步发展，中国在基础设施建设方面已遥遥领先于印度"①。

4. 中国利用外资规模比印度大，外商直接投资多

中国与印度发展模式的另外一个显著的区别在于，推动两国经济发展的动力因素不同：中国主要靠外资和出口拉动经济增长，印度靠内资和内需来拉动经济增长。或者可以说，印度是内生型的增长模式，而中国则是外生型的增长模式。有一篇题为《印度觉醒》的文章，出自摩根—斯坦利公司的罗奇之手，在文中他对这两种模式做了综合性的比较和评价。他认为，中国采用的是由外国直接投资所推动的发展模式，其优点在于，由之而来的利益能在国内得到扩散；印度所采用的则是更加本土化的一种发展模式，其国际影响力也在不断加强。两种发展方式各有利弊，但值得关注的是，它们在各自的国家实行的效果都很好。

就经济发展战略而言，由于印度的民族主义情绪较为强烈，文化传统、价值观也相当保守，这就在一定程度上影响了印度的对外开放观念与政策。对于外国投资，印度一直缺乏足够的信任感，因而只能把主要精力集中在本国内部，以此来作为本国经济发展的动力。也正因如此，印度才能成功地培育出一大批世界级的印度本土化公司，能够与欧美最好的公司相抗衡。相比而言，改革开放以后，中国吸引了大量的外资，给中国不仅带来了资金，还带来了先进的技术和管理。外资对中国经济的发展起到了巨大的推动作用，其积极影响是不言而喻的。当然这是一

① 赵建军：《中国与印度经济发展比较（国际扫描）》，《中国国情国力》，2003-11-23。

个双赢的过程，外商也从中国经济的快速发展中获得了十分丰厚的回报。中国目前已经成为世界上年吸引外资数额最多的国家，其外商直接投资规模远远大于印度。"2001年中国的实际外国直接投资为468.46亿美元，占世界总额的6.4%，印度仅为34.03亿美元，占世界总额的0.7%，中国是印度的14倍。2002年中国为530亿美元，印度还是34亿美元。2003年中国为570亿美元，印度仅40亿美元。"①2007年，我国外商直接投资（FDI）总量达到747.68亿美元，稳居发展中国家FDI流入量之首。相较于中国，印度吸引FDI的流入量不是很多，2007年FDI流入量为191.56亿美元，比中国FDI流入量的1/3还要少。据《世界投资报告》统计，2011年，中国和印度的FDI流入量分别为1239.85亿美元和315.54亿美元，印度仍然远远低于中国。

需要注意的是，国际经验证明，过于依赖外资，对于一国经济的发展是有风险的，最有可能陷入"外资集中"的风险。而且，从对外资的利用效率来讲，中国却不如印度高。印度的储蓄率约为24%，中国约为40%；虽然中国每年FDI的流入规模比印度多好几倍，但印度的年均经济增长率依然达到了6%甚至8%。显然，印度的资金利用效率要高于中国。此外，印度虽然在引进外资规模上不及中国，但是吸引的研发外资却比中国要高，这充分说明中国在国际分工中得到的只是十分微薄的利益而已。另外，一国经济的可持续发展最终还要靠对本国资源的充分利用，而印度内生型的发展战略，使得本国的私营企业发展态势良好，对资源的利用更加充分，从这个角度上来说，比起中国由外国直接投资推动的增长方式来，印度内生型的发展战略则更具可持续性。

（四）中国与印度两种发展模式比较的启示

"中国模式"与印度模式究竟孰优孰劣，不是一个能够简单下结论的问题，需要我们以历史的眼光来具体分析，不能单从经济增长率的高低就得出一国模式优于另一国的结论。所以，即使今后印度的经济增长超过了中国，也不能简单地认为印度模式就优于"中国模式"。评价任何一种发展模式，关键要看这种模式是否适合本国国情，能否抓住国内外各种机遇来促进经济社会发展。当今世界既是多样化的，也是处于不断发展变化中的。因此，社会发展模式不可能是千篇一律的，更不可能

---

① 孙培钧、华碧云：《解读印度经济的崛起》，《南亚研究》，2004年第1期。

是一成不变的。"中国模式"与印度模式各有优势，也都存在着自身的不足，未来也都将面临诸多挑战。中国和印度的国情迥然不同，发展模式也各具特色，互补的地方也有很多，唯有相互借鉴，才能实现共同发展。

发达的服务业是印度模式的潜在优势，这正是印度的发展潜力大于中国的重要原因之一。另外，印度完善的金融与法律体系，为其本土私营企业的发展创造了良好的商业环境，正是这些良好的软环境成为印度最主要的优势，其中包括诸如对于私有产权的保护、对于知识产权的保护以及媒体监督作用等，这些正是对吸引外资极为有利的软环境。当然也不可否认，印度模式也存在很多问题，如人口问题、贫困问题、基础设施问题等，这些都是将来制约印度进一步发展的瓶颈。

与印度模式相比，"中国模式"的优势也很突出：中国具有较高的居民储蓄率、较为完善的基础设施、稳定的政局以及普及的基础教育。同时，中国是一个实行对外开放且具有国际竞争力的经济体。正因如此，多年来中国的经济增长率始终远远高于印度。而且，中国在充分利用经济全球化的历史机遇方面也远远超过印度，中国所实行的改革更为广泛而深入。同样，"中国模式"也面临诸多挑战：首先是内部制约，主要是制度性的制约，如法律体系不完善导致产权不清，国有企业效率低下。还有就是金融体系不完善。其次，全球化条件下，中国的对外开放还有可能受到外部制约。如，尚不完善的金融体系容易受到国际金融波动的影响，又缺乏有效的应对经验；本土企业国际竞争力不强，很难与世界一流的跨国公司相竞争；意识形态不同导致西方国家对中国发展的遏制，等等。

需要特别强调的是：首先，中国与印度两种发展模式所依赖的要素不同，"中国模式"的选择与中国的社会主义制度不可分割，而印度模式则与其社会结构紧密相关，尤其是与印度特有的种姓制度有很大关系。其次，印度实行的是西方式的议会民主制，这也正是西方世界更加认同印度的深刻原因之一，印度人对此也是引以为豪。当然，也有一些别有用心的国际势力企图通过中印发展模式的比较，来抬高印度，打压中国，通过散布"中国威胁论"为代表的言论来妖魔化中国，目的就是破坏中国发展。对中国而言，关键是要看到我们与印度相比的不足之处，找到今后我们努力的方向，尽快地弥补这些不足，不断完善"中国模式"。

三、"中国模式"与拉美模式："北京共识"与"华盛顿共识"的比较

南美洲又称拉丁美洲。在拉美地区有 30 多个国家，各国的国情不同，实施的政策也有区别。所谓"拉美模式"主要是反映拉美地区的这些国家除所处地域外，曾经取得的成绩和经历挫折的"共同点"。就这个意义而言，拉美模式指的是以阿根廷、墨西哥和巴西等为代表的拉美新兴市场国家的发展模式。但目前学术界和国际社会所关注的"拉美模式"，则主要是指墨西哥、阿根廷等拉美国家在 20 世纪 80 年代末 90 年代初开始采用的全面对外开放的发展模式，其指导思想就是西方的新自由主义经济理论，有人称之为"新自由主义发展模式"，还有人称为"后进口替代发展模式"。

近年来学术界对东亚模式和拉美模式的比较研究相对多一些，但对"中国模式"和拉美模式的比较很少。由于对"北京共识"和"中国模式"的热烈讨论，引起了对"北京共识"与"华盛顿共识"的比较，很多学者认为"北京共识"超越了"华盛顿共识"。而"华盛顿共识"是国际货币基金组织、世界银行等为拉美国家开的新自由主义药方，拉美地区是"华盛顿共识"的第一个试验场。我们虽然不大赞同"北京共识"的提法，但对"中国模式"与拉美模式的比较，能够拓宽我们的视野，廓清我们的思路，使我们对"中国模式"的特征有更加深刻的认识。

从另外一个角度来讲，建设中国特色社会主义，完善"中国模式"，需要主动借鉴世界各种发展模式的有益经验。世界各国在发展过程中所积累的宝贵经验，不仅是其本国人民聪明才智的结晶，同时也是人类共同的精神财富。中国与拉美同属发展中的国家和地区，但中国虽然无论是从社会制度，还是改革的性质方面，都与拉美大相径庭。不过，拉美国家改革过程中所采取的一些有效的方法、所使用的一些技术手段，包括其发展中的经验教训，对于我们都是有可借鉴之处的。我们只有深入研究拉美模式，才能从中吸取有益经验。

（一）拉美模式发展的历史脉络

拉美模式的探索始于 20 世纪 30 年代，相比而言时间较早。拉美模式的特殊性表现在：一是拉美社会发展饱含曲折性与不协调性；二是面对外部环境变化的冲击，拉美国家的"内部回应"迟缓，丧失了发展机

遇。最初，拉美发展模式的特点可归纳为：工业化以初级产品出口为主，前提条件是保护国内市场；对外开放程度不够大；对外资依赖较重；产业结构不合理，调整升级较慢；贫富差距现象突出。经过 20 世纪 80 年代末 90 年代初的新自由主义经济改革，拉美国家的变化十分明显，尤其是逐步减少了国家对国内市场的保护，扩大了对外开放程度，扩大了市场调节的范围等方面。但在产业结构、分配结构、本国居民储蓄率方面的变化不大。拉美模式发展的历史，大致经历了以下三个阶段：

1. 初级产品出口阶段

19 世纪初拉美国家相继独立，开始了独立自主发展本国经济的新的历史时期。但长期遭受殖民统治的历史造成的消极影响依然存在，首先就是由于殖民统治遗留下来的经济结构的影响，拉美国家的经济发展始终是建立在初级产品出口基础之上，其中出口的初级产品以矿产品和农产品为主，也就是典型的资源驱动型发展方式。当然，拉美国家地大物博，资源丰富，在经济起步阶段通过出口初级产品来换取外汇收入，为本国经济进一步发展积累资金也是符合常理的。当然还有一些内部因素助推了这种初级产品出口型发展模式：首先是来自欧洲等地的移民提供了丰富的劳动力资源；其次是有大片土地可供农产品种植，包括新开垦土地以及教会和印第安人的土地；此外还有逐渐发展起来的基础设施、大量外国资本的注入以及科技进步等，这些都是有利于初级产品出口模式加速运转的因素。

2. 进口替代阶段

在 20 世纪 30 年代初的世界性经济危机和第二次世界大战的冲击下，拉美国家逐渐意识到，原有的初级产品出口模式难以为继，必须探索一种新的发展模式。面对西方各种经济理论的冲击，也受到一些激进民族主义思潮的影响，拉美国家逐渐形成了"进口替代"内向发展模式，这种发展模式具有强烈的民族主义和保护主义色彩，其指导思想是结构主义发展理论。在"进口替代"发展模式中，国家通过各种关税以及非关税手段来限制外国产品的竞争，通过提供各种优惠来促进和保护本国工业的发展。其中包括：通过实行国有化来发展民族经济；通过加强国家对经济的直接干预，来鼓励本国轻纺工业和重工业的发展，使得本国具备生产非耐用消费品和耐用消费品的能力，从而取代进口。阿根廷、巴西、墨西哥三国首先推行这种进口替代战略，以期实现本国轻工业产品的自给,同时开始促进钢铁、石油等重化工业的发展。

从 20 世纪 40 年代到 60 年代中期,进口替代模式在拉美曾发挥过非常积极的历史作用。60 年代初,巴西的工业品自给率达 90%,资本货自给率接近 80%。60 年代中期,墨西哥工业品自给率达 85% 左右。1950~1970 年期间,阿根廷非耐用消费品产值所占的比重从 63% 降到了 36.8%,耐用消费品和资本货产值所占的比重则相应地从 37% 上升到了 63.2%。这一时期,墨西哥、阿根廷、巴西等拉美诸国通过采用进口替代模式,基本建立了比较发达的民族工业,一些工业甚至成为这些国家经济的支柱,如石油、钢铁、汽车工业以及大型设施等。拉美国家通过自力更生地发展民族工业,基本上能够满足本国的工业品需求。

20 世纪 60 年代以后,整个世界形势又发生了深刻的变化:科学技术的发展日新月异,世界各国间的经贸往来迅速发展,进口替代模式的弊端也开始日渐凸显。拉美国家的国内市场已经饱和,而民族工业产品又缺乏国际竞争力,导致拉美国家的外贸逆差连年出现,失业问题也越来越严重,甚至还出现了进口替代相关的既得利益集团,等等。面对上述矛盾,拉美国家在"依附论"和民族民主运动的影响下,对进口替代模式进行了调整。如,进一步实行国有化,扩大基础设施建设,大量举借外债,促进工业品出口和加强区域经济一体化等。这些措施很快发挥了作用,在一定程度上缓和了矛盾,促进了拉美国家的发展。1965~1970年,拉美地区制造业增长率创历史新高,达到 6.3%;1970~1977 年为5.8%,1970~1981 年为 4.8%。其制造业在各国国内生产总值中所占的比重也不断增加,1960 年为 20.8%,1970 年为 24.2%,1977 年为 26.5%,已初步达到了发达国家水平。

整体来看,从 20 世纪 50 年代起,拉美各国国内生产总值(GDP)持续 30 年以 6%~7% 的增速发展。到 20 世纪 70 年代末,大多数拉美国家的人均 GDP 超过 1000 美元。在拉美这一阶段的快速发展中,进口替代模式功不可没。不过,尽管如此,"进口替代"内向发展模式依旧没有解决原有的经济矛盾,反而加深了拉美经济的对外依赖性,造成民族经济愈发脆弱,国际收支严重失衡,与发达国家的差距也不断加大。1982 年,由于外债总额不断增加,已经超出了其自身的偿还能力,一场席卷整个拉美大陆的债务危机爆发了。

3. 后进口替代阶段或新自由主义阶段

整个 20 世纪 80 年代，拉美国家陷入了严重的经济困境之中，债务危机爆发，经济发展迟缓，整个 80 年代拉美地区经济的年均增长率仅为 1%左右，已经远远低于 1980 年前 5%的水平，被称为"失去的十年"。与 1980 年相比，1990 年拉美人均 GDP 下降了 10%，人均年增长率为负增长。

1990 年，美国国际经济研究所在华盛顿召开研讨会，专门讨论拉美经济改革的问题，美国国际经济研究所所长约翰·威廉姆斯在会上提出了指导拉美改革的十项主张，并获得通过，其核心内容被浓缩为"三化"：私有化、自由化和市场化。这些主张基本上反映了新自由主义的政策主张，后被称为"华盛顿共识"。其由于受到国际货币基金组织、世界银行等国际金融机构的推崇，开始在世界各地推行起来。为了尽快摆脱经济困境，20 世纪 90 年代，很多拉美国家开始按照"华盛顿共识"的药方进行大刀阔斧的改革，进入了"后进口替代"发展阶段。这一时期，多数拉美国家按照新自由主义的主张进行了一系列的政策调整，包括：放松了政府对经济的干预，减少甚至取消政府补贴；开放了国内市场，实行贸易自由化、金融自由化；拍卖国有企业，走私有化道路；拉开收入差距；推行扩张性财政政策。可以看出，"后进口替代"战略已经具有一些外向型经济的特征，能够在一定程度上克服原来"进口替代"战略的弊端。拉美国家进行新自由主义改革还有一个深层原因就是，当时在拉美执政的新一代领导人，以墨西哥的萨利纳斯、巴西的科洛尔、阿根廷的梅内姆、智利的艾尔文等为代表，他们大多数都接受过美国的高等教育，这样的教育背景使他们更加能够接受新自由主义理论。因此，他们上台执政后自然就会加快本国进行新自由主义改革的步伐与力度。拉美国家成为新自由主义取向改革的重要试验场，墨西哥、智利和阿根廷等拉美国家还被西方国家作为这种改革的典型样板而备受推崇。

"华盛顿共识"给拉美国家带来了一定的经济繁荣，也曾经创造了轰动一时的"拉美模式"。20 世纪 90 年代以后，拉美国家逐渐走出了"失去的十年"的经济困境，国内生产总值（GDP）也逐步回升到 3%以上，成为世界上经济增长最快的地区之一。其主要的成绩表现在：财政赤字减少，外资大量流入该地区，大部分企业效益提高，国民经济总量和市场化程度提高，货币通胀率大幅度降低。

　　然而，不无讽刺的是，拉美始于金融自由化的改革反过来又困住了自己。拉美国家由于引进了国外投资，金融压力得到了暂时减缓，经济也有了一定程度的发展。但是，这种金融自助化的改革也由于采取了放开利率、国有银行私有化以及减少对外资的限制等措施，使得本国经济更容易遭受国际金融市场波动的影响，以至于引发严重的货币贬值，加重其债务负担，而政府又无力对本国经济、资源进行有效控制。据统计，1980 年到 2000 年，拉美国家的货币平均贬值达 50%～70%。20 世纪 90 年代和 21 世纪初，拉美地区经济危机频发，如 1994 年的墨西哥金融危机、1999 年的巴西货币危机和 2001 年的阿根廷金融危机。新自由主义改革给拉美带来的是动荡与混乱。危机的影响，加上新自由主义所主张的自由化政策，使得拉美经济的对外依存度过高，政府又无法对经济进行有效干预，这导致拉美地区人民生活水平急剧下降，各种社会矛盾层出不穷，社会处于无序状态。改革前（1950～1980 年），拉美地区的经济年增长率为 5.3%，20 世纪 80 年代为 1.2%，90 年代为 3.2%，近几年则急剧下降，2002 年甚至下降到了 0.5%，而且经济增长的质量也相对下滑。也就是说，拉美自 20 世纪 90 年代全面实行新自由主义改革以来，经济不是越来越好，而是越来越差了。尽管出发点不同，但西方和拉美的学术界都对拉美 90 年代的经济表现出极为接近的态度——悲观失望。拉美经济委员会把 1997 年之后的拉美经济称为"失去的 5 年"。

　　（二）"中国模式"与拉美模式的不同之处

　　"中国模式"与拉美模式有着巨大的差异性，表现为指导思想、政治制度和政治稳定程度的不同，市场经济中政府的调控作用不同，外向型经济中对外依赖程度的不同以及国有企业改革的方向不同。

　　1. 指导思想不同

　　20 世纪 80 年代以前，"依附理论"是拉美最具影响力的理论，其强大的影响力没有任何一种理论能够超越它。"依附理论"是拉美知识分子在对西方式现代化理论进行批判的过程中，在总结拉美国家以往发展的历史经验的基础上，在风起云涌的世界民族民主运动的推动下，逐渐形成的。"依附理论"的出现标志着拉美知识精英的思想意识的觉醒，也标志着一种拉美地区独有的理论体系已经产生，这是拉美人民群众探索本地区社会发展道路的思想成果。在"依附理论"的影响下，拉美国家进行了全面的经济社会变革。因此，"依附理论"也被称作 20 世纪中叶拉美"解放思潮的先导"和"时代潮流的核心代表"。

"依附理论"的核心观点是，自由主义的现代化理论所倡导的所谓西方化，实质是一个非西方不发达国家逐渐被西方发达国家纳入其经济体系、不断地被其依附化的过程，而这恰恰是导致非西方国家长期以来不发达的根本原因。"依附理论"把西方发达国家称作世界经济的"中心"，把发展中国家称作"外围"。"外围"依附于"中心"，为"中心"经济的发展与扩张所制约。"依附理论"使人们注意到不平等的国际分工给第三世界国家的发展所造成的困难，但其中有的观点主张关起门来搞建设以此摆脱依附，这显然是走上了另一个极端。

"依附理论"大致可以分为结构主义理论和新马克思主义依附论两种形式。结构主义理论，是在20世纪50年代由阿根廷经济学家劳尔·普雷维什为代表的拉美学者提出的，可以看作"依附理论"的前身。其基本思想是：世界经济体系的结构呈现出中心—外围特征，外围国家对中心国家的结构性经济依附，是导致外围国家不发达的主要根源；外围国家要改变这种结构性依附，必须通过改良的办法，改变这种不合理的国际经济结构。结构主义理论是拉美国家工业化初期所实行的进口替代战略的理论依据。新马克思主义依附论，主要代表人物有特奥托尼奥·多斯桑托斯、费尔南多·恩里克·卡多佐、恩佐·法赖托等人。他们在结构主义的中心—外围论的基础上加以扩展，构建了一个关于依附问题的总的社会政治理论。其主要观点是，拉美国家的经济发展被处于结构中心的资本主义国家所控制，资本主义国家的对外扩张对被扩张国是十分有害的，这种经济依附和被控制，对拉美国家的经济、政治以及社会体系，都会产生非常深刻的影响。这两种形式的"依附理论"，根本区别在于它们对外围国家出路的主张，新马克思主义依附提倡激进的社会革命，结构主义则主张进行改良。

20世纪80年代末90年代初以来，拉美模式的理论依据是照搬了西方新自由主义的"华盛顿共识"，其影响如前所述。

而相比之下，"中国模式"的理论基础是当代中国化的马克思主义，即始于毛泽东、成于邓小平的中国特色社会主义理论，该理论目前还在发展过程中。中国人民在中国共产党的领导下进行的建设中国特色社会主义的实践不断为这一理论增加新的创新性内容。"三个代表"重要思想、科学发展观、构建社会主义和谐社会以及实现"中国梦"都是中国特色社会主义理论创新和发展的重要表现。

　　2. 政治制度和政治稳定程度不同

　　拉美政治制度的特点是军人干政、政变频繁。美国当代政治学家塞缪尔·亨廷顿曾指出，在近现代史上，"军人政府和军事政变、军人反叛和军人政权一直是拉丁美洲国家中绵延不断的现象"①。拉美国家的政治发展进程很清楚地说明了这一点。

　　19 世纪初期，拉美国家刚刚实现国家独立之时，一些曾经接受过西方教育的政治精英也力图引导本国建立西方式的政治制度，如实行西方式的代议制民主制度，在制定本国宪法时仿效法国和美国宪法及其基本精神等，以期建立西方式的、强大的民主共和国。但是，这种照搬照抄过来的民主制度由于不适合拉美国情，出现了严重的"水土不服"，不但没有给拉美国家带来它们期待已久的"大治"，反而引起了"大乱"。结果是，拉美各国纷纷陷入了长达数十年的政治动乱的泥潭之中。

　　19 世纪中期以后，在拉美国家动荡的政局中，由于多种势力的激烈角逐，一批独裁政权陆续出现，有的是由土地贵族和出口商联合起来建立的寡头政权，如阿根廷、智利等国；也有考迪罗个人独裁政权，如墨西哥的波菲里奥·迪亚斯那样的政权。在拉美历史上，尤其是 19 世纪初独立战争后名谓"考迪罗"的军人独裁现象司空见惯。在 20 世纪30～40 年代，虽然拉美也出现过一些资产阶级民众主义政权（其中以墨西哥的卡德纳斯政权、巴西的瓦加斯政权和阿根廷的庇隆政权最具代表性），但其后，大部分拉美国家都出现了一种有规律的政治现象，即民选的文人政权与军人独裁政权交替执政的状况，其中一些国家甚至出现了由某个家族或个人进行统治的专制独裁政治，而且延续长达数十年，如尼加拉瓜、海地、巴拉圭等。

　　从 20 世纪 50 年代末起，在古巴革命胜利的鼓舞下，一股强烈的革命与变革潮流席卷拉美地区。为了防范和反击这种革命与变革潮流，60年代初一些拉美国家相继发生了军人政变，如厄瓜多尔（1963 年）、巴西（1964 年）、玻利维亚（1964 年）等。此后，军事政变席卷拉美，整个 20 世纪 60 年代，军人当政再次风靡拉美。

　　20 世纪 70 年代末和 80 年代，在民主化浪潮下，拉美各国的军政

---

　　① ［美］塞缪尔·亨廷顿：《变化社会中的政治秩序》，王冠华等译，生活·读书·新知三联书店1989 年版，第 175 页。

权纷纷垮台，发生了"还政于民"的转变，开始了所谓"民主化"进程。1978 年，巴拿马的托里霍斯将军率先主动交给文人政府一部分权力，以此为开端，拉美各国开始了军政府向民选的文人政府交还权力的进程，这一进程长达十几年之久。到 1990 年智利军政府交还权力为止，拉美地区俨然已经成为所谓"一片民主的大陆"，拉美民主化进程开始进入巩固与完善的新阶段。

从 20 世纪 90 年代后期开始，拉美国家的政治风向发生了一个值得关注的新动向，那就是拉美左翼的重新崛起。1998 年，委内瑞拉"第五共和国运动"主席乌戈·拉斐尔·查韦斯·弗里亚斯通过大选上台执政，此后，智利、巴西、厄瓜多尔、阿根廷和乌拉圭的左翼政党也先后上台执政。2005 年 3 月 1 日，美国《纽约时报》对此做出评论，认为"拉美有四分之三国家的政权已经掌握在了其左翼领导人的手中"。2006 年是拉美的大选年，此前已上台执政的巴西、智利和委内瑞拉左翼政党守住了各自的阵地，尼加拉瓜、厄瓜多尔、海地和秘鲁的左翼力量则攻下新阵地。加上左翼政党当权的阿根廷、乌拉圭、巴拿马、玻利维亚、多米尼加共和国，以及 1959 年以来一直由共产党执政的社会主义国家古巴和前游击队员赢得总统宝座的萨尔瓦多，拉美地区一度达到 16 个左翼国家的最高峰，占据该地区国家总数的四分之三，覆盖 70% 的人口和 80% 的地理面积。尽管右翼势力近两年来有抬头趋势，但 2010 年 10 月底迪尔玛·罗塞夫赢得巴西大选，这意味着巴西仍由左翼掌权，这也使得拉美左翼国家占该地区国家总数比例成功"保七"。

从拉美国家的政治发展进程可以看出，拉美国家自独立以来，民主与专制的周期性社会震荡拖延了近两个世纪，拉美的发展进程一直伴随着政治制度的选择，国家政局一直处于动荡之中。虽然在六七十年代出现了经济增长的奇迹，但是军人干政毕竟是反民主潮流的。加上拉美国家在改革发展过程中，所付出的社会代价很大，贫困、失业等问题严重影响了民众生活水平的提高，民众已经失去了对执政者和政府的充分信任，社会矛盾与冲突此起彼伏。通过深入分析我们不难发现，拉美经济发展过程中的危机与风险，与这些国家政府更迭频繁导致政局动荡密切相关，因为政局不稳会影响经济发展的稳定性与连续性，并使经济行为更趋短期化。1997 年以来，拉美已经先后有 4 个国家的 7 位总统被迫下台；更有甚者，如 2001 年底阿根廷爆发经济危机之时，两周之内就更换了 5 位总统。一些国家的社会冲突也日益恶化,呈现愈演愈烈之势。政局不稳与社会动荡叠加在一起,使得拉美国家的政治危机四伏,每一届政府都在疲于应付动荡的政局,根本无暇去解决深层次的经济问题。

而我国自新中国成立以来,建立了社会主义制度,人民成为国家的主人。人民民主专政制度是中国的国体,人民代表大会制度、中国共产党领导的多党合作和政治协商制度以及民族区域自治制度是中国的基本政治制度,体现了社会主义的本质特征、中国特殊的历史文化传统和国情。而"一国两制"又是中国在祖国统一问题上对于国家制度的独创。中国人民在中国共产党的领导下,始终坚持社会主义制度,坚持改革开放,走出了一条中国特色的社会发展之路。这其中,稳定的政治制度功不可没。中国始终强调,稳定压倒一切,要正确处理改革、发展和稳定之间的关系,从而经受住了苏联东欧剧变的严峻考验,顶住了国际上的种种压力,高举社会主义的大旗,坚持社会主义道路,成为社会主义的中坚力量。

3. 都实行市场化改革,但政府调控作用不同

政府干预是发展中国家现代化进程的主要特征。发展中国家在向市场经济过渡的过程中,国家的干预职能更不能轻易被削弱。原因在于,发展中国家普遍经济发展水平不高,市场机制发育也很不成熟,因此,无论是在实行对外开放、与国际市场接轨,还是培育和发展国内市场时,国家的指导和干预都是必不可少的。尤其是在市场经济的起步阶段,相关的法律制度还不够健全,在这样的情况下,国家的有效监管和干预更显得尤为重要。因此,对于发展中国家而言,政府对经济进行调控和管理是非常重要的。

在经济发展初期,拉美国家受"依附理论"影响很大,过分夸大了市场本身的缺陷与不足,特别强调政府的干预作用,主张通过制定全面的经济发展计划来管理经济。但结果是,经济活动完全由政府主导,市场也严重依赖政府,最终造成了"政府过度干预,市场机制失灵"的混乱局面。当然,拉美的国家干预本身也存在一些问题,如:国家干预的灵活性和有效性欠缺,未能适时调整政策;调整着眼于非经济因素,而不是从经济的合理性出发;干预的科学性和可行性不足,等等。如此,政府过度地干预经济,却不能有效补救市场失灵,自然会造成诸多问题,如拉美国家对产品价格、汇率和利息等过分干预与控制,反而扭曲了价

格信号，严重破坏了市场机制的正常运行，导致了资源配置的效率低下。此外，拉美国家的政府干预，缺乏对市场的积极培育功能，是不利于市场发展的。

从20世纪80年代末起，拉美国家受"华盛顿共识"的影响，为摆脱经济困境，选择按照西方新自由主义的主张开始进行新一轮的改革。但是，这又走向另外一个极端——减少政府干预，放松政府对市场的管理，实施投资、贸易自由化——这使得政府在经济活动中很难有所作为，整个国家陷入无政府状态。20世纪90年代，拉美国家对国有企业进行了大规模的私有化改革，结果是拉美地区将近一半的大型企业，甚至大部分经济命脉都被外资所控制；部分拉美国家由于实行货币"美元化"，导致其丧失了至关重要的经济主权。更为不利的是，由于政府未能对外资进行有效的引导，结果外资大多投向了利润颇为丰厚的资源开采行业以及服务业，制造业得到的外资实际投入比例不足50%，这导致众多拉美国家未能建立起完整的工业体系。在金融领域，由于政府未能及时有效地对金融部门实施监管，拉美金融危机频繁爆发。拉美国家在市场发育还不够成熟的情况下，就急于弱化政府职能，加剧了社会不公平现象，引发了一系列社会矛盾。

政府的宏观调控是社会主义制度的优势。中国在走向市场经济的过程中，国家的一般干预职能必不可少，但是要把握好方向，而保证中国的市场经济的社会主义方向，这更需要强有力的国家干预。20世纪70年代末实行改革开放以来，中国逐步从计划经济向社会主义市场经济体制过渡，不过，政府虽然逐渐退出了许多重要的经济领域，但其强有力的宏观调控的影响力依然存在。在社会主义市场经济条件下，政府的宏观调控主要运用的是适合市场化改革方向的经济与法律手段，其比计划经济条件下的行政手段效率更高。如在使用外资方面，一方面，国家通过中长期的产业发展规划，来引导外资投向国家需要重点发展的产业，如现代制造业，这样可以加快中国的工业化进程；另一方面，对于那些关系国计民生的行业，如金融、矿产、交通以及农业等，国家则会给予大力的扶植甚至是必要的保护，以防止这些战略产业被外资控制，逐渐培育其国际竞争能力。此外，在金融领域，为确保中国金融业的健康发展，中国政府采取了多项改革措施，如逐渐消化银行不良资产、推动国有商业银行进行股份制改造、规范证券市场、加强金融监管等。这些都对我国有效防范和化解金融危机具有十分积极的作用，也标志着中国金融体制的调整与变革在逐步加深。

4. 都发展外向型经济，但对外依赖程度不同

从第二次世界大战结束一直到20世纪60年代，拉美国家实行"进口替代"的工业化模式，即通过重点发展本国的民族产业来加快工业化的进程，这是一种内向型发展战略。为此，国家通过高汇率、进口限额和高关税等一系列政策工具来抑制进口。这一模式对于推动拉美国家民族产业的发展以及实现工业品自给意义重大，也使得拉美各国取得了较大的经济成就，当时实行这种模式具有一定的历史必然性。当然它的缺陷和弊端也是较为明显的：对国内市场的过度保护，往往会导致企业效率低下；国际收支状况严重失衡，外债大量增加，反而更加剧了对发达国家的依附性，等等。以上这些弊端使得这种"进口替代"模式难以为继，严酷的现实逼迫拉美国家重新寻求一条摆脱困境的道路。于是，在20世纪80年代后期，拉美国家转而采用西方的新自由主义改革，进入"后进口替代"经济发展阶段。"后进口替代"相比"进口替代"模式而言，又走向了另一个极端，它的基本内容就是要千方百计增强整个国民经济的外向性，如减少对国内市场的保护，通过降低关税和非关税壁垒、取消或放宽出口管制和出口税等，实施贸易自由化；放宽对外资的限制，进一步扩大外资投资的领域，简化投资手续；积极参与区域经济一体化，加强国际经贸合作等。

但是，拉美地区由于深受西方文化的影响，崇尚享乐主义，消费水平较高而储蓄率偏低，造成国际收支失衡，严重依赖外资，形成债务型经济。1990～1996年，拉美地区总储蓄率一直徘徊在20%左右，比债务危机前的1980年还低6个百分点。而大多数拉美国家的特点是生活和繁荣都是靠"借贷"得来的。就1999年外债与国内生产总值之比来看，委内瑞拉是23%，墨西哥是35%，哥伦比亚是40%，阿根廷、巴西和智利是45%，厄瓜多尔则接近100%。这一年拉美国家光是为支付利息就拨出了外汇收入的17%。20世纪90年代，拉美国家普遍贸易赤字严重，为了偿付庞大的外债本息，为了源源不断地支付外资的丰厚利润，拉美地区陷入了严重依赖外资的恶性循环之中。如果没有外资的流入，就很难消除贸易赤字，国际外汇市场波动就很容易给拉美经济带来一系列的严重后果，如货币的恶性贬值和资本外逃、通货膨胀与经济停

滞，严重的甚至会导致政府更迭频繁与社会动荡加剧。外国资本已俨然成为拉美国家实现经济发展和政治变革的助推器。最为严重的还在于，对外资的过度依赖，使得很多拉美国家丧失了宝贵的经济主权，也基本失去了对国民经济进行有效干预与调节的能力。

中国自 1978 年改革开放以来，也是积极引进外资，这也成为其对外开放战略的一个重要组成部分。而引进外资的根本目的在于弥补国内资金缺口，学习国外的先进技术与管理经验，从而不断缩小与西方发达国家间的差距，以促进国民经济的持续健康发展和人民生活水平的不断提高。由于中国居民的储蓄率很高，尤其是在最近几年中国的国际收支持续保持顺差（2010 年中国国家外汇储备 28473 亿美元，比上年末增加 4481 亿美元；[①]2013 年中国国家外汇储备 38213 亿美元，比上年末增加 5097 亿美元[②]），早在 2006 年 2 月份，中国就已超过日本，成为世界第一外汇储备国。经过 30 多年的改革开放，中国建设资金不足的问题已大为缓解，已经建立起了完整的工业体系，工业化水平也不断提高，国有企业的改革稳步推进，民营经济在政府的鼓励与支持下也逐渐发展壮大。从这些方面来讲，中国并不存在爆发拉美国家那样的债务危机的危险。

5. 国有企业改革的方向不同

拉美国家国有企业改革的核心是私有化。20 世纪 70 年代，其原有的"进口替代"模式发展到了一定程度，拉美各国国有企业的弊端也开始充分暴露，于是，20 世纪 80 年代末开始，各国政府决定放弃原有发展模式，进行新自由主义改革。其主要内容是减少国家干预，发展私有经济，实行自由化政策，建立市场经济体制。其中，国有企业私有化成为这次新自由主义式改革的首要任务和突破口。这一阶段，无论是最早的智利，还是随后的墨西哥、阿根廷，再到其他拉美国家的国有企业改革，尽管方式不尽相同，但其核心内容都是把国有企业转让给私人所有。

如前所述，"华盛顿共识"的核心内容是"三化"，即自由化、市场化和私有化，当然，其要害就是国企私有化。拉美各国奉行"华盛顿共识"的短短几年内，就把大量关系国计民生的国有企业都出售给了私人

---

① 参见《中华人民共和国 2010 年国民经济和社会发展统计公报》，中华人民共和国国家统计局网站，http://www.stats.gov.cn/tjgb/ndtjgb/qgndtjgb/t20110228_402705692.htm。

② 参见《中华人民共和国 2013 年国民经济和社会发展统计公报》，中华人民共和国国家统计局网站，http://www.stats.gov.cn/tjsj/zxfb/201402/t20140224_514970.html。

投资者，如电力、电信、石油、供水、铁路、机场等，而且国民经济中的关键部门和大型企业的产权，也大都被西方跨国公司所垄断。我们以阿根廷为例，它在拉美地区曾既是强国又属富国之一。到20世纪90年代，阿根廷经济的关键领域几乎都被外国资本占据了。如，阿根廷的公共服务领域已经全部被私有化，也就是跨国公司化了，大多数企业都已经出售给了欧洲的跨国公司，其中自来水公司当前被法国跨国公司控制，天然气和石油行业则由美欧跨国公司垄断，就连银行以及其他的金融行业也几乎都被西方跨国公司占据了。1995年，在阿根廷最大的10家银行中，本国银行至少还占了6家，到现在仅剩下一家了。阿根廷本国所控制的银行资产也已经从1992年的82%降到了2001年的仅仅33%，外资银行已经能够全面经营阿根廷各类货币业务。由于这些外资跨国银行资本雄厚、实力强大而且相对来说资金比较安全，居民和企业也愿意将存款转移到这些西方的跨国银行。①

经过30多年的国有企业改革，除智利、墨西哥、阿根廷等少数国家已经完成了改革计划之外，大多数拉美国家的私有化改革仍在继续。一方面，国有企业的私有化改革起到了某些积极作用，如增强企业活力、调动私人资本的积极性、提高经济效益等。但另一方面，也给拉美社会经济带来了不少负面影响，如失业率上升，人民生活水平下降，收入分配差距拉大，社会两极分化加剧，社会动荡、政局不稳，等等。

在中国，社会主义制度决定了中国不能走私有化的道路。因为中国是社会主义国家，公有制占主体地位和共同富裕是社会主义本质的体现。公有制的主体地位主要体现在控制力上，关键是要找到公有制和市场经济的结合点，而对国有企业进行股份制改造是两者结合的有效途径。中国国有企业改革的核心是转变国有企业的经营机制，使国有企业成为自主经营、自负盈亏、自我约束、自我发展的独立市场主体。国有企业和私有企业作为市场的主体，平等竞争。

（三）拉美模式的发展困境：拉美化

早在19世纪初期，饱受殖民统治的拉美各国人民就奋起抗争，开始了争取民族独立的历史进程，到19世纪上半叶，拉美国家基本上都实现了民族独立，走上了独立自主地发展本国经济的道路。拉美国家工

---

① 李长久：《中国要避免重蹈"拉美化"覆辙》，《记者观察》（上半月），2006年第7期。

业化和现代化曾经取得了巨大成就。尤其是 20 世纪六七十年代以来，拉美国家经济实现了高速增长，创造了备受世界赞誉的"拉美奇迹"。但直到今天，拉美主要国家仍然被一些经济和社会问题困扰着。在这其中，最突出的问题就是社会公平问题。拉美各国在发展过程中，都在不同程度上出现了"经济有增长、社会无发展"的状态。经济增长的成果被少数人拥有，大多数人却享受不到现代化成果，由此导致了政局不稳和社会动荡，再加上严重的外债危机和经济危机，致使拉美国家经济急速下滑。此现象被称为"拉美化""拉美陷阱"或"拉美病"。中国在发展过程中，也或多或少地存在类似拉美的情况和倾向，必须以拉美模式为借鉴，防止中国"拉美化"或陷入拉美陷阱。

1. 拉美化、拉美陷阱及其表现

由于学术背景不同，研究目的各异，学术界对"拉美化"或"拉美陷阱"概念的界定也大不相同。有人将"拉美化"界定为，拉美国家在人均 GDP 达到 1000 美元以后，出现的经济停滞甚至后退的现象；有人从发展模式角度出发，认为"拉美化"指的是拉美国家由于选择了"外资主导型"的外向型发展道路，从而丧失了对本国经济和资源的控制权，从而引发的一系列危机；有人将"拉美化"解释为贫困化和两极分化；也有人将"拉美化"解释为拉美在发展过程中出现的整体性危机。①

综上所述，"拉美化"的概念可以分为狭义和广义两种。狭义的"拉美化"主要作为贫困和两极分化的代名词，大多数的拉美问题专家和学者持这种观点，这个含义也符合西班牙语和葡萄牙语的语境。而广义的"拉美化"所指的范围则比较宽泛，仅是对社会经济问题及其现象的一种描述，它与"拉美陷阱""拉美病"等概念的含义区别不大，常见于英文文献中。

现在国内学者讨论的拉美化问题，主要是就广义的拉美化而言的，指的是拉美国家在人均国内生产总值达到 1000 美元以后，由于政府没有能够有效地解决各种矛盾而引发的经济社会危机。"拉美陷阱"主要表现为：

一是贫富差距悬殊。在现代化进程中，政府长期重视经济增长却忽视了社会发展和社会财富的公平分配，使收入分配两极分化和社会贫困

---

① 张寒梅：《"拉美现象"及对中国构建和谐社会的启示》，《重庆交通学院学报》（社科版），2005年第 4 期。

现象愈演愈烈，损害了社会的凝聚力。据美洲开发银行的报告显示，目前拉美贫困人口已达 2.27 亿，占到了拉美地区总人口的 44%，极端贫困人口占到了 20%，失业率已高达 11%；占拉美地区人口 1% 的富人控制着该地区社会总财富的 42.3%。拉美地区已经成为全球贫富差距最严重的地区，目前拉美地区的平均基尼系数已高达 0.522，一旦基尼系数超过 0.6，表明社会已经严重不公平，整个社会发生动乱的危险性会很大。许多拉美国家都认为经济的快速发展能够解决很多问题，"蛋糕"做大之后，社会公平自然就会实现。但事实证明，这种先增长后分配的设想根本无法实现。

二是工农业发展的不平衡造成了农业萎缩和农村凋敝。拉美国家在进行经济改革的过程中，一直实行重工轻农的政策，使农业处于被边缘化的不利地位，而且这种趋势还在不断加强。拉美各国的政府为了推动工业化进程，几十年来一直将大量资金用于城市；而广大的农村地区却长期缺乏资金，技术革新自然也谈不上，这必然导致农业生产效率十分低下，中小农业生产者大量破产，只能涌入城市，又造成城市人口激增，失业率不断增加，治安状况也持续恶化，这对整个城市的社会保障体系来说，是一种沉重的负担，形成典型的拉美"城市病"现象。大多数拉美农民不是改革的受益者，而是改革代价的承担者，这个群体长期被排斥在高速增长的"主流经济圈"之外，并最终成为经济改革中的弱势群体。

三是过度依赖外资导致民族工业竞争力丧失。拉美国家的外债规模是世界上罕见的。在 1998～2001 年期间，从外债总额占 GDP 的比例来讲，巴西已经从 53% 上升到高达 71.9%，乌拉圭从 34.2% 上升到了 55.6%，阿根廷则从 42% 上升到了 61.2%。2002 年，全世界的外债总额约为 25000 亿美元，而拉美国家就已经达到了 6880 亿美元。巨额的外债使得拉美国家的经济成果大多被外债和利息吞噬，而不能用来进一步支持本国的发展。同时，为了向外向型的"后进口替代"发展模式转变，积极参与经济全球化，20 世纪 90 年代以来，拉美国家都大幅度削减关税，这样跨国公司和国外的产品就可以轻而易举地进入本国市场，其民族工业必然面临激烈的竞争。几乎在所有拉美国家，尤其是那些开放度较大的国家，如墨西哥和阿根廷等国，很多民族企业由于缺乏竞争力，在激烈的外来竞争面前或者陷入困境，或者破产倒闭，这样的现象屡见不鲜。

四是资源开发不合理导致生态环境的恶化。拉美国家地大物博,资源十分丰富。世界上 40% 的动植物资源和 27%的水资源都分布在这里,森林覆盖面积达到了 47%。但即便如此,由于盲目推进工业化及忽视生态建设,拉美地区同样面临着严重的生态环境问题。据调查,1981～1990 年期间,拉美每年损失热带森林达 740 万公顷,10 年间共损失森林生物量达到了 13 亿吨,而同期全球损失约为 25 亿吨。由于生态环境遭到严重破坏,在过去 30 年中,拉美几乎所有国家都曾遭遇过严重的自然灾害,各方面的损失惨重。

2. 中国是否会拉美化

2003 年,中国的人均 GDP 首次突破 1000 美元,全面建设小康社会的发展目标已经得到初步实现。国际经验表明,处于该发展阶段的国家可能会有两种前途:一是进入"黄金发展期",即经济持续快速健康发展,国民经济的整体素质也会明显提高,从而顺利实现国家的工业化和现代化,跨入世界发达国家之列;二是导致"拉美化",即由于未能有效处理各种矛盾,最终导致贫富悬殊、失业人口激增、社会矛盾激化等,经济社会发展长期处于停滞状态,有的甚至会发生经济和社会双重危机。

作为转型国家,中国在改革过程中同样不可避免地会出现某些拉美化问题如在现代化进程中出现的诸如贫富悬殊、社会不公、利益冲突等社会问题,这是摆在我们面前最急迫和最突出的类似"拉美化"问题。以收入差距为例,中国的最低收入与最高收入间的差距已经超过了俄罗斯。早在 1994 年,中国的基尼系数就已经超过了 0.4 的国际警戒线,2003 年甚至达到了 0.461,已经十分接近"拉美化"的 0.522,近两年实际已超过了 0.5。而在 20 世纪 80 年代初,中国基尼系数只有 0.28。在短短的 30 多年时间里,贫富差距发展得如此之快,似乎只有拉美国家可比。

中国和广大的拉美国家都属丁发展中国家,都有过遭受西方列强奴役的历史经历,也都有发展本国经济的强烈愿望,在经济发展的相同阶段也都会面临某些类似的问题。拉美国家的现代化经历了曲折的过程。由于有拉美国家发展经历的前车之鉴,加上中国经济社会发展正处于关键时期,因此,中国学术界也开始了对"拉美化"问题的深入思考。特别是随着中国加入世界贸易组织之后,开始更加深入地参与经济全球化进程，与世界经济接轨，外资也在持续大规模进入中国，就此而言，"拉美化"的危险似乎离我们很近。中国是否会陷入"拉美陷阱"，开始成为学术界热烈讨论的问题。

客观地说，我们根本不用过分担忧中国会拉美化。但是，如果我们把所有中国出现的问题都认为是"拉美化"的话，不仅与拉美国家的实际不相符合，而且对中国将来的发展还会产生误导，也会使国内外对中国30多年改革开放政策产生误解。例如，虽然中国经济发展方式与拉美国家所走的道路，在个别特征上有某些相似之处，即都经历过主要依靠外资来拉动 GDP 增长的高速成长期。但是，由于国情不同、社会制度不同以及在发展模式上的巨大差异，中国政府始终牢固地掌握着国家的经济命脉，并没有因大量引进外资而出现拉美国家那样丧失经济主权的情况。中国政府依然主导着关系国计民生的关键部门，如石油、铁路、金融、电信以及农业等，这种局面将来也不会改变。近些年政府通过不断深化改革，也推动这些重要行业不断进步和发展，国际竞争力不断增强。同时，中国的民营企业异军突起，在国民经济中所占的比重也在不断增加，并已开始逐步实现集团化和国际化，经济实力日益增强。整体上来讲，中国的劳动力密集型产业竞争优势十分明显，优势地位也日益稳固；资本与技术密集型产业也逐渐发展起来，且发展态势良好。因此，总的来说，中国政府牢牢地掌握着改革开放的主动权，中国不存在对外资过分依赖的拉美化土壤。

当然我们也不能忽视拉美化的讨论对国家的政策制定所具有的警示作用。拉美在现代化进程中出现的诸多诟病，在所有发展中国家近20 年的改革进程中都不同程度地出现过，中国只有对自身发展过程中暴露出的类似现象保持高度的警惕，才能避免重蹈覆辙。对于这些现象我们决不能回避，而要制定政策防止中国拉美化，避免中国拉美化。我们强调以科学发展观统领经济社会发展全局，强调在发展经济的过程中要注重以人为本，走全面、协调、可持续的发展道路；提出要构建社会主义和谐社会，促进人与人、人与自然、人与社会之间的和谐发展；我国政府正处于由全能型政府向效能型政府的转变，尤其在社会保障、收入分配、就业和教育等方面，我国政府依然发挥着极其重要的作用。这些都是中国政府面对拉美教训的明智选择。

（四）"中国模式"与拉美模式比较的启示

中国和拉美社会制度不同、文化传统不同，但是同属发展中国家和地区的拉美和中国，都面临着抓住机遇，探索适合自己的发展模式，尽快发展本国经济的紧迫任务。当今的世界是开放的世界，在全球化条件下，任何国家都不可能关起门来搞建设。拉美在发展过程中面临的一些问题，中国或多或少也存在着。拉美国家对发展模式的选择与转换以及中国的改革开放，都是整个世界改革大潮的重要组成部分。通过两种模式的相互比较，我们能够得到一些有益的启示。

1. 党或政府必须掌握本国发展的主动权

在全球化条件下，任何国家的发展都必须通过和外部世界的合作来进行，要充分利用国内、国外两种资源，开拓国内和国际两个市场，闭关锁国是难以求得发展的。但是，在实行外向型的发展战略时，政府的宏观调控作用尤为重要，政府必须牢牢掌握本国发展的主动权。经济全球化条件下，资本市场的开放已经屡见不鲜，在这种情况下，金融安全对一国经济和社会的稳定显得至关重要。各国政府对此必须始终保持高度警惕，对于资本流动所带来的风险，任何时候都不能掉以轻心，政府对于资本市场应始终坚持开放与监管并举的原则。拉美国家在一系列的新自由主义式改革之后，社会问题愈益严重，失业率居高不下，收入分配不公不断加剧，民族企业纷纷倒闭，外来资本一统天下，国民经济完全成为一种依附型经济。在这种情况下，面对实力强大的跨国公司，国家基本失去了对经济进行有效干预的能力，更不用说维护民族利益和掌握国家命运了。因此，国家必要的宏观调控，任何时候都不能削弱而必须加强。发展中国家在引进外资和金融开放的过程中，如何防止潜在的经济与金融风险，维护本国的经济与金融主权，以保证国民经济的良性运行，实现经济又好又快发展，是一个亟须解决的重要问题。

2. 必须寻找适合本国国情的发展模式

拉美国家发展模式转换的历史告诉我们，发展模式的选择，对于发展中国家的未来发展至关重要。任何一种现成的发展模式都不可能是普遍适用的，完全适合所有国家国情的普适模式根本不存在。发展中国家只有从本国基本国情出发，有针对性地探寻与选择自己的发展道路，才可能实现经济与社会发展。就这个问题而言，拉美国家有着极其深刻的经验教训。第二次世界大战以后，拉美国家实际上就始终处于发展模式的选择中：在"进口替代"战略阶段，完全否定市场的作用，试图仅仅依靠强有力的政府干预实现发展；在探索失败之后，又从一个极端走向另一个极端，实行新自由主义改革，听任市场摆布，完全放弃了政府的宏观调控，结果导致了严重的经济与社会发展危机。而经过几十年的反复探索，多数拉美国家的政府开始意识到，新自由主义处方并不是灵丹妙药，应该根据本国国情进行改革和创新，并针对改革中的问题进行适当的政策调整。拉美国家只有坚持独立自主，勇于创新，适时地调整政策特别是调整利益分配政策，才能找到一种适合本国国情的、经济增长与社会公正兼顾的发展模式，才能有效缓解社会矛盾与冲突，在稳定的社会环境中推进改革，虽然这将是一个十分严峻的挑战。

3. 发展的同时必须注重社会公平

经济发展与社会公平，是一个国家在人均 GDP 达到 1000 美元的阶段之后，迫切需要解决的最大难题。在这一时期，实现经济增长和分配公平对社会和谐具有同等重要的意义。一方面，经济不增长或增速缓慢，即使分配比较公平，也不能保证社会的长期稳定与和谐。另一方面，分配不公平，即使社会财富总体实现了增长，也会由于利益分化，导致不同群体间发生利益冲突，最终将延缓或阻碍经济的发展。因此，国家必须采取切实有效的政策和措施，逐步解决分配不公的问题。拉美是当今世界收入分配不公平问题最为严重的地区。联合国拉美经济委员会在《2004 年拉美社会概览》中指出，从收入分配这个角度来讲，拉美是这个地球上最落后的地区。原因在于大部分拉美国家的基尼系数均在 0.5以上，更有甚者，巴西已超过了 0.62。在拉美，在总人口中占30%的穷人其收入仅占国民总收入的 7.5%，这在全世界是最低的，其他地区的平均水平为10%。而在另一端，占总人口仅 5%的富人却占有国民总收入的 25%，而 10%的富人则获得了国民总收入的 40%。这样严重的收入分配不公平状况，只有在某些非洲国家才会出现，而它们的人均收入水平只有拉美国家的一半。收入分配不公不仅会导致政局动荡，而且还会引发许多社会矛盾与问题。墨西哥恰帕斯危机，就是一个很好的例子，该危机的起因之一就是收入分配的严重不公。可见，构建和谐社会更要注重社会公平问题，不断改善收入分配状况。

"北京共识"的提出者雷默认为，"华盛顿共识"的目标是帮助银行家，而"北京共识"的目标是帮助普通人民。"华盛顿共识"推崇的是市场的迅速开放和接受全球化观念,而"北京共识"主张一个国家在开放的同时必须保护本国环境,这样才能真正实现适度均衡、全面发展。"北京共识"的灵魂是创新、大胆试验、坚决捍卫国家利益。①拉美是"华盛顿共识"的第一个试验场,"华盛顿共识"也是为拉美国家解决经济困境开出的药方。雷默的这番话道出了"华盛顿共识"的要害之一——社会不公平发展,同时也概括了拉美模式对于"中国模式"的发展和完善的几点重要启示。

---

① 《"北京共识"与中国和平崛起——专访美国高盛公司咨询顾问雷默》,《参考消息》,2004-6-10 (15)。

第五章　对"中国模式"的反思

　　"中国模式"反映了国际社会对中国发展道路的一种认可。但是我们不能盲目乐观，必须以客观和冷静的态度审视"中国模式"。"中国模式"不仅为广大的发展中国家，而且也为经济转轨国家提供了一种西方之外的发展模式，这是它最重大的现实意义所在。作为当今社会主义国家的一种成功实践模式，"中国模式"的成功是对社会主义理论与实践的重大贡献；作为人类发展道路的成功探索，"中国模式"给世界各国探索适合本国国情的社会发展道路提供了许多有益的启示，这是值得肯定的。但是"中国模式"并不一定适合其他国家，不具有普适性。我们必须清醒地认识到，"中国模式"是一种正在发展的模式，还不成熟，还面临着许多挑战。我们必须正视这些问题和挑战，主动积极地研究分析"中国模式"，踏踏实实地致力于完善"中国模式"。

一、"中国模式"的借鉴意义[①]

　　以 1978 年中国共产党的十一届三中全会胜利召开为标志，改革开放 30 多年来，中国从本国国情出发，探寻具有本国特色的社会发展之路，适时地制定并调整各项经济社会政策，通过促进发展来不断提高中国的国际地位。改革开放以来，我国国民经济持续快速健康发展，民主政治建设迈上新台阶，文化软实力显著增强，党的建设全面加强，人民生活已经在总体上达到小康水平。中国作为世界上最大的发展中国家，以其取得的巨大成功和成功的发展经验，不仅赢得了广大发展中国家的普遍尊重，而且引起了发达国家的高度关注，为发展中国家选择本国发

---

①　参见阶段性成果——尹倩：《"中国模式"的借鉴意义》，《理论与现代化》，2009 年第 4 期；《建国以来中国探索社会发展模式的基本经验》，《新中国 60 年研究文集》（1），中央文献出版社 2009 年 10 月。

展道路树立了榜样。

美国肯尼迪政府学院教授、著名政治学家约瑟夫·奈指出："中国的经济增长不仅让发展中国家获益巨大，中国特殊的发展模式和道路也被一些国家视为可效仿的榜样……更重要的是，中国倡导的政治价值观、社会发展模式和对外政策，将来会进一步在世界公众中产生共鸣和影响力。"[1]

俄罗斯经济学院教授弗拉基米尔·波波夫认为："中国的发展模式，或者说东亚的发展模式，对所有发展中国家具有无法抗拒的诱惑力，因为这种模式引发了世界经济史上前所未有的一轮增长……这种模式与美国开出的新自由主义经济处方可谓背道而驰。"

古巴最高领导人劳尔·卡斯特罗曾两次访问中国，参观过中国的深圳等一些开放城市，中国改革所取得的巨大成就给他留下了深刻的印象。他建议古巴也学习"中国模式"，改革传统的计划经济，逐步实行经济自由化。

"中国模式"的成功之处，不仅仅在于它经济的持续快速增长，解决了占世界人口近五分之一的亿万人民的温饱问题，还在于采取比较谨慎的、渐进式的方式适时推进政治体制改革，始终保持政局稳定、社会稳定，对外坚决捍卫国家主权和利益。而"北京共识""中国模式"问题的提出，折射出国际舆论对中国的认知开始回归正常状态。在国际舆论看来，中国的发展经验具有普遍性，反映了人类社会发展的一些共同规律。"中国模式"被描述成一个与冷战后被奉为金科玉律的发展模式（"华盛顿共识"）不同的模式，这两种模式的差异是，后者在各地都造成了失败，俄罗斯、拉美甚至东亚那些曾经被说成是奇迹制造者的国家，都进入了这个失败者的清单；而前者，即中国，则是成功的。世界上大多数国家都不敢确定新的发展范例应该是什么样子，它们想求得发展与安全，但几百年来的历史告诉它们，过于依赖发达国家提供援助的发展模式均以失败而告终。而"北京共识"在一定程度上能满足它们的理论诉求，中国经验或"中国模式"开始被接受为一种软力量而对国际社会产生吸引力。

正因为"中国模式"取得了巨大的成功，所以雷默认为，被概括为

---

① ［美］约瑟夫·奈：《国外学者热议"三大预言"与中国模式》，《人民论坛》，2009 年第 3 期。

"北京共识"的中国发展经验具有普适价值，很多方面可以为其他发展中国家提供参考，而对于那些急于寻求经济增长和改善人民生活的落后国家而言，则提供了一种可以效仿的模式。用"北京共识"来概括中国发展模式虽然不够恰当，"北京共识"这种提法的认同度也不高，也存在被其他概念替换的可能性，但是作为一种新的发展理念，"北京共识"的提出，使得我们对中国发展经验的总结，在广度和深度上有所拓展，开始进入系统性理论总结的深入研究阶段。而"中国模式"这个概念，由于被国内外学者和主流媒体广泛接纳并采用，肯定会引起国内外持续的热烈讨论，成为那些既不认同传统的计划经济，又不愿接受西方强加的"华盛顿共识"，而是试图探索"第三条道路"的发展中国家以及经济转轨国家的一面思想旗帜。"中国模式"的经验有可能成为全世界获取发展和转型经验的灵感宝库。

（一）"中国模式"为发展中国家提供了一种有别于西方的发展模式

2004 年 4 月 20 日，新加坡《联合早报》刊登了郑永年的文章，标题为《"中国模式"概念的崛起》，文章认为可持续发展的"中国模式"将会对美国构成一种威胁。文章说，中国的发展经验早已得到第三世界国家的认可并广泛借鉴，而今，"中国模式"这个概念又开始在各国政要和决策者中流行起来。美国许多政治人物认为，如果中国会对美国构成某种威胁的话，这种威胁并不是来自经济、军事和地缘政治等方面，而是来自被他们长期忽视的"中国模式"。现在，随着"中国模式"的成功，很多第三世界国家似乎开始放弃美国模式而转向更为注重经济发展的"中国模式"。①我们并不同意所谓的"中国模式威胁论"，也暂不讨论"中国模式"是否真正对美国构成了威胁，但美国的担忧至少说明了"中国模式"对于全世界那些既要苦苦探寻适合本国的发展道路，又想参与经济全球化、融入世界经济，并希望能够保持民族独立与本国原有政治选择的国家来说，中国提供了一种新的选择。

1. "中国模式"为发展中国家树立了榜样

目前，世界上大多数国家都属于发展中国家。广大的第三世界发展中国家与中国有着相似的社会历史发展背景，都面临着实现本国经济与社会快速发展的艰巨历史任务。为了谋求民族独立和人民解放，不断推

---

① 郑永年：《"中国模式"概念的崛起》，http://www.meide.org/lunwen/3/5/158.html。

动经济发展和促进社会全面进步，第三世界国家进行了不懈的努力和艰辛的探索，但现实是一些发展中国家经济社会发展仍然很缓慢，有的甚至多年停滞不前。很多第三世界国家领导人对于本国这种经济无发展、民生难改善的状态始终忧心忡忡，却苦于找不到好的发展模式。以美国为代表的西方国家一贯主张向第三世界国家输出其标榜的民主政治模式。很多发展中国家也试图通过照搬西方模式，获得西方那样的繁荣，但大多数都以失败而告终。不仅未能建立他们憧憬的民主制度，反而导致政治动荡，经济落后，民生艰难。中国是第三世界中最大的国家，经过了 30 多年的改革开放，中国取得了举世瞩目的发展成就。"中国模式"的成功，对于那些占世界总人口四分之三的第三世界国家来说，至少提供了一种有别于西方的发展模式，为广大发展中国家树立了榜样，对发展中国家有着强大的感召力。

例如，在印度试图进入世界大国行列的愿望日益强烈的情况下，印度从专家学者到媒体舆论，甚至其官方高层都在研究探讨"中国模式"，分析"中国模式"成功的原因，希望能够通过中国与印度两国发展模式的比较来激励本国精英阶层，希望通过借鉴中国的成功经验，完善本国的发展模式。可以说，"中国模式"似乎不知不觉地成为印度认识自己、发展完善自己的参照物。同样，俄罗斯也开始对照中国，深刻反思自己的发展模式。早在苏联解体时，就有人开始谈及"中国模式"，当时多数政治家和经济学家倾向于欧美模式，对"中国模式"持怀疑态度。但随着改革开放 30 多年来，中国经济的持续快速健康发展，俄罗斯的学者和政治家也开始逐渐接受中国的经济社会发展奇迹源于"中国模式"的事实，并开始自觉不自觉地借鉴中国经验。普京也曾透露，俄罗斯也要学"中国模式"。

俄罗斯《远东问题》双月刊第 5 期刊登俄科学院院士季塔连科撰写的一篇长文，阐述中国现代化经验和社会发展模式的国际意义。文章认为，中国实现现代化以及成功解决各种复杂的国内、国际矛盾的经验，不仅为广大的发展中国家树立了良好的榜样，提供了一种行之有效的现代化模式，而且为它们充分发展与中国的互助合作提供了较为广阔的平台。中国取得的发展经验可以成为缩小北部发达国家与南部发展中国家之间的鸿沟、打破"金元帝国"对世界格局垄断的基础。

"中国模式"为发展中国家提供了一条可资借鉴的现代化新路。"中国模式"的独特之处就在于：在全球化背景下，中国的现代化建设是在没有改变既定的世界政治经济秩序的情况下进行的。中国既没有按照依附理论的主张，完全与外部世界的政治经济体系隔绝，闭关自守地进行现代化建设，也没有像"华盛顿共识"所主张的那样，采取私有化、自由化和激进式变革的方式进行现代化建设，而是以中国的基本国情为依据，在确保国家经济与政治安全的前提下，逐步扩大对外开放的领域，在改革开放中逐渐增强国民经济的抗风险能力和国际竞争力。

2."中国模式"不具有普适意义

有很多学者认为，"北京共识"或"中国模式"作为中国改革开放30 多年来发展经验的高度概括，将被赋予一种普适意义。笔者认为，这种看法是不恰当的。"中国模式"的特征可以简单概括为在政治上追求稳定压倒一切，集中精力发展经济。这一模式是否适用于其他发展中国家，是否具有普适意义，还有待进一步商榷。如前所述，与相对成熟的欧美模式相比较，"中国模式"当前最显著的特征是其成长性，即"中国模式"还处于发展过程中，还很不成熟。中国还只是一个发展中的大国，在经济、政治、文化等各方面的发展还不够平衡。"中国模式"不仅本身有很多不足之处，而且面临着美国等西方大国的遏制和印度等周边国家的挑战。雷默所概括的"北京共识"，虽说涵盖的内容涉及了经济、政治、文化和外交等诸多方面，但他对中国外交方面的阐述偏多，其他方面则显得有些不足。作为一个研究中国问题的外国专家，雷默对中国的一些评价可能会言过其实，导致一些人盲目乐观，看不到中国当前所面临的一些困难和不足。

比较来看，"中国模式"正处于不断学习和完善的进程中：对外，它不断地学习各种文明的优点；对内，则不断进行自我完善和发展观念的更新。相反，欧美模式却因为其发展较为成熟以及曾经取得的辉煌成就而显得骄横跋扈、颐指气使，从而显得后劲不足和有些盛极而衰的趋势。

这里需要强调的是，"中国模式"是否值得别国效仿是各国自己的事情，每个国家都会做出有利于自己的判断与选择。"中国模式"虽然在中国是成功的，但它不一定适合其他国家。一个国家究竟选择什么样的发展模式，需要这个国家结合本国国情自己去探索。马达加斯加前总统拉瓦卢马纳纳强调，非洲需要学习中国的发展经验，但非洲国家和中国的国情不同，非洲的发展不能照搬中国模式。①我们今天深入研究"中国模式"，是为了能够更好地发展完善它，而不是为了向别国推销它，更不宜大肆宣扬它。那样不仅会引起发展中国家的警惕与疏远，而且会成为西方国家进一步渲染"中国威胁论"的借口。

（二）"中国模式"是对社会主义理论与实践的重大贡献

中国不仅是一个发展中国家，而且也是一个社会主义国家，"中国模式"的成功离不开社会主义制度，坚持社会主义基本制度是"中国模式"的题中应有之义。因此，"中国模式"对社会主义的理论与实践而言，也是一个重大贡献。

1."中国模式"的确立与发展显示了社会主义的优越性

中国是世界上最大的社会主义国家，是国际共产主义运动的中流砥柱。正如邓小平所指出的："只要中国社会主义不倒，社会主义在世界将始终站得住。"②"中国模式"的成功表明：社会主义优于资本主义，社会主义制度仍然具有强大的生命力和美好而广阔的发展前景。东欧剧变、苏联解体，使得社会主义事业遭受严重挫折，但这并不能归咎于社会主义根本制度，而是由于苏联东欧国家对社会主义本质的认识不完全清楚，对社会主义建设的基本规律认识不够深刻，指导思想出现偏差，改革变为改向等各种原因，最终导致了悲剧性结果。苏联解体、东欧剧变之后，中国顶住国际上的各种压力始终坚持社会主义道路不动摇，并把马克思主义的普遍真理与中国的具体国情相结合，走出了一条中国特色的社会主义大国发展之路，充分显示了社会主义制度的生命力和优越性。中国是世界社会主义事业振兴的中坚力量，中国的发展和繁荣昌盛，证明国际共产主义运动具有十分光明的前景。胡锦涛指出："我们要始终坚持党的基本路线不动摇，做到思想上坚信不疑、行动上坚定不移，决不走封闭僵化的老路，也决不走改旗易帜的邪路，而是坚定不移地走中国特色社会主义道路。"③

2."中国模式"彰显了社会主义的核心价值

社会主义是"中国模式"的本质属性所在，因而"中国模式"必然具有一些社会主义的本质特征。这首先表现在"中国模式"坚持共同富

---

① 陶文昭：《中国模式的非洲效应》，《国际问题研究》，2009 年第 1 期。
② 《邓小平文选》第 3 卷，人民出版社 1993 年版，第 346 页。
③ 胡锦涛：《在纪念党的十一届三中全会召开 30 周年大会上的讲话》，《人民日报》，2008-12-19（1）。

裕道路。无论资本主义如何繁荣发达，它始终是为少数富人服务的。"北京共识"之父雷默也认为："'华盛顿共识'的目标是帮助银行家，而'北京共识'的目标是帮助普通人民。"①这恰恰道出了社会主义与资本主义的本质区别。"中国模式"之所以能够取得成功，最关键的是坚持了"共同富裕"的社会主义核心价值，用极为有限的耕地解决了十几亿人的温饱问题。改革开放 30 余年，中国有 6.6 亿人摆脱贫困，中国人民实现了总体小康，过上了宽裕、体面而有尊严的生活。把民生问题作为中国现代化战略的出发点，是"中国模式"的本质特征之一。其次表现在由科学发展观指导下的中国式现代化道路与资本主义国家的现代化有着本质区别，丰富了"中国模式"的内涵。其中的"以人为本"体现的是人的全面发展的价值理念，这正是社会主义追求的价值目标；"中国模式"的和平发展道路与资本主义的侵略扩张本性以及"国强必霸"的信条截然相反；科学发展观所要求的人与自然和谐发展，也与资本主义为追求利润最大化而对大自然的野蛮掠夺形成鲜明对比。

3. "中国模式"的发展和成功证明了社会主义模式多样化的原理

社会主义模式多样化的原理，是人类社会发展的一般规律与社会主义社会发展的特殊规律相统一的现实体现，是共性与个性的统一。社会主义本质的统一性与各国发展模式多样性，既是科学社会主义的一个重要原理，也是国际共产主义运动的经验总结。列宁指出："一切民族都将走向社会主义，这是不可避免的，但是一切民族的走法却不会完全一样，在民主的这种或那种形式上，在无产阶级专政的这种或那种形态上，在社会生活各方面的社会主义改造的速度上，每个民族都会有自己的特点。"②社会主义的民族形式必须以社会主义的基本原则为前提，离开这些基本原则，再好的民族形式也会失去方向，发生质变最终脱离社会主义的轨道；同时，社会主义的生命力在于发展模式的多样化，科学社会主义的基本原则只有通过切实有效、多种多样的民族形式体现出来，才能发挥出强大的功能与潜力。

在社会主义发展模式多样化这个问题上，世界社会主义运动曾有过十分深刻的经验教训。苏联是世界上第一个社会主义国家，曾经是多数

①《"北京共识"与中国和平崛起——专访美国高盛公司咨询顾问雷默》，《参考消息》，2004-06-10（15）。

②《列宁选集》第 2 卷，人民出版社 1995 年版，第 777 页。

第三世界国家竞相学习的榜样，苏联等社会主义国家所建立的社会主义阵营，曾经是当时唯一能够与西方资本主义世界相抗衡的强大力量。正因如此，出现了把苏联模式神圣化、凝固化的做法，这曾经给整个世界社会主义运动带来了重大的损失。完全照抄照搬苏联模式的现象在东欧各国表现得尤为明显。由于东欧大多数国家无论是反法西斯斗争的胜利，还是建立社会主义制度都得到了苏联的大力援助；由于苏联的大党大国主义的外部强加；由于苏联模式的弊端尚未充分暴露，所以东欧各国都盲目照搬苏联模式，同时苏联模式的弊端也被移植到了东欧国家。第二次世界大战后，社会主义国家进行了多次改革，但无论是南斯拉夫对社会主义道路的独立探索，还是捷克斯洛伐克的改革都在苏联的强力干预下陷入困境或夭折。"中国模式"则既破除了把现代化简单等同于西方化、资本主义化的陈旧观念，又摒弃了把苏联模式神圣化、照抄照搬的错误做法，按照本国国情，坚持走适合本国的发展道路，为社会主义的理论创新和模式创新做出了重大贡献。

4."中国模式"的发展和成功是对科学社会主义理论的极大丰富

改革开放以来，中国在探索中国式现代化道路的历史进程中，把马克思主义的基本原理和中国国情相结合，始终不渝地走中国特色社会主义道路，不断丰富和发展着科学社会主义理论。从社会主义本质论到社会主义初级阶段论，从社会主义市场经济理论到"一国两制"的科学构想，再从科学发展观到社会主义和谐社会、"中国梦"等都体现了"中国模式"的理论创新历程，是马克思主义中国化的理论成果，充分体现了我们党坚持理论创新、与时俱进的巨大勇气。"中国模式"的理论创新为科学社会主义理论注入了"新鲜血液"，不断增强科学社会主义理论的吸引力和感召力，成为指导当代世界被压迫人民联合起来，建设社会主义新世界的强大思想武器。

（三）"中国模式"为人类社会发展道路的探索提供了有益的启示

"中国模式"的成功确立，不仅对中国的现代化进程具有划时代的意义，而且对整个世界现代化乃至人类文明的发展都将产生十分深远的影响。当许多发展中国家仍然在探寻现代化道路过程中不断遭受挫折之时，同样经历过殖民掠夺历史的中国所积累的发展经验，自然会引起广大后发展国家的普遍关注。把"中国模式"放在人类现代化的历史进程中进行考察，将有助于我们从世界视野来分析、评估"中国模式"对人类现代化的重要贡献，能够使我们更为广泛地借鉴世界各国现代化的宝贵经验，从而进一步完善"中国模式"。

由于社会主义事业是人类历史上前无古人的伟大事业，由于社会主义首先在经济文化落后的国家取得胜利，马克思主义先驱没有讲过，也没有任何成功经验可以借鉴，所以在探索社会发展道路时，社会主义国家经历一些困难与挫折在所难免。社会主义中国虽然曾经受"苏联模式"影响，但改革开放以来逐渐走出"苏联模式"，并成功地避开了"依附理论""中心—外围"理论以及"西化论"等理论的影响，立足本国实际，逐步探索出了一条有中国特色的社会主义现代化之路。"中国模式"创造性地克服了中国现代化历史上经历过的种种挫折与失误，成功地跨越了种种发展困境，使中国现代化建设成就举世瞩目。"中国模式"的发展，是世界现代化进程和人类文明发展的宝贵财富。"中国模式"为整个人类社会发展道路的探索提供了诸多有益的启示。

1. 一个国家应该独立自主地探索有本国特色的社会发展道路

任何社会发展模式都是从本国的社会发展实际而提出的，都打上了本国国情、历史文化传统和经济发展等方面的烙印，因而任何国家在探寻社会发展模式时必须从本国国情出发，而不能盲目照搬别国的发展模式。脱离本国实际的发展模式，不仅难以实现预期的发展目标，而且最终还可能使本国深陷困境。"中国模式"正是中国立足于本国国情而探索的一条独立自主的发展之路。与其说"中国模式"为发展中国家提供了一种新"模式"，还不如说提供了一种具有普遍意义的发展理念，这就是：立足本国国情，尊重本国人民的历史选择，探寻适合自己的发展道路。胡锦涛指出："在我们这样一个人口众多的发展中社会主义大国，任何时候都必须把独立自主、自力更生作为自己发展的根本基点，任何时候都要坚持中国人民自己选择的社会制度和发展道路。"[①]"中国模式"的成功，得益于中国始终立足于本国国情，走自己的路。

综上所述，"中国模式"对人类社会发展最大的启示就是，发展中国家在谋求本国发展的过程中，必须立足于本国国情，通过创新和实践来找到适合本国的社会发展模式，既不能盲从西方模式，也不能迷信西

---

① 胡锦涛：《在纪念党的十一届三中全会召开 30 周年大会上的讲话》，《人民日报》，2008-12-19（1）。

方的所谓"经典"现代化理论。一些发展中国家无视本国国情，照搬照抄西方国家的制度模式和思想观念，结果是迷失自我，丧失了发展机遇，留下的教训深刻而沉重。发展中国家要实现发展，就必须尊重本国国情，探索符合本国实际的发展道路，避免出现任何形式的极端化发展。拉美国家和印度的发展历史表明，正确选择发展模式，对处于历史转折关头的发展中国家而言至关重要。世界上没有任何一种现成的模式是普遍适用的，放诸四海而皆准的发展模式并不存在。

2. 一个国家在发展中要勇于创新，大胆实践

江泽民在党的十六大报告中指出："创新是一个民族进步的灵魂，是一个国家兴旺发达的不竭动力，也是一个政党永葆生机的源泉。"①雷默在《北京共识》中把"北京共识"定义为"锐意创新和试验，积极地捍卫国家边界和利益，越来越深思熟虑地积累不对称投放力量的手段"。②勇于创新正是"中国模式"的精神所在。

中国的国情是独一无二的，中国现代化所面临的内外部环境也是非常独特的，无论是在社会主义国家中曾经广泛采用并影响深远的苏联模式，还是资本主义国家倍加推崇的美国模式、德国模式和日本模式等，它们都不适合中国国情。中国必须在实践中大胆创新，结合本国国情和中国社会主义发展的现实，顺应全球化和信息化的时代潮流，借鉴西方发达国家发展模式的有益经验，找到适合自己的发展模式。"中国模式"正是中国人民在探索中国社会发展道路的过程中勇于创新、大胆实践的最好证明。"中国模式"的市场经济、"一国两制"伟大构想及其实践、科学发展观、社会主义和谐社会、"中国梦"等都是勇于创新的典范。

"中国模式"最具有挑战性与创造性的表现就是中国社会主义市场经济体制的确立并不断完善，这在人类历史上是一次前无古人的伟大尝试。一方面，将市场经济引入社会主义制度，为我们克服传统社会主义的种种弊端，重新激发社会主义社会的内在活力，提供了重要契机。另一方面，社会主义的价值导向和制度规范，赋予市场经济以新的时代内涵，开创出一种人类历史上前所未有的现代化发展新路。胡锦涛指出："30 年来，我们既在深刻而广泛的变革中坚持社会主义基本制度，又创

---

① 江泽民：《全面建设小康社会　开创中国特色社会主义事业新局面》，人民出版社 2002 年版，第 12 页。

② ［美］乔舒亚·库珀·雷默：《北京共识》，伦敦外交政策中心网站，http://fpc.org.uk/fsblob/244.pdf。

造性地在社会主义条件下发展市场经济……建立和完善社会主义市场经济体制，是我们党对马克思主义和社会主义的历史性贡献。"①

中国改革开放以来所取得的辉煌成就，已经初步显示了"中国模式"的巨大发展潜力。正是由于这种勇于创新、大胆实践的精神，"中国模式"才既超越了传统社会主义的发展模式，又超越了当代西方主流社会发展理论所设计的各种模式，为世界总的发展图景增添了更加亮丽的色彩。

3. 当今世界是一个多样化的世界，要尊重发展模式的多样性

胡锦涛指出："世界上没有放之四海而皆准的发展道路和发展模式，也没有一成不变的发展道路和发展模式。我们既不能把书本上的个别论断当作束缚自己思想和手脚的教条，也不能把实践中已见成效的东西看成完美无缺的模式。"②当今世界各国普遍关注的发展模式，只是对一个国家发展经验的概括总结，差不多每一个国家都有本国的发展模式，但是没有任何两个国家的发展模式会是完全一样的。由于经济发展状况、政治文化传统以及社会历史背景不同，各种模式都具有自己鲜明的特色，即便同属一种资本主义模式，因为受到各国政府所确定的发展战略和所采取的方针政策等因素的影响，其发展模式也存在一定的差别，从而使社会发展模式呈现出多样化的特点。而且任何一种模式都不可能是完美无缺和一成不变的，每种模式各有长短，且都会随着时代发展和环境变化而不断进行调整。例如曾一度被日本所标榜、令东亚各国竞相效仿，甚至受到西方赞叹的日本模式，随着日本经济的全面衰退而风光不再，只能在不断的声讨和改革声中进行结构性改革；曾在第二次世界大战后以效率与公平的双重优势而著称的莱茵模式，也在全球化进程中陷入了困境之中；即便是在全球化浪潮中显示了巨大优势，在全球不断扩张的盎格鲁—撒克逊模式，亦存在种种严重问题。

世界本源就是多样性的，一个国家和民族的历史文化、民族精神和社会制度等是在较长的历史发展中积淀下来的，通过世代传承已经融入了人们的价值观念和思维方式中，具有稳定性和延续性，因而各国发展模式的建构必然与各国特定的文化传统和基本国情密不可分，不可能整

---

① 胡锦涛：《在纪念党的十一届三中全会召开 30 周年大会上的讲话》，《人民日报》，2008-12-19（1）。
② 胡锦涛：《在纪念党的十一届三中全会召开 30 周年大会上的讲话》，《人民日报》，2008-12-19（1）。

齐划一，也没有必要追求与某国完全一致，多样化的发展道路是世界历史发展的必然结果。正因如此，在社会发展道路的选择上我们应该尊重多样性、尊重选择权。

第二次世界大战以来，以美国为首的西方国家拼命向发展中国家推销西式民主，并把它作为西方国家外交政策的头等议程，但这些由西方国家强加的民主试验往往是失败的。与西方国家完全不同，发展中国家往往缺少支持西方式民主政治运作的各种文化制度基因。在经济上也是一样。没有人会否认发达国家在经济发展上的成功，但一旦把这些经验上升为"华盛顿共识"，并使用各种方式强迫他国接受，就是帝国主义的逻辑了。无视发展中国家的具体国情而强行推行"华盛顿共识"，结果只能是使这些国家深受其害。因此，发展模式的多样化对人类社会的健康发展是有益的，这样有利于将人类社会发展的风险降到最低。各种发展模式的成功经验可以相互提供有益的借鉴，使人类社会在彼此的相互学习和借鉴中，实现健康快速发展。

《中国的和平发展》白皮书指出："在世界发生翻天覆地变化的今天，无论什么主义、什么制度、什么模式、什么道路都在经历时代和实践的检验。各国情况千差万别，世界上不存在最好的、万能的、一成不变的发展模式，只有最适合本国国情的发展道路。"①中国在改革开放过程中，始终强调各国发展经验的多元性，强调中国的国情，强调发展道路的中国特色。中国的确已经在改革发展、现代化、文明传承上依托以往的探索和今日创新找到了自己的模式，以俄罗斯共产党主席久加诺夫的公式来总结就是：中国的成功=社会主义+中国民族传统+国家调控的市场+现代化技术和管理。我们坚信，这一模式因为深植于中华优秀传统文化的土壤之中，将带给中国美好的未来。

二、"中国模式"的未来②

前面在探讨"中国模式"的概念时，我们曾特别指出："中国模式"还不成熟，尚处于发展过程中，它既是对中国改革开放实践已有经验的的系统梳理与总结，也是对中国社会未来发展图景的规划设计。然而，

①《中国的和平发展》白皮书，《人民日报》2011-9-7（15）。
② 观点参见前期研究成果沈云锁、尹倩、刘期彬：《"中国模式"问题研究报告》，《思想理论教育导刊》，2005年第9期。

当前却存在着把中国发展经验模式化的倾向，认为中国改革开放 30 多年的辉煌成就，已经证明"中国模式"取得了成功。于是很多人陶醉其中，失去了进一步完善"中国模式"的动力和魄力。实际上，尽管国际上开始关注"中国模式"是源于中国经济的持续快速发展，但是"中国模式"在现实中却成为一个综合性的概念，指的是当代中国的社会发展模式。因此，尽管"中国模式"的崛起增强了中国的软实力，也增强了中国的国际话语权，但是"中国模式"是一个成长中的模式。经济发展方面成就卓著，但政治、社会等其他方面的问题却不可能自然而然地得到解决。总之，"中国模式"还需不断完善，对"中国模式"问题的研究也需要进一步深化。

（一）"中国模式"面临的挑战

"中国模式"作为一种尚不成熟的模式，并不具备同主导美欧模式的"华盛顿共识"相抗衡的能力。雷默认为，"中国的弱点是它的未来"[1]，这恰恰是抓住了"中国模式"的软肋。一方面，西方发达国家的社会发展模式，都是经历了各国实践的长期检验逐渐演变而成的，已经发展到了较高的水平，相对来说比较成熟。而"中国模式"刚刚确立，发展时间还不长，同样要经历一个相当长的历史过程去不断发展完善。另一方面，中国的未来发展还存在很多变数，经济体制改革的很多难题尚需破解，随之而来的诸多社会问题还远未解决，政治体制改革也面临很多制约条件，这就难免会让我们对"中国模式"的未来发展喜忧参半。"中国模式"面临很多挑战：

第一是经济发展质量问题。改革开放以来，中国经济建设成就巨大，但主要是依赖资源的高投入来实现的。长期以来，中国高投入低产出的粗放型经济增长方式，使我们支付了巨额的资源成本。资源驱动型的经济发展方式制约了中国经济的可持续发展。比如，中国原油的消耗量约为世界原油消耗总量的 7.4%，氧化铝约为 25%，钢材约为 27%，铁矿石约为 30%，原煤约为 31%，水泥约为 40%，而如此巨大的资源消耗只创造了世界 GDP 总量的 4%。另外，中国钢铁、有色金属等 8 个高耗能行业的单位产品能耗，平均比世界先进水平高出了 40% 以上。中国每吨煤产生的效率仅为美国的 28.6%、欧盟的 16.8%、日本的 10.3%。随

---

[1] "China's weaknesses are its future." http://fpc.org.uk/fsblob/244.pdf.

着中国经济的高速发展，能源问题更加严重。

第二是生态环境问题。重化工业建设和过度开发资源，导致生态环境遭到严重破坏。2005 年 5 月底，国家环保总局副局长潘岳在《财富》杂志"隐约逼近的环境危机"主题论坛上一针见血地指出，我们一直说搞好环境是为了造福子孙后代，但实际上环境问题如今已经是需要迫切解决以保证我们这代人能否安然度过的问题了。他说，50 多年来，中国人口已由 6 亿增长到了 13 亿多，而由于水土流失问题，我们可居住的土地从 600 万平方公里减少到了 300 多万平方公里。我国 1/3 的国土已经被酸雨污染，主要水系的 2/5 已经成为劣五类水，3 亿多农村人口喝不到安全的水，4 亿多城市居民呼吸着严重污染的空气，1500 万人因此患上呼吸道疾病。如果按照目前的污染水平继续走下去，15 年后随着我们的经济总量翻两番，污染负荷还可能增加 4～5 倍。[①]根据世界银行的报告，中国每年由于环境污染和恶化所造成的损失相当于国民生产总值的 8%～12%。

第三是发展不平衡问题。中国的发展不平衡问题主要表现在城乡差距、地区差距、贫富差距、经济社会发展差距等方面。中国的城乡差距仍在不断扩大，城乡二元经济结构并未得到根本改变。地区差距扩大的趋势也没有根本扭转，西部地区人均 GDP 不到东部地区的 40%。贫富差距严重，据统计，中国 2000 年基尼系数为 0.417，已超过收入差距警戒线，2004 年中国的基尼系数已超过 0.465，2005 年逼近 0.47，2007 年 0.48，近两年不断上升，实际已超过了 0.5，这是十分严重的信号。经济增长和社会事业发展不协调，"一条腿长，一条腿短"，近年来，中国经济增长速度一直较快，而比较起来，教育、卫生、文化等社会事业却相对落后。人与自然的发展失衡，生态恶化，环境污染严重。社会经济发展不平衡问题的长期存在，收入差距过分拉大，不仅制约中国今后的发展，而且还会导致社会矛盾增多，影响社会稳定。

第四是"三农"问题。农业是国民经济的基础，农村人口占中国人口的绝大多数。改革开放 30 多年来，中国农村发生了深刻的变化，农业取得了长足的进步，农民生活水平也有了很大提高。但是，目前制约农业和农村发展的深层次矛盾尚未消除，农业仍然很难，农村仍然很穷，

① 陈德民：《经济外交助推中国和平发展》，《思想理论教育导刊》，2005 年第 12 期。

农民仍然很苦。无钱上学、无钱看病、住危房、喝脏水、基本生活还缺乏保障的人还不在少数。全国目前仍有近 4 万个村不通公路；大约一半的行政村没有自来水；3 亿多农村人口的饮用水没有达标；60%以上的农户没有卫生厕所；2%的村庄尚未通电；农村人口中看不起病或因病致贫、因病返贫的不在少数；城乡居民收入差距仍在逐年扩大。"三农"问题始终是关系中国未来发展的全局性和根本性问题。

第五是国际安全问题。中国是世界上最大的社会主义国家，出于意识形态考虑，许多西方国家对中国的发展感到不安。以美国为首的西方国家把中国的和平发展视为其霸权主义和强权政治行径的主要障碍，他们设置重重障碍，千方百计地想要打压中国、遏制中国的发展，妄图使"中国模式"中途夭折。他们利用台湾问题、人权问题以及大肆宣扬和渲染所谓的"中国威胁论""中国崩溃论"等方式妖魔化中国，最近甚至还抛出了"中国模式威胁论"的论调，妄图阻碍中国的进一步发展。

此外腐败问题、公共安全问题、社会保障问题等也是"中国模式"面临的重大问题与挑战。"中国模式"作为中国改革开放经验的一种高度概括，作为一种尚需完善的发展模式，未来的发展不可能一帆风顺，将会面临国际国内多种因素的严峻挑战，我们必须正视这些问题和挑战。

（二）我们如何对待"中国模式"

我们欣喜地看到，中国的党和国家领导人都对中国改革尚未完成的性质有着清醒而客观的认识，认识到了"中国模式"的成长性，也对"中国模式"的未来发展极为重视。墨西哥前总统、耶鲁大学全球化研究中心主任埃内斯托·塞迪略 2004 年春天在中国参加博鳌论坛和其他会议时惊讶地发现，中国领导人谈论的话题都不是围绕中国所取得的成就，而是中国要想求得进一步发展所必须面对的挑战和问题。他评价说："中国人清楚，邓小平在 1978 年掀起的变革至今仍未结束，而一旦对当前所取得的成就感到自鸣得意的话，那么将很难——如果不是不可能的话——要求人们进行更大的努力。而这种努力正是中国实现其承诺的目标所必需的。官员们不断谈起推进市场改革和进一步开放经济的问题。他们看来真正要致力于此。持之以恒是中国这场竞赛的代名词。"[1]可以

---

① 张剑荆：《"北京共识"与中国软实力的提升》，《当代世界与社会主义》，2004 年第 5 期。

看出，埃内斯托·塞迪略的这些评价相对来说还是比较中肯的。事实上，中国的党和国家领导人在正视"中国模式"所面临的挑战与问题方面早已达成了共识。

今后，我们要不断完善"中国模式"，最重要的就是要"把坏事变成好事，把弱点变为优势，视体制中存在的一些错误、不足和腐败为促进变革的契机"①。问题的暴露往往会更有助于我们找到解决问题的办法。雷默在他的《北京共识》中用中国抗击"非典"的例子来说明这一道理。他说："非典证明，中国经济经得起一场严重的外部冲击，从而消除了几乎所有中国人的余悸。""非典还给了胡锦涛和温家宝的新政府一个确立其地位的机会，它帮助中国人更紧迫地认识到落后的公共卫生系统的缺陷，它导致了政府内部信息通报制度的全面改革，并加快了媒体改革速度。"②中国当前所面临的一系列问题，诸如能源利用效率低、环境污染、腐败以及社会不公等问题，既是影响中国改革顺利推进的危险因素，同时也是促进中国改革进一步深化的良好契机。

中国共产党和中国政府一直在为解决"中国模式"面临的一系列问题和完善"中国模式"进行着不懈努力。我们可以从党和国家出台的一系列方针政策看出来：为了解决经济发展质量和环境问题，党和政府提出，要以科学发展观为指导，促进经济社会协调发展，建设资源节约型、环境友好型社会，建设创新型国家，党的十八大更是把生态文明建设列入"五位一体"战略总布局；为了解决发展不平衡问题，先后提出了西部大开发战略和中部崛起战略，在分配上强调更加注重社会公平；为了解决"三农"问题，2004年至2014年又连续十一年发布以"三农"为主题的中央一号文件，强调了"三农"问题在中国的社会主义现代化时期"重中之重"的地位，十七届三中全会做出的《中共中央关于推进农村改革发展若干重大问题的决定》，从居安思危的角度出发，分析当前我国农业、农村中存在的问题；为解决我国经济社会发展领域中的各种矛盾，推动改革开放的进一步发展，党的十六届六中全会又提出了建设

---

① "Turn bad things into good, weakness into strength. Mistakes in the system, incompetence or corruption are seen as chances to change."http://fpc.org.uk/fsblob/244.pdf.

② "SARS demonstrated that China could withstand a massive external shock to its economy, erasing a lingering fear of nearly everyone in China." "Moreover，SARS gave the new government of Hu Jintao and Wen Jiabao a chance to establish itself, it helped the Chinese see the cracks in their decrepit public health system in a more urgent light, it led to an overhaul of information reporting inside the government and accelerated the process of media reform."http://fpc.org.uk/fsblob/244.pdf.

社会主义和谐社会的目标。党的十八大召开以来，从提出"中国梦"到出台"八项规定"，从反腐"老虎苍蝇一起打"到推进行政、司法制度改革，中央新一届领导集体不断从回应人民群众最关切的问题中，解决"中国模式"面临的一系列问题。

"未来掌握在自己手中"[①]，作为中国社会发展的领导者和指挥者，中国共产党在改革开放以来 30 多年的时间里已经成功地破解了多项改革难题，并取得了举世瞩目的成就。当前中国社会发展所面临的新挑战和新问题，同样要求中国共产党继续坚持从本国国情出发，不断进行理论与实践创新，既要深刻发掘并重视中国当前面临的各种问题，又要重视预测今后中国改革可能出现的问题，既要善于借鉴其他发展模式兴衰成败的经验教训，又要善于通过国际舆论客观审视自己的问题与不足并努力加以改进，走出一条社会主义的成功发展之路、实现中华民族的伟大复兴之路，从理论上和实践上不断丰富"中国模式"的内涵。

（三）"中国模式"问题研究的几点建议

"中国模式"作为人类社会发展模式的一种有益探索，丰富了人类社会的发展理论与实践，是中国人民对世界文明的新贡献。在世界各国普遍关注"中国模式"、热烈讨论"中国模式"并致力于研究"中国模式"的时候，我们国内的学者以及媒体应当如何面对"中国模式"呢？这是一个我们无法回避也不能回避的问题。对这个问题的明确回答，是检验我们能否正确应对"中国模式"问题的关键所在。国内学者对这一问题也是态度不一，很多人不承认有"中国模式"，主张慎提"中国模式"。事实上，"中国模式"所蕴含的"求新、求变和创新"的精神，已经给了我们很明确的答案。在此笔者提出三点建议：

一是要充满自信，主动阐释。2004 年始，同国际上对"中国模式"的热烈讨论相比，中国国内对"中国模式"问题的讨论却显得相对冷清，态度还不够明朗，还显得非常谨慎。甚至有不少人把"中国模式"看成西方国家所抛出的"中国崩溃论"和"中国威胁论"等论调的新变种，主张在"中国模式"问题上要低调行事。这种看法固然是对我国的国家安全高度重视的反映，也是可以理解的。但从另外一个角度而言，这种态度也容易使我们失去正视"中国模式"的宝贵机会。如果中国在国际

---

① "The future begins at home."http://fpc.org.uk/fsblob/244.pdf.

舆论热烈讨论"中国模式"之后仍然对"中国模式"问题不理不睬，那我们将会失去对"中国模式"进行阐释的主动权，还可能引起国际社会对"中国模式"的误解和误读，甚至"中国模式"真正会被曲解成"中国威胁论"和"中国崩溃论"的新变种，其损失将无法估量。我们应当清醒地认识到，"中国模式"反映了国际社会对中国的认知开始趋向客观真实，彰显了世界各国对中国发展模式的认同与赞许。我们一方面要防止妄自菲薄的消极倾向。我们要对中国的改革充满信心，对"中国模式"充满信心，努力掌握对"中国模式"进行主动阐释的国际话语权，积极主动地向世界介绍中国、宣传中国，不断增强中国软实力和国际影响力。同时，我们也要防止妄自尊大的不良倾向，如认为"中国模式"可以与欧美模式相匹敌，以至于对"中国模式"的未来过于乐观，看不到矛盾和问题，进而故步自封、不思进取。

二是要积极研究，客观分析。作为反映中国社会发展的成功经验的"中国模式"，中国学者是其亲历者和见证者，我们国内更有理由对其进行研究、进行阐释，讲好"中国故事"是中国学者的责任。为防止对"中国模式"阐释的国际话语权旁落他人之手，我们必须主动积极地对"中国模式"进行研究，做到客观认识，辩证分析，全面论证。对"中国模式"问题展开研究，要从以下四个方面展开：首先，要厘清当前国际国内对"中国模式"的各种认识。我们要通过梳理国内外学者专家、政要以及各大主流媒体对"中国模式"的各种认识，全面地分析和鉴别哪些观点是正确的，哪些观点是有失偏颇甚至错误的，哪些观点是片面的，要从理论上予以澄清。其次，应该站在马克思主义的立场上分析"中国模式"。我们要超越西方意识形态的话语局限，摆脱西方对中国及其发展理念的种种曲解和误解，加强理论研究，注重实践研究。再次，要客观分析"中国模式"的优势与不足及其发展前景。"中国模式"作为一种发展中国家的新模式，引起国际社会的普遍关注，其中必然有一些值得借鉴的新鲜经验。那么"中国模式"的优势有哪些？今后如何巩固和发挥这些优势？既然"中国模式"是一个刚刚确立、正在被讨论的模式，必然还需进一步发展完善。那么，"中国模式"的缺陷与不足有哪些？如何克服或弥补这些缺陷与不足？"中国模式"的未来应当朝什么方向发展？如何实现这些发展？这些都是在对"中国模式"进行研究时需要深入思考的问题。最后，要重视对其他社会发展模式的研究。每个国家在谋求自身发展的过程中都会形成本国的发展模式，世界上存在着多种发展模式，它们各有优势也各有不足，实践中有的成功、有的失败。"中国模式"要想发展成为一种比较完善、比较成熟的模式，必须要善于总结和汲取世界其他发展模式的经验教训，做到"去其糟粕，取其精华，为我所用"。

三是要适度宣传，把握分寸。国际社会对"中国模式"的关注，各国的目的和用意并不相同。当然，这其中的确有相当一部分国家尤其是广大的发展中国家，是抱着学习或"取经"的目的，希望能从"中国模式"中吸取一些有利于本国发展的经验。但是，我们也不排除有部分别有用心的国家或个人仍然抱有"冷战"思维，妄图利用"中国模式"来宣扬新一轮的"中国崩溃论"或者"中国威胁论"，以达到其遏制中国等不可告人的目的。为了让国际社会能够正确认识"中国模式"，反击所谓的"中国崩溃论"或"中国威胁论"，我们必须对"中国模式"及时地进行宣传，明确我们对"中国模式"问题所持的态度立场，适时地将国内关于"中国模式"的最新研究成果发布推广，从而达到以正视听的目的，防止其他国家对"中国模式"猜忌疑虑和曲解误读。此外，对于"中国模式"的宣传要掌握好尺度，把握好分寸。特别需要指出的是，对"中国模式"我们不建议做大规模的渲染。因为如果我们进行大规模的宣传，大造声势，则很容易导致其他国家对"中国模式"的误解，既可能引起发展中国家对中国的警惕或者疏远，又可能成为某些国家歪曲"中国模式"的一大借口。中国无意于搞价值观输出，更不会搞模式输出，我们对"中国模式"的研究意在总结本国发展经验，我们对"中国模式"的宣传意在使国际社会正确认识"中国模式"。①

---

① 参见前期研究成果——沈云锁、尹倩、刘期彬：《"中国模式"问题研究报告》，《思想理论教育导刊》，2005 年第 9 期。

结　语

　　关于"中国模式"，或者是中国道路，或者是"北京共识"，已经不仅仅是一个学术话语，而是已经成为一个公共话语。不少海内外媒体对于中国改革开放以来的发展以及它到底发生了什么，其内在机制是什么，有过不同的观点和交锋。面对这些讨论，国外学者的关注点，往往比中国本国学者的还大、还强烈。这并不意味着中国学者对于中国社会发展漠不关心，而是中国的改革是人类历史上规模空前的伟大实践，中国有太多的发展经验有待于中国学者去概括总结和提升。

　　雷默先生对中国是十分友好的，他不仅盛赞中国的改革开放，更重要的是在理论上做出了"北京共识"的贡献。但他毕竟是个外国人，在中国的时间还不够长，对中国的改革开放感知还不够深刻。他对"北京共识"内涵的分析还不足以从更深层次上解释为什么中国能够长期保持社会稳定和持续不断的经济增长。但是，以"北京共识"为代表的观点，体现了西方人士对于中国改革道路的一种认可，也就是说，是他们对中国改革理念和发展模式的一种解释。其中不乏一些有价值的观点，抓住了"中国模式"的一些本质性的东西，如创新、大胆试验以及关注普通民众、"摸着石头过河"的渐进式改革方式、"绿猫和透明猫"——对于发展质量的重视，等等。尽管"北京共识"对于"中国模式"的概括和解释未必准确也不够全面，但是它毕竟留给我们总结中国改革道路的思考空间，为我们研究"中国模式"提供了新的视角。

　　客观地说，"中国模式"的成功实践，至少为广大发展中国家提供了一个有别于西方新自由主义模式的新选择。埃及、印度等发展中国家也开始正式使用"中国模式"这个概念。与中国一样深受"苏联模式"影响但改革道路截然不同的俄罗斯，也开始关注"中国模式"，普京在内部场合曾多次提出，俄罗斯也要学习"中国模式"。在以美国为代表的西方发达国家，不管是对中国怀有何种复杂心态的政治力量与学者，也纷纷开始关注"中国模式"。这些足以说明"中国模式"的国际影响力。对于我们中国人自己而言，我们更需要不断总结实践中的新鲜经验，勇敢正视我们所面临的挑战与风险，不断致力于"中国模式"的发展和完善。

"中国模式"作为中国改革开放以来社会发展道路和发展经验的概括，是一个综合性的概念，涉及政治、经济、文化和外交等各个领域，对"中国模式"的系统概括和理论总结有大量的研究工作需要做。需要指出的是，任何一种社会发展模式，既是本国民族特色长期演绎和变革的结果，也不乏吸纳人类社会文明、文化、政策、规则的优秀成果。也就是说，一个国家的发展模式的形成与一个国家的民族传统和历史惯性之间有着很大联系。因此，研究"中国模式"必须从中国的历史文化、民族传统和基本国情出发，与时代背景相联系，同时注意总结国内外各种发展模式的成功之处为我所用，踏踏实实地总结中国经验，完善"中国模式"。

参考文献

一、马克思主义著作及重要文献

1.《马克思恩格斯选集》第 1～4 卷，北京，人民出版社 1995 年版。

2.《列宁选集》第 1～4 卷，北京，人民出版社 1995 年版。

3.《毛泽东选集》第 1～5 卷，北京，人民出版社 1991 年版。

4.《毛泽东文集》第 7～8 卷，北京，人民出版社 1999 年版。

5.《周恩来选集》（下卷），北京，人民出版社 1984 年版。

6.《邓小平文选》第 1～3 卷，北京，人民出版社 1993、1994 年版。

7.《江泽民文选》第 1～3 卷，北京，人民出版社 2006 年版。

8.《江泽民论有中国特色社会主义专题摘编》，北京，中央文献出版社 2002 年版。

9.《建国以来毛泽东文稿》第 13 册，北京，中央文献出版社 1998 年版。

二、学术著作

1. 包心鉴：《中国特色社会主义发展道路论纲》，北京，人民出版社 1994 年版。

2. 曹天予主编：《现代化、全球化与中国道路》，北京，社会科学文献出版社 2003 年版。

3. 陈峰君：《东亚与印度——亚洲两种现代化模式》，北京，经济科学出版社 2000 年版。

4. 陈铁民：《社会发展理论模式研究——兼论邓小平现代化理论》，厦门，厦门大学出版社 1999 年版。

5. 崔贵田：《当代社会主义发展模式比较研究》，济南，山东人民出版社 2005 年版。

6. 丁学良：《辩论"中国模式"》，北京，社会科学文献出版社 2011

年版。

7. 高放：《政治学与政治体制改革》，北京，中国书籍出版社 2002年版。

8. 顾钰民：《社会主义市场经济论》，上海，复旦大学出版社 2004年版。

9. 关海庭、吴群芳：《渐进式的超越——中俄两国转型模式的调整与深化》，北京，北京大学出版社 2006 年版。

10. 关志雄：《做好中国自己的事——"中国威胁论"引发的思考》，北京，中国商务出版社 2005 年版。

11. 郭根山：《毛泽东与中国现代化道路——以世界现代化进程为视点》，北京，中央文献出版社 2005 年版。

12. 韩保江：《中国奇迹与中国发展模式》，成都，四川人民出版社2008 年版。

13. 韩荣璋：《中国共产党对有中国特色社会主义道路的探索》，武汉，湖北教育出版社 1998 年版。

14. 胡孝红：《中华民族精神论纲》，北京，中国社会科学出版社 2006年版。

15. 胡宗山：《中国的和平崛起理论、历史与战略》，北京，世界知识出版社 2006 年版。

16. 黄平、崔之元主编：《中国与全球化——华盛顿共识还是北京共识》，北京，社会科学文献出版社 2005 年版。

17. 黄宗良、林勋健主编：《经济全球化与中国特色社会主义》，北京，北京大学出版社 2005 年版。

18. 黄宗良、林勋健：《冷战后的世界社会主义运动》，北京，北京大学出版社 2003 年版。

19. 江时学：《拉美发展模式研究》，北京，经济管理出版社 1996年版。

20. 李笃武：《政治发展与社会稳定——转型时期中国社会稳定问题研究》，上海，学林出版社 2006 年版。

21. 李会斌：《全球化：中国道路》，北京，社会科学文献出版社 2003年版。

22. 李景鹏：《中国政治发展的理论研究纲要》，哈尔滨，黑龙江人民出版社 2000 年版。

23. 李明德、江时学主编：《现代化拉美和东亚的发展模式》，北京，社会文献出版社 2000 年版。

24. 刘建武：《中国特色与中国模式——邓小平社会主义特色观研究》，北京，人民出版社 2006 年版。

25. 刘力：《经济全球化与中国和平崛起》，北京，中共中央党校出版社 2004 年版。

26. 刘文龙、朱鸿博：《西半球的裂变——近代拉美与美国发展模式比较研究》，上海，上海辞书出版社 2005 年版。

27. 刘小彪：《"唱衰"中国的背后——从"威胁论"到"崩溃论"》，北京，中国社会科学出版社 2002 年版。

28. 娄芳：《俄罗斯经济改革透视——从"休克疗法"到"国家发展战略"》，上海，上海财经大学出版社 2000 年版。

29. 罗荣渠：《现代化新论——世界与中国的现代化进程》，北京，商务印书馆 2004 年版。

30. 马建中：《政治稳定论——中国现代化进程中的政治稳定问题研究》，北京，中国社会科学出版社 2003 年版。

31. 马兆明：《党的三代领导核心与中国社会主义道路探索》，济南，山东人民出版社 2002 年版。

32. 潘维：《中国模式：解读人民共和国的 60 年》，北京，中央编译出版社 2009 年版。

33. 沈云锁、陈先奎主编：《中国模式论》，北京，人民出版社 2007 年版。

34. 宋志明、吴潜涛主编：《中华民族精神论纲》，北京，中国人民大学出版社 2006 年版。

35. 苏振兴、袁东振：《发展模式与社会冲突——拉美国家社会问题透视》，北京，当代世界出版社 2001 年版。

36. 孙代尧、王文章：《巨龙的苏醒——中国现代化道路的求索》，北京，文津出版社 1993 年版。

37. 孙培钧主编：《中印经济发展比较研究》，北京，北京大学出版社 1991 年版。

38. 万高潮、魏明康：《从同质共同体到异质共同体——当代中国的政治发展与政治稳定》，香港，华商国际出版有限公司 2004 年版。

39. 王德华、吴扬主编：《龙与象——21 世纪中印崛起的比较》，上海，上海社会科学院出版社 2003 年版。

40. 王东：《中华腾飞论——毛泽东、邓小平、江泽民三代领导集体的理论创新》，北京，中国人民大学出版社 2001 年版。

41. 王海明编著：《北京共识》，北京，中国社会科学出版社 2005 年版。

42. 王继荣：《"卡夫丁峡谷"理论与东方社会道路问题再研究——兼论当代社会主义的历史命运与中国特色社会主义》，北京，中国社会科学出版社 2004 年版。

43. 王伟光：《科学发展观的研究与实践》，北京，中共中央党校出版社 2006 年版。

44. 魏礼群：《科学发展观和现代化建设》，北京，人民出版社 2005 年版。

45. 吴宏亮：《理念与现代化——毛泽东、邓小平、江泽民现代化思想比较研究》，北京，人民出版社 2004 年版。

46. 吴易风、丁冰等主编：《经济全球化与新自由主义思潮》，北京，中国经济出版社 2005 年版。

47. 徐敦信主编：《世界大势与中国和平发展》，北京，世界知识出版社 2006 年版。

48. 徐贵相：《中国发展模式研究》，北京，人民出版社 2008 年版。

49. 徐湘林：《渐进政治改革中的政党、政府与社会》，北京，中信出版社 2004 年版。

50. 徐艳玲：《全球化、反全球化思潮与社会主义》，济南，山东人民出版社 2005 年版。

51. 俞可平、黄卫平主编：《全球化的悖论——全球化与当代社会主义、资本主义》，北京，中央编译出版社 1998 年版。

52. 俞可平、黄平、谢曙光、高健主编：《中国模式与"北京共识"——超越"华盛顿共识"》，北京，社会科学文献出版社 2006 年版。

53. 于淑清、陈志强主编：《中国社会主义发展概论——从毛泽东思想、邓小平理论到"三个代表"重要思想》，上海，复旦大学出版社 2006 年版。

54. 张雷声、张宇主编：《马克思的发展理论与科学发展观》，北京，经济科学出版社 2006 年版。

55. 张森主编：《俄罗斯经济转轨与中国经济改革》，北京，当代世界出版社 2003 年版。

56. 张维为：《中国震撼：一个"文明型国家"的崛起》，上海，上海人民出版社 2011 年版。

57. 张宇：《过渡之路——中国渐进式改革的政治经济学分析》，北京，中国社会科学出版社 1997 年版。

58. 赵家祥：《开拓马克思主义的新境界：邓小平对科学社会主义理论的贡献》，北京，北京大学出版社 2004 年版。

59. 赵剑英、吴波主编：《论中国模式》（上、下），北京，中国社会科学出版社 2009 年版。

60. 郑必坚：《郑必坚论集——关于历史机遇和中国特色社会主义的战略道路》，上海，上海人民出版社 2005 年版。

61. 郑慧主编：《经济全球化与中国政治发展战略》，北京，世界知识出版社 2003 年版。

62. 郑永年：《中国模式：经验与困局》，杭州，浙江出版联合集团，浙江人民出版社 2010 年版。

63. 周尚文等：《比较与借鉴——中俄经济转轨研究》，上海，上海人民出版社 2002 年版。

64. 中国社会科学院拉丁美洲研究所：《拉美研究——追寻历史的轨迹》，北京，世界知识出版社 2006 年版。

65. ［美］塞缪尔·亨廷顿：《变化社会中的政治秩序》，王冠华等译，北京，生活·读书·新知三联书店 1989 年版。

66. ［美］塞缪尔·亨廷顿等：《现代化——理论与历史经验的再探讨》，上海，上海译文出版社 1993 年版。

67. ［英］戴维·赫尔德：《全球盟约——华盛顿共识与社会民主》，北京，社会科学文献出版社 2005 年版。

68. ［美］罗纳德·奇尔科特、江时学主编：《替代拉美的新自由主义〈拉美透视〉专辑》，北京，社会科学文献出版社 2004 年版。

三、论文

1. 白西欣、刘薇：《经济全球化、民族精神与中国模式》，《当代经济》，2006 年第 8 期（下）。

　　2. 包俊洪：《人类文明多样性视野中的中国现代化道路选择》，《理论前沿》，2006 年第 3 期。

　　3. 蔡拓：《探索中的"中国模式"》，《当代世界与社会主义》，2005年第 5 期。

　　4. 陈志：《"中国模式"概念刍议》，《中共四川省委党校学报》，2006年第 3 期。

　　5. 程恩富：《目标、路径与绩效：中俄经济改革总体比较》，《学术月刊》，1999 年第 1 期。

　　6. 程恩富、胡乐明、刘志明：《关于中国模式研究的若干难点问题探析》，《河北经贸大学学报》，2011 年第 1 期。

　　7. 范强威：《论"中国模式"的社会主义价值核心》，《马克思主义研究》，2006 年第 2 期。

　　8. 傅勇：《非传统安全与中国和平发展道路》，《毛泽东邓小平理论研究》，2006 年第 7 期。

　　9. 高建生：《从拉美到印度：发展问题对发展中国家的警示》，《当代世界与社会主义（双月刊）》，2005 年第 5 期。

　　10. 关海庭、吴群芳：《邓小平与当代中国政治发展》，《江苏社会科学》，2001 年第 3 期。

　　11. 郭迎选、周红：《毛泽东探索社会主义建设道路的积极成果及意义》，《毛泽东思想研究》，2001 年第 5 期。

　　12. 郭震远：《中国的和平发展道路与前景》，《国际问题研究》，2005年第 1 期。

　　13. 郝立新、卢衍昌：《"中国模式"的哲学意蕴》，《教学与研究》，2006 年第 1 期。

　　14. 何增科：《民主化——政治发展的中国模式与道路》，《宁波党校学报》，2004 年第 2 期。

　　15. 侯远长：《毛泽东——探索中国特色社会主义的先驱》，《科学社会主义》，2003 年第 6 期。

　　16. 胡鞍钢：《关于中国发展模式的思考》，《天津社会科学》，2005年第 4 期。

　　17. 华民：《中印经济发展模式的比较：相似的原理与不同的方法》，

《复旦学报（社会科学版）》，2006 年第 6 期。

18. 江金权：《解析"中国模式"》，《瞭望新闻周刊》，2005 年第 25 期。

19. 江时学：《对拉美和东亚发展模式的基本认识》，《太平洋学报》，2001 年第 1 期。

20. 李德田：《多视角探析中国和平崛起的发展道路》，《党政干部学刊》，2006 年第 3 期。

21. 李克钦、史伟：《"中国模式"还是"中国经验"》，《中共南宁市委党校学报》，2006 年第 2 期。

22. 李珍：《新自由主义与拉美发展模式》，《拉丁美洲研究》，2003 年第 3 期。

23. 林春：《承前启后的中国模式》，《读书》，2006 年第 4 期。

24. 马德普：《渐进性、自主性与强政府——分析中国改革模式的政治视角》，《当代世界与社会主义》，2005 年第 5 期。

25. 聂运麟、吴海晶：《中国共产党对社会主义认识的三次深化与升华》，《马克思主义研究》，2006 年第 2 期。

26. 秦刚：《中国社会主义改革的基本经验》，《科学社会主义》，2006 年第 3 期。

27. 秦宣：《"中国模式"之概念辨析》，《前线》，2010 年第 2 期。

28. 曲延明：《拉美金融改革与发展模式的得失》，《国外理论动态》，2001 年第 9 期。

29. 赛晓序：《邓小平渐进式改革思想初探》，《齐鲁学刊》，2000 年第 2 期。

30. 宋建国：《邓小平的"渐进式改革战略"设计与实践启示》，《中国特色社会主义研究》，1999 年第 4 期。

31. 宋林飞：《"中国模式"的成功与未来》，《社会科学战线》，2006 年第 2 期。

32. 孙代尧：《世界历史视野下的当代中国社会发展道路》，《武汉大学学报（人文科学版）》，2002 年第 5 期。

33. 田春生：《理解"中国模式"的制度视角》，《当代世界与社会主义》，2005 年第 5 期。

34. 王宏彬：《比较与借鉴:发展中国家现代化模式探析》，《当代世界与社会主义》，2005 年第 4 期。

35. 王效伯、景鹏飞：《中共三代领导集体对中国现代化的探索与实践》，《党史纵横》，2004 年第 11 期。

36. 王智军：《"中国模式"及其世界命运》，《社会主义研究》，2005年第 3 期。

37. 王中汝：《"三个代表"与中国的政治发展》，《科学社会主义》，2003 年第 6 期。

38. 吴强、唐彦林：《国际环境与中国和平发展高层论坛综述》，《红旗文稿》，2005 年第 17 期。

39. 吴树青：《"华盛顿共识""北京共识"引发的几点思考》，《思想理论教育导刊》，2004 年第 11 期。

40. 肖贵清：《论中国模式研究的马克思主义话语体系》，《南京大学学报》，2011 年第 1 期。

41. 谢荣斌：《毛泽东探索中国现代化道路的开创性贡献》，《毛泽东思想邓小平理论研究》，2002 年第 9 期。

42. 熊光清：《21 世纪中国政治发展的战略选择》，《学术探索》，2006年第 1 期。

43. 熊乐兰：《论毛泽东探索中国特色社会主义道路的理论贡献》，《毛泽东思想研究》，2004 年第 5 期。

44. 徐崇温：《国外近期关于"中国模式"的研究动向》，《红旗文稿》，2010 年第 17 期。

45. 徐向梅：《中俄转轨道路比较分析》，《俄罗斯研究》，2005 年第1 期。

46. 杨煌：《中国模式与社会主义》，《红旗文稿》，2011 年第 18 期。

47. 俞可平：《热话题与冷思考（三十四）——关于"北京共识"与中国发展模式的对话》，《当代世界与社会主义》，2004 年第 5 期。

48. 俞可平：《"中国模式"的要素与期待》，《决策与信息》2010 年第 2 期。

49. 远山：《关于"北京共识"研究的若干问题》，《当代世界与社会主义》，2004 年第 5 期。

50. 赵存生：《中国社会发展与中华民族精神》，《北京大学学报（哲学社会科学版）》，2006 年第 5 期。

51. 赵宏：《中国模式与世界主要发展模式比较研究》，《科学社会主义》，2009 年第 4 期。

52. 张定淮、涂春光：《当代中国政治发展的战略与策略》，《马克思主义与现实》，2004 年第 2 期。

53. 张恒军：《"北京共识"与"华盛顿共识"之比较——一种中国模式与拉美模式的视角》，《当代教育论坛》，2005 年第 4 期。

54. 张剑荆：《"北京共识"与中国软实力的提升》，《当代世界与社会主义》，2004 年第 5 期。

55. 张宇：《论中国渐进式改革的实质和经验》，《中国特色社会主义研究》，1999 年第 2 期。

56. 张志伟：《世界性视野中的"中国模式"——现代中国学之政治研究的方法论问题》，《中国人民大学学报》，2006 年第 3 期。

57. 张志军：《中国的和平发展与国际社会》，《求是》，2006 年第 6 期。

58. 郑永年：《国际发展格局中的"中国模式"》，《决策与信息》，2010 年第 2 期。

59. 邹东涛：《"华盛顿共识""北京共识"与中国独特的发展道路》，《宏观经济研究》，2006 年第 5 期。

60. 周建军、何恒远：《中国转型的世界意义：从"华盛顿共识"到"北京共识"》，《世界经济与政治论坛》，2005 年第 1 期。

61. 中国人民大学"三个代表"重要思想研究中心：《"中国模式"问题研究报告》，《思想理论教育导刊》，2005 年第 9 期。

62. 朱光磊：《中国政治发展研究中的若干思维方式问题析论》，《天津社会科学》，2005 年第 6 期。

63. 朱可辛：《国外学者对"中国模式"的研究》，《科学社会主义》，2009 年第 4 期。

64. 庄俊举：《关于"北京共识"与中国模式研究的若干思考》，《当代世界与社会主义》，2005 年第 5 期。

65. 庄俊举、张西立：《"中国模式"研究观点综述》，《决策与信息》，2009 年第 3 期。

66. [英]达米安·托宾：《中国的发展：经验与挑战》，《马克思主义与现实》，2005 年第 4 期。

67. [德]托马斯·海贝勒:《关于中国模式若干问题的研究》,《当代世界与社会主义》, 2005 年第 5 期。

68. [美]阿里夫·德里克:《中国发展道路的反思:不应抛弃社会主义革命的历史遗产》,《当代世界与社会主义》, 2005 年第 5 期。

四、外文资料

1. Ben Fine, Neither the Washington Nor the Post-Washington Consensus: An Introduction. September 4, 2002.

http://www.Networkideas.org/themes/capital/sep2002/cf04.Washington.htm.

2. Charlie Hore, "China's Century?" in International Socialism 103 (Summer 2004), pp.1-48.

3. "China's Growing Appetites", in the National Interest, http://www.National interest.org/ME2/Segments/Articles.Templatel/.

4. Congressional Testimony: China's Environmental Challenges, http://www.cfr.org/publication-print.php?i=739&content.

5. Dore, R.P, Will Global Capitalism be Anglo-Saxon Capitalism? In Asian Business & Management, 2002, pp.8-16.

6. Enrique Iglesias, Economic Reform: A View from Latin America, en John Williamson, editor The Political Economy of Policy Reform (Washington, D.C, 1994), pp.496-497.

7. European Bank for Reconstruction and Development·Economics of transition [R].EBRD, 1998, 6 (1): p.251.

8. Janos Kornai, What the change of system from socialism to capitalism does and does not mean, Journal of Economic Perspectives, Winter 2000, pp.22-27.

9. John Williamson, What should the World Bank think about the Washington Consensus? The World Bank Research Observer, Vo.115, No2. August 2000, pp.251-264.

10. John Williamson, From Reform Agenda to Damaged Brand Name, Finance & development September, 2003.

11. Joseph E. Stiglitz, Whither Reform? The years of the Transition, the Annual Bank conference on Development Economics, April 1999, The

World Bank. Washington DC.

12. Joshua Cooper Ramo, The Beijing Consensus, The Foreign Policy Center, May, 2004. http://fpc.org.uk/fsblob/244.pdf.

13. Joshua Cooper Ramo, China has discovered its own economic consensus, Financial Times May 8, 2004.

14. J.Sacks, Wing Thye Woo, Xiao kai Yang, Economic reforms and constitutional transition, CID Working Paper, 2000, 42 (4): pp.50-60.

15. Kavaljit Singh, From Beijing Consensus to Washington Consensus: China's Journey to Liberalization and Globalization, Asia-Pacific Research Network Journal, Volume7, December, 2002.

16. Madrick. J, The End of Affluence: The Causes and Consequence of America's Economic Dilemma, Random House, 1995, p.138.

17. Peter Nolan, "China's New Development Path: Towards Capitalist Markets, Market Socialism or Bureaucratic Market Muddle?" in Transforming China: Globalization, Transition and Development, Anthem Press 2004, p.45.

18. Preparing for China's Aging Challenge, http://www.csis.org/gai/china/agenda.pdf.

19. Post-Washington-Consensus-A Few Thoughts, German Federal Ministry for Economic co-operation and Development (BMZ), Berlin, April 2004.

20. "Too Much Consensus," in Foreign Policy, 2 September 2004. http://yaleglobal.yale.edu/article print?id=4466>.

五、网站：

1. 国研网国研报告：http://edu.drcnet.com.cn/DRCNet.Channel.Web/Report/index.aspx.

2. 马克思主义研究网：http://myy.cass.cn/.

3. 人民网时政：http://politics.people.com.cn/GB/index.html.

4. 新华网时政：http://www.xinhuanet.com/politics/.

5. 中国模式网：http://www.zhongguomoshi.com/shouyeie/tebiebaodao/tbbd6.html.

6. 中华人民共和国国家统计局网站：http://www.stats.gov.cn/.

后　记

　　"中国模式"是一个颇有争议的命题或概念。至今为止，很多人不赞成这种提法，主张用"中国道路"或者"中国经验"。但是，面对国外对于"北京共识"与"中国模式"的热烈讨论，中国人也应该做出自己的解释，这是中国学者的责任所在。"中国模式"是一个综合性的概念，涉及的领域比较广，如何从自己所学专业的角度进行研究，又不会有所偏颇，是我面临的一个难题。从博士学习到参加工作，一直在结合自己所学专业研究这个问题，我的研究有幸能够获得国家社会科学基金立项资助，这给予我巨大的研究动力。经过多年的反复修改，我的书稿终于杀青。对于"中国模式"的研究属于综合性研究，这个宏大的命题涉及中国发展道路的方方面面，完稿之后总是感觉没有达到自己预期的效果。我将在今后的教学与科研中，继续深入研究。不当之处，恳请各位学者和同人批评指正。

　　书稿的顺利完成，首先要感谢我的博士导师沈云锁教授，是他引领我走上了马克思主义理论研究的道路。在中国人民大学求学期间，他对我严格要求，悉心指导，创造各种机会让我参与课题以提高我的科研水平，使我在专业学习上受益匪浅。在我心中，他既是严师，又是慈父。他谦逊的为人、和蔼的气度、严谨的治学态度是我学习的楷模。师恩似海，难以言谢，唯有在将来的人生道路上诚实做人，认真做事，以报答导师的教诲。

　　感谢我的硕士导师张丽曼教授，在中国人民大学求学的六年光阴，她一直关心我的学习和生活，给予我无微不至的关怀和帮助。感谢秦宣教授从硕士到博士期间对我学习上的帮助和启发。同门师弟刘期彬在讨论和撰写《"中国模式"问题研究报告》时给我许多启发，在此一并致谢。

　　感谢南开大学马克思主义学院的领导和同事们一直以来的关心、理解与支持，感谢纪亚光院长和寇清杰副院长在完成项目过程中给予我的支持和鼓励，感谢丁军教授和杨谦教授在学术研究上给予我的帮助和启发。南开大学浓厚的学术氛围、深厚的历史底蕴为我提供了一个很好的研究平台，正是在南开大学工作的这九年时间里，我才能把教学和科研有机结合起来，不断充实自己。

　　感谢一直以来默默关心与支持我的家人，尤其是我的母亲和丈夫陈渊，正是有了他们的辛勤付出，我才能克服种种困难，不断进步。

　　本书的出版离不开南开大学出版社的支持和帮助，在此深表谢意！

尹倩

2016 年 6 月于南开大学